MIDI-PYRÉNÉ

CLASSEMENT DES RANDONNÉES

Très facile — Facile — Moyen — Difficile

Avertissement : les renseignements fournis dans ce topo-guide sont exacts au moment de l'édition. Toutefois, certaines transformations du paysage engendrées par l'urbanisation, la création de nouvelles routes ou lignes ferroviaires, l'exploitation forestière ou agricole, etc., peuvent modifier le tracé des itinéraires. Le balisage sur le terrain devient alors l'élément prioritaire du repérage, avant la carte et le descriptif. N'hésitez pas à nous signaler les changements. Les modifications seront intégrées lors de la réédition.

2e édition : juin 2005
 ISBN 2-7514-0060-4

Dépôt légal : juin 2005

Les régions de France *à pied®*

Midi-Pyrénées *à pied®*

80 promenades et randonnées

www.ffrandonnee.fr
association reconnue d'utilité publique
14, rue Riquet
75019 PARIS

SOMMAIRE

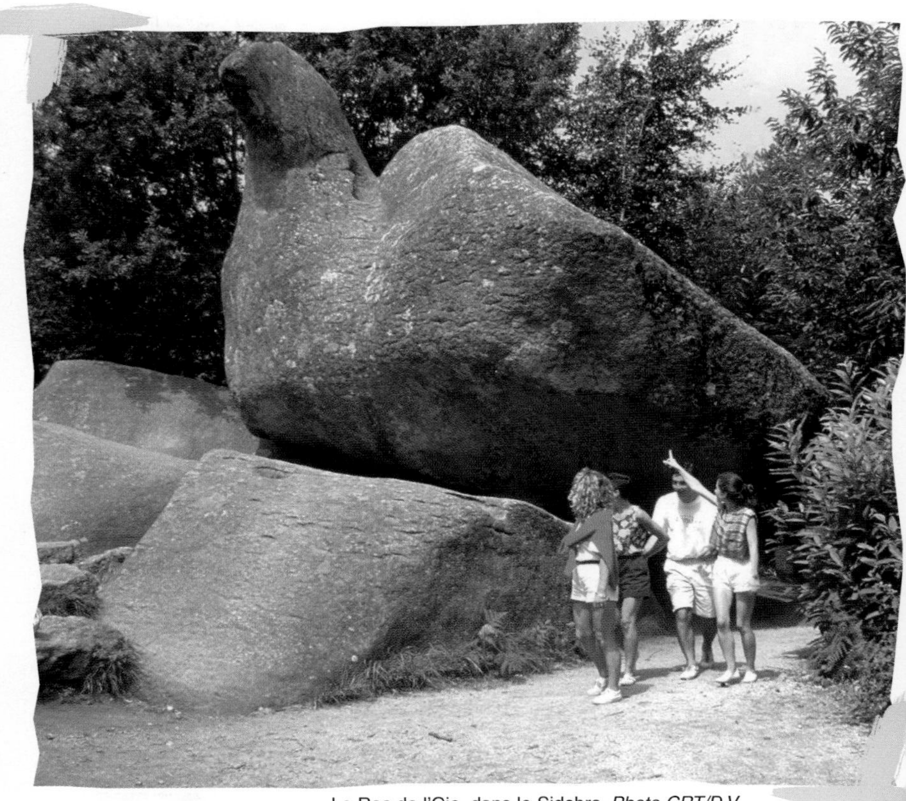

Le Roc de l'Oie, dans le Sidobre. *Photo CRT/D.V.*

INFOS PRATIQUES p 6

DÉCOUVRIR MIDI-PYRÉNÉES p 19

LES PROMENADES ET RANDONNÉES — p 20

Choisir sa randonnée

Les randonnées sont classées par ordre de difficulté.

Elles sont différenciées par des couleurs dans la fiche pratique de chaque circuit.

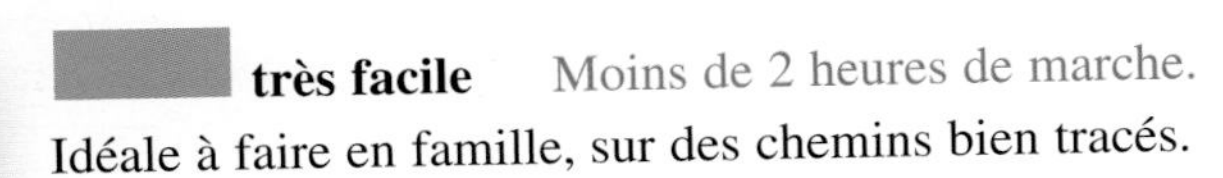

très facile Moins de 2 heures de marche.
Idéale à faire en famille, sur des chemins bien tracés.

facile Moins de 3 heures de marche.
Peut être faite en famille. Sur des chemins, avec quelquefois des passages moins faciles.

moyen Moins de 4 heures de marche.
Pour randonneur habitué à la marche. Avec quelquefois des endroits assez sportifs ou des dénivelées.

difficile Plus de 4 heures de marche.
Pour randonneur expérimenté et sportif. L'itinéraire est long ou difficile (dénivelée, passages délicats), ou les deux à la fois.

Durée de la randonnée

La durée de chaque circuit est donnée à titre indicatif. Elle tient compte de la longueur de la randonnée, des dénivelées et des éventuelles difficultés.
Pas de complexe à avoir pour ceux qui marchent à «deux à l'heure» avec le dernier bambin, en photographiant les fleurs.

Quand randonner ?

■ **Automne-hiver :** les forêts sont somptueuses en automne, les champignons sont au rendez-vous (leur cueillette est réglementée), et déjà les grandes vagues d'oiseaux migrateurs animent les eaux glacées.

■ **Printemps-été :** suivant les altitudes et les régions, les mille coloris des fleurs animent les parcs et les jardins, les bords des chemins et les champs.

■ Les journées longues de l'été permettent les grandes randonnées, mais attention au coup de chaleur. Il faut boire beaucoup d'eau.

■ En période de chasse, certaines randonnées sont déconseillées, voire interdites (sauf le mercredi, jour non chassé).

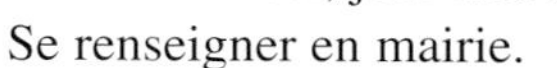

Se renseigner en mairie.

Avant de partir, il est recommandé de s'informer sur le temps prévu pour la journée, en téléphonant à Météo France : 32 50

Pour se rendre sur place

En voiture

Tous les points de départ sont facilement accessibles par la route.
Un parking est situé à proximité du départ de chaque randonnée.
Ne laissez pas d'objet apparent dans votre véhicule.

Par les transports en commun

■ Pour les dessertes SNCF, les horaires sont à consulter dans les gares ou par tél. au 36 35 ou sur Minitel au 3615 SNCF

■ Pour se déplacer en car, se renseigner auprès des offices de tourisme.

Où manger et dormir dans la région ?

Un pique-nique sur place ?

Chez l'épicier du village, le boulanger ou le boucher, mille et une occasions de découvrir les produits locaux.

Pour découvrir un village ?

Des terrasses sympathiques où souffler et prendre un verre.

Une petite faim ?

Les restaurants proposent souvent des menus du terroir. Les tables d'hôtes et les fermes-auberges racontent dans votre assiette les spécialités du coin.

Une envie de rester plus longtemps ?

De nombreuses possibilités d'hébergement existent dans la région.

A la terrasse d'un bon coin, après la randonnée

Boire, manger et dormir dans la région ?	ALIMENTATION	RESTAURANT	CAFÉ	HEBERGEMENT
Hautes-Pyrénées				
Arrens-Marsous	✗	✗	✗	✗
Barèges	✗	✗	✗	✗
Campan	✗	✗	✗	✗
Castelnau-Magnoac	✗	✗	✗	✗
Cauterets	✗	✗	✗	✗
Gavarnie	✗	✗	✗	✗
Loudenvielle	✗	✗	✗	✗
Maubourguet	✗	✗	✗	✗
Refuge d'Orédon		✗	✗	✗
Ossen	✗	✗	✗	✗
Ségus			✗	✗
Ariège				
Auzat	✗	✗	✗	✗
Bonnac	✗		✗	✗
La Bastide de Sérou	✗	✗	✗	✗
Le Mas d'Azil	✗	✗	✗	✗
Le Pla	✗			✗
Montségur	✗	✗	✗	✗
Orlu		✗	✗	✗
Quérigut	✗	✗	✗	✗
Seix	✗	✗	✗	✗
Saint-Lizier	✗	✗	✗	✗
Saint-Pierre-de-Rivière	✗	✗	✗	✗
Vicdessos	✗	✗	✗	✗

Boire, manger et dormir dans la région ?	ALIMENTATION	RESTAURANT	CAFÉ	HEBERGEMENT
Haute-Garonne				
Aspet	✗	✗	✗	✗
Baziège	✗	✗	✗	
Burgaud	✗			
Clermont-le-Fort		✗	✗	
Les Mourtis		✗	✗	✗
Luchon	✗	✗	✗	✗
Rieumes	✗	✗	✗	✗
Rieux-Volvestre	✗	✗	✗	✗
Saint-Bertrand-de-Comminges	✗	✗	✗	✗
Villemur-sur-Tarn	✗	✗	✗	✗
Gers				
Bazian				✗
Castelnavet				✗
Cologne	✗	✗	✗	✗
Condom	✗	✗	✗	✗
Gimont	✗	✗	✗	✗
Homps				✗
Lectoure	✗	✗	✗	✗
Montréal	✗	✗	✗	✗
Simorre	✗	✗	✗	✗
Tarn-et-Garonne				
Bruniquel	✗	✗	✗	✗
Caylus	✗	✗	✗	✗
Lauzerte	✗	✗	✗	✗
Moissac	✗	✗	✗	✗
Montricoux	✗	✗	✗	✗
Pomevic	✗	✗	✗	
Saint-Antonin-Noble-Val	✗	✗	✗	✗
Saint-Etienne-de-Tulmont	✗		✗	✗
Saint-Nicolas-de-la-Grave	✗	✗	✗	
Septfonds	✗	✗	✗	✗
Toufailles	✗			
Tarn				
Lac des Montagnès		✗	✗	✗
Canac				✗
Cordes-sur-Ciel	✗	✗	✗	✗
Damiatte	✗	✗	✗	✗
Lamontélarié			✗	✗
Lombers		✗	✗	✗
Saint-Juéry	✗	✗	✗	✗
Saint-Salvi-de-Carcavès			✗	
Salvagnac	✗	✗	✗	✗

Boire, manger et dormir dans la région ?	ALIMENTATION	RESTAURANT	CAFÉ	HEBERGEMENT
Aveyron				
Aubin	X	X	X	X
Aubrac		X	X	X
Bois-du-Four (Saint-Léons)		X	X	X
Conques	X	X	X	X
Cransac	X	X	X	X
Millau	X	X	X	X
Mirabel				X
Najac	X	X	X	X
Naucelle	X	X	X	X
Prévinquières		X	X	
Rignac	X	X	X	X
Sainte-Affrique	X	X	X	X
Saint-Chély-d'Aubrac	X	X	X	X
Sainte-Eulalie-de-Cernon	X	X	X	X
Sauveterre	X	X	X	X
Lot				
Albas	X	X	X	X
Frayssinet-le-Gelat	X	X	X	
Goujounac		X	X	X
L'Hospitalet	X	X	X	X
Limogne-en-Quercy	X	X	X	X
Linac		X		X
Marcilhac-sur-Célé	X			X
Martel	X	X	X	X
Montcabrier		X		X
Pomarède		X	X	
Rocamadour	X	X	X	X
Saint-Sozy	X	X	X	X
Saint-Sulpice			X	X

COMMENT UTILISER LE GUIDE ?

La randonnée est reportée en rouge sur la carte IGN

Rivière

Village

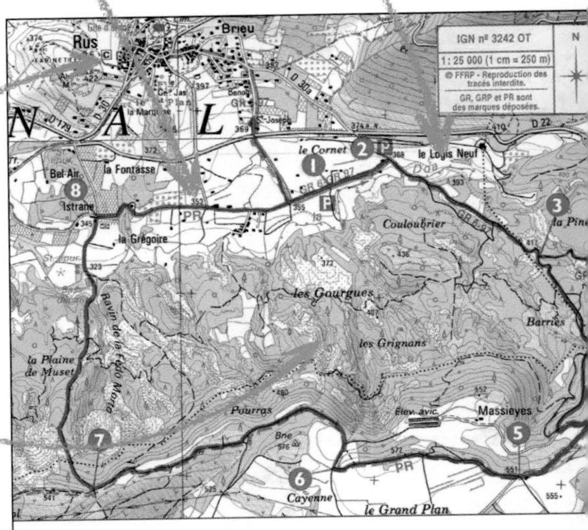

La forêt (en vert)

La fabrication de l'ocre

Le minerai brut d'extraction doit être lavé pour séparer l'ocre marchande des sables inertes. L'eau délaie la matière brute qui décante pendant le trajet pour ne laisser subsister que de l'ocre pur que le courant emporte dans les bassins. Après plusieurs jours de repos dans les bassins, l'eau de surface ne contient plus d'ocre. La couche d'ocre déposée au fond peut atteindre 70 à 80 cm d'épaisseur. Encore à l'état pâteux, la surface de l'ocre est griffée à l'aide d'un carrelet. Elle est ensuite découpée à la bêche et entassée en murs réguliers où les briquettes d'ocre achèvent de sécher. Le matériau part ensuite pour l'usine où s'achèvera son cycle de préparation : broyage, blutage et cuisson.

Colorado provençal. *Photo D. G.*

52

Pour en savoir plus

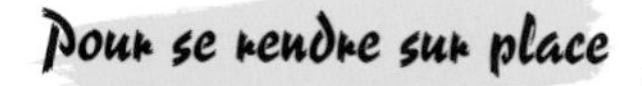

Le Sentier des Ocres

17

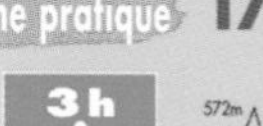

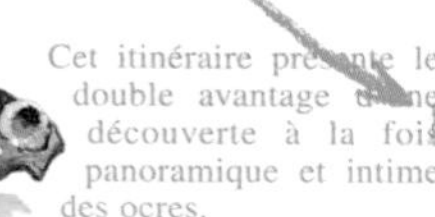

Cet itinéraire présente le double avantage d'une découverte à la fois panoramique et intime des ocres.

Situation : Rustrel sur la D 22 à 13 km au Nord-Est d'Apt

Parking communal de Rustrel

Balisage
1 à 3 blanc-rouge
3 à 1 jaune

Difficulté particulière
■ passages raides dans la descente sur Istrane

Ne pas oublier

)u parking, emprunter la route vers l'Est.

)ans le prochain virage à gauche, prendre à droite ien chemin de Rustrel à Viens qui descend vers la Franchir le torrent. Passer à côté d'un cabanon en . Un peu plus haut, le chemin surplombe un cirque de es ocreux.

.aisser le GR® 6 à gauche. Plus haut le chemin sur- be le ravin de Barries et le moulin du même nom. En du vallon de Barries, prendre à gauche une route.

Au carrefour suivant, tourner à droite.

Après une petite ferme entourée de cèdres et de es, prendre à droite le chemin qui parcourt le rebord 'ateau.

Après une courte descente, prendre à droite. Suivre le du ravin des Gourgues. Ne pas prendre le prochain er sur la gauche. A la bifurcation suivante, prendre à he le sentier à peu près horizontal qui s'oriente vers est. Un peu plus loin, longer une très longue bande de cultivée. Se diriger vers la colline de la Croix de Cristol.

u pied de celle-ci, prendre à droite le sentier qui descend Istrane. *Il s'agit de l'ancien chemin de Caseneuve à rel. Une éclaircie ouvre des points de vue sur les pentes ées de Couvin, sur la chapelle de Notre-Dame-des- es et sur Saint-Saturnin-lès-Apt. Au fur et à mesure de la ente, la végétation change de physionomie pour laisser à des espèces qui affectionnent les terrains sableux.* chir la Doa et remonter la route jusqu'à Istrane.

Au croisement, prendre à droite l'ancien chemin de la . Passer à proximité d'une ancienne usine de condition- ent de l'ocre, puis à côté de Bouvène. Avant de regagner int de départ, on peut remarquer le site des Cheminées ées (*colonnes de sables ocreux protégées par des blocs rès).*

En chemin
■ Gisements de sables ocreux
■ Chapelle Notre-Dame-des-Anges

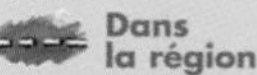

Dans la région
■ Roussillon : sentier des aiguilles et usine Mathieu, consacrés à l'exploitation de l'ocre.

53

3 h • 9 Km — Temps de marche à pied — Longueur

Classement de la randonnée :

Très facile — Moyen
Facile — Difficile

572m / 345m : Point le plus haut, Point le plus bas

Parking

Balisage des sentiers *(voir page 15)*

Attention

Prévoir des jumelles

Prévoir une lampe de poche

Emporter de l'eau

Accessible à VTT, seulement pour certaines randonnées

Accessible à cheval, seulement pour certaines randonnées

Sites et curiosités à ne pas manquer en chemin

Autres découvertes à faire dans la région

Des astuces pour une bonne rando

■ Prenez un petit sac pour y mettre la gourde d'eau, le pique-nique et quelques aliments énergétiques pour le goûter.

Le temps peut changer très vite lors d'une courte randonnée. Un coupe-vent léger ou un vêtement chaud et imperméable sont conseillés suivant les régions.

En été, pensez aux lunettes de soleil, à la crème solaire et au chapeau.

■ La chaussure est l'outil premier du randonneur. Elle doit tenir la cheville. Choisissez la légère pour les petites randonnées. Si la rando est plus longue, prévoyez de bonnes chaussettes.

■ Mettre dans votre sac à dos l'un de ces nouveaux petits guides sur la nature animera la randonnée. Ils sont légers et peu coûteux. Pour reconnaître facilement les orchidées sauvages et les différentes fougères. Cela évite de marcher n'importe où et d'écraser des espèces rares fragiles ou protégées.

■ Pour garder les souvenirs de la randonnée, des fleurs et des papillons, rien de tel qu'un appareil photo.

■ Les barrières et les clôtures servent à protéger les troupeaux ou les cultures. Une barrière ouverte sera refermée.

■ Les chiens sont tenus en laisse. Ils sont interdits dans les parcs nationaux et certaines zones protégées.

■ Etre discret. Les animaux sauvages, souvent farouches, seront plus facilement approchés et observables.

LE BALISAGE DES SENTIERS
PR®
GR®
GRP®
Bonne direction
Tourner à gauche
Tourner à droite
Mauvaise direction
© Fédération Française de la Randonnée Pédestre - Reproduction interdite
Vous pourrez rencontrer d'autres couleurs de balisage sur le terrain. Elles sont indiquées dans la fiche pratique de chaque circuit.
SUIVEZ LE BALISAGE POUR RESTER SUR LE BON CHEMIN.
PR
LE CHATEAU
2h
Topo-guide des sentiers de Grande randonnée, sentiers de Grande randonnée, GR, GR Pays, PR, «... à pied», « les environs de .... à pied » sont des marques déposées ainsi que les marques de couleur blanc/rouge et jaune/rouge.
Nul ne peut les utiliser sans autorisation de la Fédération Française de la Randonnée Pédestre.

Où s'adresser ?

Comité Régional du Tourisme (CRT)

Le Comité Régional du Tourisme publie des brochures d'informations touristiques gratuites sur la région :

- **Comité Régional du Tourisme Midi-Pyrénées**
54, boulevard de l'Embouchure, BP 2166, 31022 Toulouse cedex 2, tél. 05 61 13 55 48, e-mail : information@crtmp.com, site internet : www.tourisme-midi-pyrenees.com

Comités Départementaux du Tourisme (CDT)

Les Comités Départementaux du Tourisme publient des brochures d'informations touristiques (gratuites) sur les activités, les séjours et l'hébergement dans le département ainsi que la liste des Offices de tourisme et Syndicats d'initiative :

- **Comité Départemental du Tourisme de l'Ariège**
31 bis, avenue du Général de Gaulle, BP 143, 09004 Foix cedex, tél. 05 61 02 30 70
- **Comité Départemental du Tourisme de l'Aveyron**
17, rue Aristide Briand, BP 831, 12008 Rodez cedex, tél. 05 65 75 55 70
- **Comité Départemental du Tourisme du Gers**
3, boulevard Roquelaure, BP 106, 32002 Auch cedex, tél. 05 62 05 95 95
- **Comité Départemental du Tourisme de la Haute-Garonne**
14, rue Bayard, BP 845, 31015 Toulouse cedex 6, tél. 05 61 99 44 00
- **Hautes-Pyrénées Tourisme Environnement**
11, rue Gaston Manent, BP 9502, 65950 Tarbes cedex 9, tél. 05 62 56 70 65
- **Comité Départemental du Tourisme du Lot**
107, quai Cavaignac, BP 7, 46001 Cahors cedex 9, tél. 05 65 35 07 09
- **Comité Départemental du Tourisme du Tarn**
Les Moulins Albigeois, 41, rue Porta, BP 225, 81006 Albi cedex, tél. 05 63 77 32 10
- **Comité Départemental du Tourisme du Tarn-et-Garonne**
Hôtel des Intendants, 7, boulevard Midi-Pyrénées, BP 534, 82005 Montauban cedex, tél. 05 63 21 79 09

La Fédération Française de la Randonnée Pédestre

- **Le Centre d'Information de la Fédération**
Pour tous renseignements sur la randonnée pédestre en France et sur les activités de la Fédération
14, rue Riquet, 75019 Paris, M° Riquet, tél. 01 44 89 93 93, fax 01 40 35 85 67, e-mail : info@ffrandonnee.fr, internet : www.ffrandonnee.fr.
- **Le Comité Régional de la Randonnée Pédestre**
Si l'aventure et la convivialité vous tentent, le Comité Régional vous invite à participer entre les mois de mai et octobre aux "Randos Occitanes" organisées dans chacun des départements de la région Midi-Pyrénées.
Maison des Sports, rue Buissonnière, BP 81908, 31683 Labege cedex, tél. 05 62 24 18 77, fax 05 62 24 18 79, www.randonnees-midi-pyrenees.com, contact@coramip.com
- **Le Comité Départemental de la Randonnée pédestre de l'Ariège**
26, faubourg de Planissolles, 09000 Foix
- **Le Comité Départemental de la Randonnée pédestre de l'Aveyron**
Maison du Tourisme, 17, rue Aristide-Briand, BP 831, 12008 Rodez cedex, tél. 05 65 75 54 61
- **Le Comité Départemental de la Randonnée pédestre du Gers**
Maison du Tourisme, 3, boulevard Roquelaure, BP106, 32002 Auch
- **Le Comité Départemental de la Randonnée pédestre de la Haute-Garonne**
5, Port Saint-Sauveur, 31000 Toulouse
- **Le Comité Départemental de la Randonnée pédestre des Hautes-Pyrénées**
9, Rue André-Fourcade, 65000 Tarbes
- **Le Comité Départemental de la Randonnée pédestre du Lot**
C/O CDT du Lot, 107 quai Cavaignac, BP 7 - 46001 Cahors Cedex 9
- **Le Comité Départemental de la Randonnée pédestre du Tarn**
6, rue Saint-Clair, BP 31, 81001 Albi cedex
- **Le Comité Départemental de la Randonnée pédestre du Tarn-et-Garonne**
Maison de la Randonnée, 5, Sente du Calvaire, 82200 Moissac

Découvrir Midi-Pyrénées

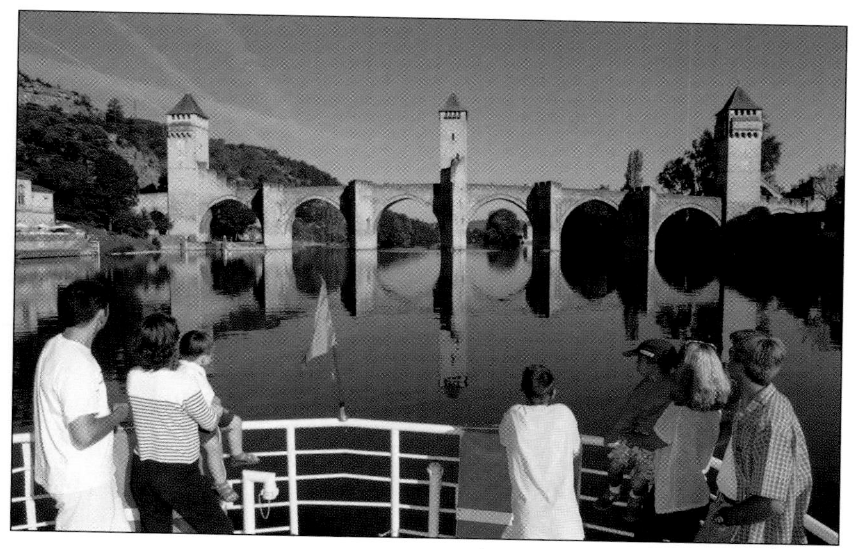

Le pont Valentré, à Cahors. *Photo CRT/D.V.*

Bienvenue sur les sentiers de Midi-Pyrénées

Avec 26 000 kilomètres de sentiers, dont 5 500 de sentiers GR® et 20 500 de PR, Midi-Pyrénées est le grand lieu de rendez-vous des randonneurs et des curieux de nature. Au bonheur de voir s'ouvrir devant soi d'infinies possibilités s'ajoute le sentiment que, mieux qu'ailleurs, on y savoure la grâce d'être au monde.

Midi-Pyrénées, la plus grande région de France, déploie son vaste territoire au cœur du Sud-Ouest avec Toulouse pour capitale. Réputée pour son accueil aussi spontané qu'amical, célèbre pour le spectacle permanent qu'offrent ses paysages, elle bénéficie d'un climat envié à l'accent incontestablement méridional.

Quatre saisons pour aimer

Le printemps n'en finit pas d'étonner par son caractère d'enfant précoce, dessine des paysages à la Van Gogh, émeut les visiteurs en vadrouille sur les coteaux du Gers où court le blé en herbe, ravit

Gentianes printanières. *Dessin N.L.*

les marins d'un jour en croisière sur le Lot, la Baïse ou le Canal du Midi (classé au patrimoine mondial de l'Unesco), émoustille les vergers du Tarn-et-Garonne déroulés en tapis précieux et se pose, fleurs à la boutonnière, en rival de l'été.

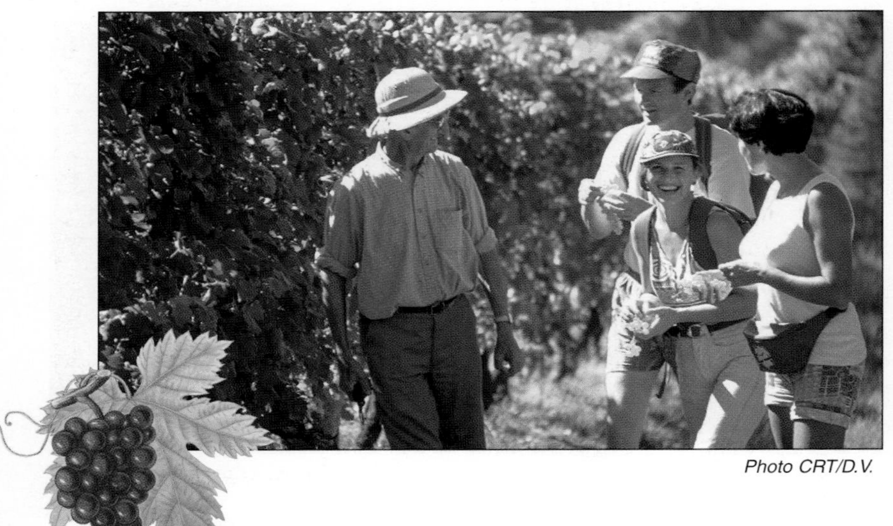

Photo CRT/D.V.

Celui-ci témoigne son affection généralement brûlante aux aficionados de Midi-Pyrénées qui mettent à profit son ardeur pour goûter l'eau des lacs et des rivières ourlées de falaises blanches, tester leur douzième petite terrasse de café, se balader sur les chemins frais de montagne, faire la sieste dans leur chambre d'hôte de caractère, se reposer à l'ombre d'un buron en Aubrac ou d'un château en Quercy,...

Certains attendent septembre ou octobre pour venir se détendre en Midi-Pyrénées. On les comprend. L'automne a souvent la douceur d'un été indien, les randonneurs ne sont pas pressés de rejoindre leur gîte d'étape douillet et Midi-Pyrénées tout entière est bien capable de se draper d'un éclat d'outremer.

Si le ciel laisse tomber par mégarde une averse, c'est pour mieux faire ressortir les parfums d'une terre féconde, où l'on cultivait jadis le pastel. Aux 15e et 16e siècles, cette petite plante jaune teignait les étoffes en bleu et remplissait d'or les coffres des marchands toulousains pour leur permettre de construire de somptueux hôtels particuliers (voici une belle idée de randonnée en mode urbain : explorer les rues de Toulouse sous le feux carmin de la brique en appréciant les raffinements imaginés par les soixante-dix hôtels particuliers d'une ville où tradition terrienne, Airbus et Cité de l'Espace conjuguent aisément le passé, le présent, l'avenir).

La Brèche de Roland. *Photo CRT/D.V.*

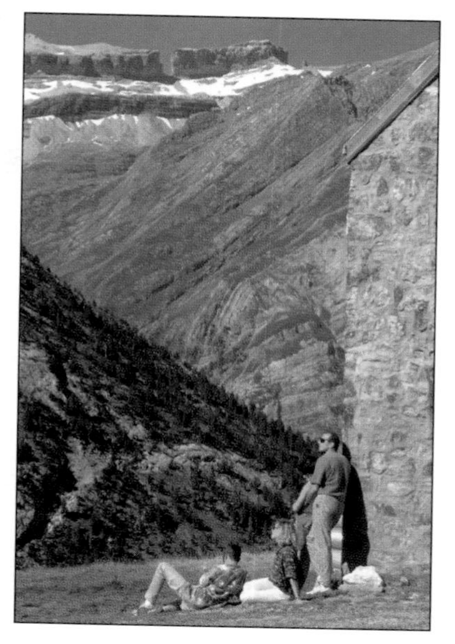

Quand vient le temps des marchés de Noël, les Pyrénées sautent sur l'occasion pour laisser éclater jusqu'à 3 000 mètres d'altitude leur chaleureuse sportivité et se transformer en Eden blanc pour skieurs, tandis que les amoureux de la marche troquent leurs brodequins pour des raquettes diseuses de bonne aventure et de secrets montagnards.

L'observatoire du Pic du Midi, lui, garde ses yeux de lynx fixés sur les profondeurs de l'univers, attendant patiemment le retour de la belle saison pour ouvrir son musée des étoiles à un public qui n'en a jamais vu de pareil.

Moissac. *Photo CRT/D.V.*

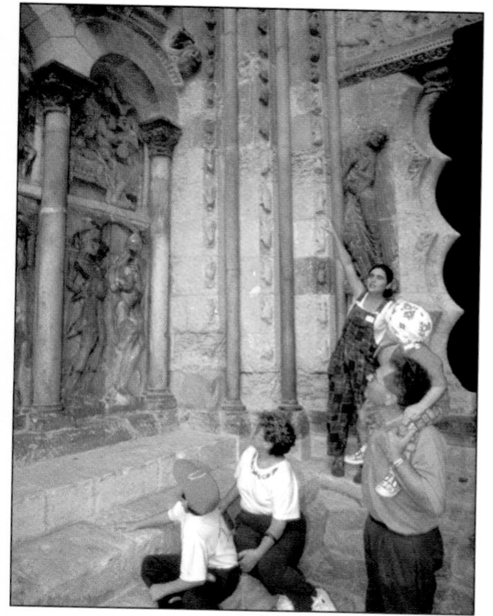

Les chemins de légende

Ce sont d'autres étoiles que l'on retrouve dans les yeux des randonneurs en route sur les chemins de Saint-Jacques-de-Compostelle : de petits éclats de bonheur, de ferveur aussi, qui gardent allumée la flamme d'une foi ancestrale.

La terre de Midi-Pyrénées a le privilège de porter gravée sur sa peau non pas un, mais quatre chemins majeurs qui s'en vont se rejoindre là-bas, en Galice où repose l'apôtre martyr.

"Faire" les chemins de Saint-Jacques est un acte fort, un événement essentiel dans une vie. Aussi, en Midi-Pyrénées, on ne se contente pas de regarder passer les pèlerins d'aujourd'hui. Gîtes confortables, auberges amies et convivialité rythment des chemins que Midi-Pyrénées a souhaité élever au rang de bien patrimonial.

Cordes-sur-Ciel. *Photo CRT/D.V.*

Au-delà du plaisir d'aller, de sentir sous ses pieds la souplesse d'une sente sablonneuse, de s'enivrer des parfums d'une nature inespérée, les chemins de Saint-Jacques constituent un excellent prétexte pour se plonger dans la grande histoire de Midi-Pyrénées.

Prenons l'itinéraire qui semble se sentir si bien en Aveyron : n'est-il pas fier de faire halte à Conques ? Grand Site de France, inscrit au patrimoine mondial de l'Unesco, Conques est avec son abbatiale Sainte-Foy le haut lieu de l'art roman.

Les autres itinéraires ont eux aussi plus d'une merveille à offrir : Rocamadour dans le Lot, cité mythique et vertigineuse où la Vierge Noire est vénérée depuis le 12e siècle ; Cordes-sur-Ciel dans le Tarn, bastide de hauteur emplie de légendes et de façades gothiques ; Moissac dans le Tarn-et-Garonne, connu au-delà des frontières pour la beauté de son cloître roman consacré en l'an Mil ; Saint-Bertrand-de-Comminges en Haute-Garonne, blotti dans le giron du piémont pyrénéen avec sa cathédrale en forme de vaisseau suspendu…

La saga continue

L'histoire en Midi-Pyrénées est aussi cathare sur les sentiers de l'Ariège qui s'en vont rendre hommage au fameux château de Montségur. Elle est mousquetaire sur les chemins de Gascogne où D'Artagnan fit ses première armes.

Elle est fascinante sur le causse du Larzac où les cités templières se drapent toujours dans leurs tours et remparts. Elle est sublimée à Figeac où les grands marchands du Moyen Age bâtirent des palais urbains d'exception. Elle est artistique à Albi où perdure dans le Palais de la Berbie l'œuvre mondialement connue de Toulouse-Lautrec, mais aussi à Montauban où le Palais Episcopal abrite le génie d'Ingres.

Midi-Pyrénées, riche de 30 villages classés parmi les plus beaux de France et de 7 Villes et Pays d'Art et d'Histoire, est également l'épicentre d'un phénomène remarquable, à la fois historique et urbanistique. Sur son territoire fleurissent les bastides : Cologne, Marciac, Montauban, Montréal-du-Gers, Rabastens-de-Bigorre, Mirepoix,... Ces villes créées au Moyen-Age selon un plan à damier ne manquent pas de points communs. La plupart se distinguent par leur magnifique halle, leur place carrée, leurs maisons sur arcades ou piliers. Et pourtant, aucune ne ressemble à sa voisine. Chacune distille un charme particulier, possède une mémoire vivace et raconte une foule d'anecdotes où se mêlent coutumes, personnages, évènements.

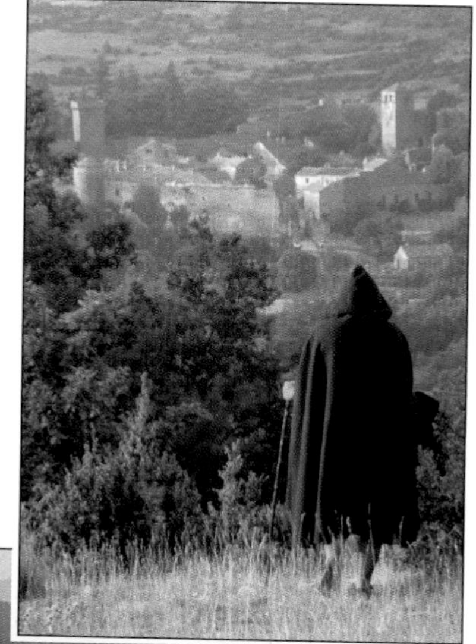

Ci-contre : La Couvertoirade.
Ci-dessous : Montségur. *Photos CRT/D.V.*

Le patrimoine historique de Midi-Pyrénées reste, partout et en tous chemins, profondément humain, avivé de couleurs tour à tour pastorales ou paysannes. Lavoirs, fontaines, murets, lavognes, petits abris de pierre sèche (on les appelle cazelles dans le Lot et orris en Ariège), belles maisons de pays, demeures de maîtres, grangettes, moulins, chapelles... Midi-Pyrénées s'amuse à distraire ses randonneurs à tout bout de champs, à les dépayser pour mieux les mener à la source de leurs propres racines.

Artisans et ateliers se mettent de la partie, ouvrant leurs portes sur des mondes où s'animent le bois, le verre, le tissu, les pigments, le cuir, la terre cuite, le métal. Surprenante concentration de savoir-faire, Midi-Pyrénées est aussi la patrie du célèbre couteau de Laguiole qui a su s'élever au rang d'objet culte tout en restant pour les randonneurs le meilleur compagnon de poche.

Halte sur le marché

A sillonner les sentiers de Midi-Pyrénées, à entamer de sympathiques discussions au hasard des étapes, l'appétit ne peut que s'aiguiser et les mollets se sentir pousser des ailes à l'idée des spécialités gourmandes dont la région aime à régaler ses invités. On ne manquera pas, ainsi, de s'approvisionner sur les innombrables marchés typés qui se dorent au soleil de midi, tandis que les accents roulent sur les ruelles pavées de galets, montent au long des façades de briques roses ou de grès blond.

Pique-nique à Saint-Bertrand-de-Comminges. *Photo CRT/D.V.*

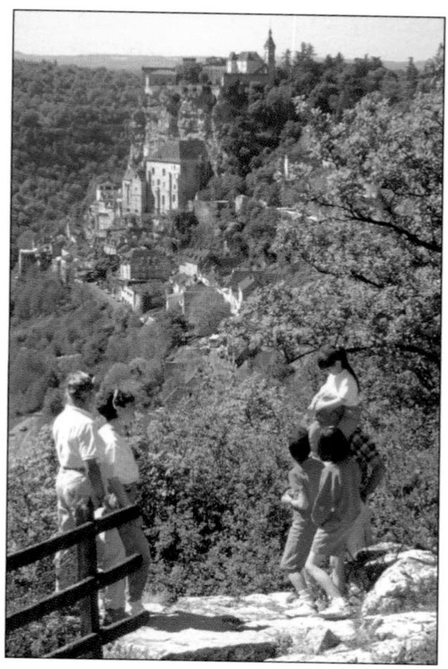

Rocamadour. *Photo CRT/D.V.*

Certains marchés célèbrent plus particulièrement les fleurs, le foie gras, les cultures bio. D'autres se déroulent la nuit (dans le Gers notamment) et se terminent en joyeuse fiesta. Tous ont le goût vrai des produits fermiers, le caractère des rituels indispensables, la bonté des menus plaisirs qui enchantent le quotidien.

Imaginons un instant un divin dîner où seraient réunis quelques-uns des produits emblématiques du terroir de Midi-Pyrénées, trésors d'exigence et de qualité assurée. Nous aurions le Floc de Gascogne ou l'Hypocras d'Ariège en apéritif ; le foie gras (du Gers ou du Lot) et les charcuteries de Lacaune en entrée ; l'agneau du Quercy, le bœuf Gascon, le veau d'Aveyron et du Ségala, les volailles fermières du Gers mais aussi le cassoulet, la garbure et l'aligot en plats principaux ; le roquefort, le bleu des Causses, le cabécou de Rocamadour, la tomme des Pyrénées au moment du fromage, et enfin, le chasselas de Moissac, les melons de Lectoure ou du Quercy et la croustade gasconne en dessert. Le tout agrémenté, sublimé, ensoleillé par les vins de Midi-Pyrénées : vins de Cahors, de Gaillac, de Madiran, de Fronton, de Marcillac, des Côtes de Saint-Mont, sans oublier bien sûr son excellence l'Armagnac. Les nombreux vignobles de la région occupent tous les registres de la qualité, de l'AOC grande classe au vin de pays joliment tourné.

Haut lieu de la gastronomie, Midi-Pyrénées fait varier les plaisirs et s'apprécie en mode restaurant de village, ferme-auberge, ou bien encore étoilé Michelin (la région en compte 20 !). Dans tous les cas se confirme un fait indiscutable : ici, on aime la bonne chère, la bonne humeur et la bonne compagnie... en un mot, la vie. D'ailleurs, Midi-Pyrénées n'est-elle pas citée comme la région française où l'on vit le mieux et le plus longtemps ?

Saisissant la moindre occasion pour s'enthousiasmer et s'amuser, Midi-Pyrénées (cela ne déplaira pas à nos amis marcheurs) est passée maître dans l'art d'organiser toutes sortes de réjouissances musicales et culturelles de belle tenue. La liste des fêtes et festivals est si fournie que l'on se résoudra à citer seulement quelques pointures de renommée nationale voire internationale telles "Jazz in Marciac", "Alors Chante" à Montauban, le Festival lyrique de Saint Céré ou le festival du Comminges.

Déesse nature

La tête pleine de musiques, d'images et de rencontres, le randonneur aimera sans doute retrouver la sérénité des sentiers, le soyeux des rivières et la transparence de l'air. Nature adorée, nature choyée, nature préservée... Midi-Pyrénées cultive avec passion son jardin extraordinaire et accomplit ses désirs de paradis retrouvé à mille lieux de la pollution et du stress. Sur les grands itinéraires de randonnée tels le fameux sentier GR® 10 qui traverse l'Ariège, la Haute-Garonne et les Hautes-Pyrénées comme sur les petits circuits à faire dans la journée, on en verra partout la preuve.

Grandes vallées majestueuses de Lot, de la Dordogne et de l'Aveyron ; gorges du Tarn et de la Dourbie, reliefs sauvages de la Montagne Noire, étendues infinies du haut plateau de l'Aubrac, Parcs Naturels Régionaux des Grands Causses, des Causses du Quercy et du Haut Languedoc, Parc National des Pyrénées, site de Gavarnie-Mont Perdu classé au patrimoine mondial de l'Unesco.. ces horizons ouverts sur le rêve que peu de régions possèdent avec autant de force et de grandeur sont propices à éveiller de nombreuses vocations.

On peut y jouer les explorateurs de territoires inconnus, les découvreurs d'espèces animales, végétales ou florales (que de spécimens rares ou précieux à observer !), les passionnés de VTT, de cheval, de sports d'eau vive, de parapente, de cyclotourisme... et se remettre de ses émotions en s'offrant par exemple un grand moment de bien-être dans l'une des dix-neuf stations thermales de Midi-Pyrénées qui savent si bien renouveler les plaisirs de l'eau.

Parce qu'elle répond à des aspirations nouvelles, Midi-Pyrénées est aujourd'hui la destination privilégiée de ceux qui envisagent leurs vacances comme un art de vivre et veulent profiter de leur temps pour se ressourcer, s'amuser, apprendre, rire, s'étonner au contact de gens qui savent faire aimer leur univers.

Canal du Midi. *Photo CRT/D.V.*

ter MIDI PYRÉNÉES

CONSEIL RÉGIONAL MIDI-PYRÉNÉES

Les Hautes-Pyrénées

Landes d'estive dans la vallée du Louron. *Photo C.P.*

Au centre de la chaîne, les Hautes-Pyrénées abritent les plus hauts sommets. C'est aussi un département aux paysages très variés, proposant une zone de piémont, des coteaux verdoyants et boisés, des plateaux intermédiaires et des paysages de plaine, déversoirs du Gaves et de l'Adour. On y découvre des sites touristiques prestigieux comme les grands cirques glaciaires, dont le plus connu est celui de Gavarnie, Lourdes, centre mondial de pèlerinage, ainsi que le pic du Midi-de-Bigorre, observatoire astronomique le plus haut d'Europe à 2 877 m d'altitude. Le Parc national des Pyrénées est un havre de quiétude de 457 km² qui protège la faune sauvage et la flore, remarquable par ses richesses écologiques : isards, marmottes, grands tétras, gypaètes barbus, et une flore endémique composée de plus de 150 espèces parmi lesquelles le lys des Pyrénées, la ramondia, etc. Les Hautes-Pyrénées concentrent un nombre important de grands sites et de hauts-lieux, et le classement récent du massif du Mont-Perdu par l'UNESCO au titre de Patrimoine Mondial, vient confirmer tout l'intérêt naturel et culturel que présente cette région. Abondance et qualité des eaux thermales dans huit stations, traitant de maux très répandus comme les rhumatismes, les affections ORL et circulatoires... Abondance aussi de loisirs, du ski notamment dans treize stations, des activités d'eau vive avec le canoë-kayak et le rafting, et des activités de montagne comme la randonnée. Le Bigourdan est un bon vivant qui perpétue la tradition culinaire familiale dans un département profondément rural. Il aime faire partager sa table et ses productions fermières locales, dont quelques-unes sont uniques, comme le haricot tarbais, l'agneau de Barèges, les fromages de brebis et les vins de Madiran, fleurons des coteaux ensoleillés du val d'Adour.
De plus, grâce au talent de certains chefs, la table gastronomique enrichit les recettes traditionnelles de saveurs nouvelles. C'est un pays attachant, dont les habitants ont une excellente réputation d'accueil et de savoir-vivre, une tradition culturelle forte.

Le cirque de Gavarnie

On l'appelle cirque. Mais ne ressemble-t-il pas plutôt à un théâtre antique, dont les immenses gradins, en demi-cercle, domineraient une sorte de scène, où d'ailleurs sont données chaque année de bien réelles représentations ? Pourriez-vous en deviner les dimensions ? Hauteur de ces murailles : 1700 m. Leur tour de taille au sommet : 14 km. Chute de la Grande Cascade : 422 m. Ces parois sont en calcaire, pierre dure aux reliefs acérés : Brèche de Roland, sommets aux noms évocateurs tels que le Doigt, la Tour, le Cylindre, le Casque… D'où vient donc ce calcaire ? Formé à partir de sédiments marins, bousculé par les fantastiques compressions qui ont formé la chaîne pyrénéenne, il a été poussé vers le sud, plissé et soulevé jusqu'à ces hauteurs vertigineuses. L'érosion fluviale puis glaciaire a achevé le processus.

Opération Grands Sites

Gaz de France distribue une énergie respectueuse de l'environnement et veille à minimiser l'impact de ses installations sur les paysages : son stockage et sa distribution sont souterrains. Ce respect de l'environnement, Gaz de France a voulu le prolonger en aidant la réhabilitation de grands sites emblématiques.
Dans ce cadre, la Fondation d'entreprise Gaz de France, au travers de la signature d'une convention, s'est engagée pour la sauvegarde du cirque de Gavarnie inscrit au patrimoine mondial de l'UNESCO.

Le cirque de Gavarnie

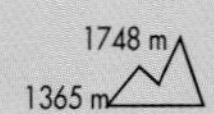

1

3h45

1748 m
1365 m

Cet itinéraire conduit au cirque par un beau chemin en corniche et vous fera découvrir autrement ce site exceptionnel. Le massif de Gavarnie - Mont-Perdu est classé au patrimoine mondial de l'UNESCO.

Marmotte. *Dessin P.R.*

1 Traverser le village et continuer en direction du cirque.

2 Après le bar *La Chaumière*, prendre à gauche le sentier de Cazaus sur 50 m environ, puis s'engager sur le sentier à droite.

3 Bifurquer à droite en direction des Espuguettes, franchir le ruisseau d'Alans *(cascade)* et suivre le sentier qui monte à gauche en lacets au plateau de Pailla (1742 m).

4 Laisser à gauche le sentier des Espuguettes *(refuge des Espuguettes à 30 mn)* et passer devant le refuge du Pailla *(hébergement, fontaine)*. Le sentier descend, puis continue en corniche *(remarquer sur les parois humides la présence de grassettes, petites plantes carnivores)* et rejoint l'hôtellerie du Cirque (1560 m).

► Un sentier permet de se rendre au pied de la Grande Cascade *(50 mn aller-retour)*.

5 Suivre le chemin qui descend.

6 Au quatrième virage, s'engager à gauche, sur un sentier peu visible *(il permet d'éviter la piste pour revenir à Gavarnie)*. Descendre dans la forêt et franchir le Gave sur une passerelle. Continuer vers le Nord, traverser les pelouses de la Prade Saint-Jean, puis un torrent sur une passerelle. Rejoindre un petit col *(vue sur le cirque)*.

7 Aussitôt après, s'élever de quelques mètres à gauche. Un sentier horizontal ramène à l'église de Gavarnie.

Situation Gavarnie, à 20 km au Sud de Luz-Saint-Sauveur par la N 21

Parking entrée du village

Balisage
panneaux directionnels

6 à 7 pas de panneaux directionnels

Difficultés particulières

■ passages en corniche entre 4 et 5 ■ pas de chiens, même tenus en laisse (Parc National)

Ne pas oublier

À voir

En chemin

■ Gavarnie : église (Vierge 14e), cimetière (tombes de pyrénéistes célèbres), maison du Parc National des Pyrénées ■ plateau de Pailla ■ Grande Cascade

Dans la région

■ cirque de Troumouse, chapelle d'Héas, cirque d'Estaubé (lac des Gloriettes) ■ chaos de Coumély ■ port de Boucharo : brèche de Roland ■ Saint-Sauveur : pont Napoléon

Un solide montagnard

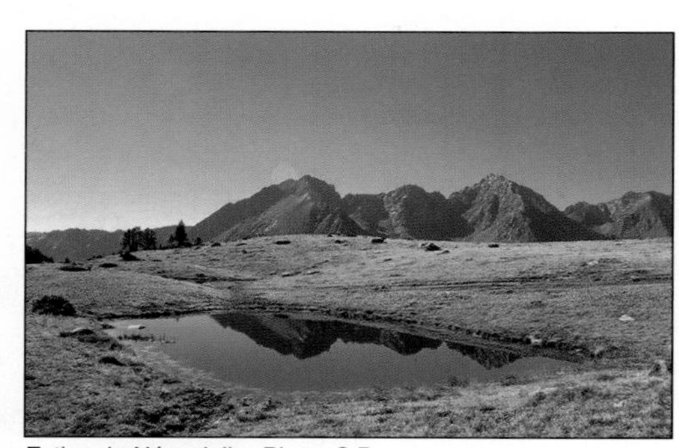
Estive du Néouvielle. *Photo C.P.*

La région des lacs est le domaine des pins à crochets, ainsi appelés car les écailles de leurs cônes luisants ont un écusson terminé par un capuchon en forme de crochet. Particulièrement résistant aux conditions difficiles, ce pin colonise aussi bien des sols rocheux très secs que des tourbes gorgées d'eau. Sa faible exigence est liée à l'extrême lenteur de sa croissance ; certains sujets auraient 700 ans. Dans ses formes torturées sont marquées ses rudes conditions d'existence (aridité, gel, neige, lichens, foudre…) : « Le pin à crochet, dit-on, est l'arbre qui a, plus que d'autres, la capacité de souffrir sans mourir » (Gaussen). Il atteint des records d'altitude dans la réserve naturelle du Néouvielle avec des individus multi-centenaires présents à plus de 2 500 m d'altitude.

Les lacs du Néouvielle

2

3h45

2260 m
1856 m

Un majestueux paysage lacustre de haute montagne qui semble un jardin où s'entremêlent les roches granitiques, les rhododendrons et les pins à crochets qui poussent ici à des altitudes records.

Situation lac d'Orédon, à 32 km au Sud-Ouest d'Arreau par la D 929

Parking au lac

Balisage

1 à 4 panneaux directionne
4 à 5 blanc-rouge
5 à 1 panneaux directionne

Difficultés particulières

- pas de chiens, même tenus en laisse (réserve naturelle)
- parcours d'altitude à ne réalis que par beau temps

Ne pas oublier

1 Du parking (1856 m), suivre la rive Nord du lac.

2 S'engager sur un sentier qui monte à droite. Il atteint la route du col d'Aubert dans un lacet.

3 Ne pas l'emprunter, mais prendre à gauche le sentier des Laquettes. Il longe trois lacs successifs. Monter vers le barrage du lac d'Aubert, dominé par le pic du Néouvielle. Passer devant le refuge et suivre un large sentier au Nord. Rejoindre à droite le lac d'Aumar (2198 m) et le sentier GR® 10.

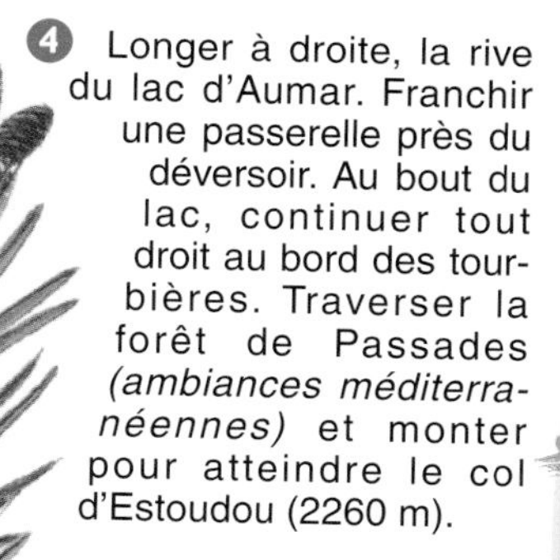

4 Longer à droite, la rive du lac d'Aumar. Franchir une passerelle près du déversoir. Au bout du lac, continuer tout droit au bord des tourbières. Traverser la forêt de Passades *(ambiances méditerranéennes)* et monter pour atteindre le col d'Estoudou (2260 m).

► Accès au Soum de Monpelat (2474 m) : point de vue sur une douzaine de lacs *(aller-retour 50 mn).*

5 Du col, revenir un peu sur ses pas et prendre un sentier qui se dirige à l'Ouest, puis descend dans la forêt par de nombreux lacets. Passer près du refuge d'Orédon et rejoindre le parking.

Pin à crochet. *Dessin N.L.*

En chemin

- pins à crochets multicentenaires
- vue sur le pic du Néouvielle (3091 m)
- Soum de Monpelat : panorama sur les lacs

Dans la région

- barrage de Cap-Long (le plus important des Pyrénées) : panorama
- Aragnouet : chapelle des Templiers
- Vielle-Aure : mines de manganèse (musée)
- vallée du Rioumajou

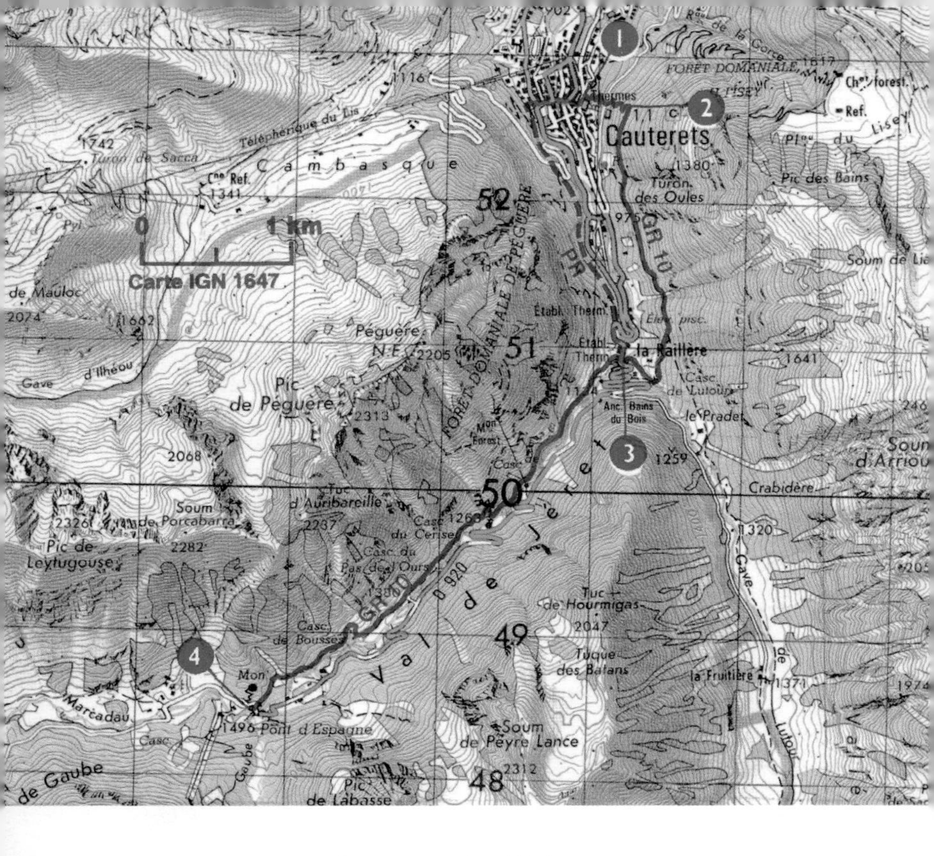

Le pont d'Espagne

La cascade du Lutour. *Photo C.P.*

Pourquoi ce pont porte-t-il ce nom de pont d'Espagne ? Deux raisons à cela. La première est que, dès le 11e siècle, il a servi, lui ou son aïeul, au passage des pélerins de Saint-Jacques-de-Compostelle vers l'Espagne par la voie assez difficile du Marcadau. La deuxième raison est plus forte et a duré jusqu'à la Révolution : il mettait en relation la vallée de Cauterets et son aval avec les Espagnols venant en été sur l'aire commerciale du *Marcadau* (place du marché en gascon). Paysans et commerçants échangeaient laine, moutons, cuirs, mulets, chevaux… On y renouvelait aussi les fameux contrats de « Lies et Passeries », contrats écrits ou oraux de pacage des troupeaux espagnols sur le versant français. Cela se terminait par une fête, et parfois des coups, si l'on avait abusé de l'alcool.

Les cascades du val de Jeret

Le sentier, serpentant au plus près du torrent dans une belle hêtraie, vous offre une succession de cascades grandioses et, comme clou du spectacle, le site du pont d'Espagne.

Isard. *Dessin P.R.*

► L'itinéraire étant linéaire, il est possible de revenir à Cauterets par la navette *(en saison).*

❶ Prendre le sentier GR® 10 qui démarre derrière les thermes de César. Il s'élève en lacets à travers bois jusqu'aux anciens thermes de Pauze.

❷ Au-dessus, s'engager à droite sur le sentier des Pères. Il court à flanc de montagne dans une hêtraie puis descend. Franchir le Gave de Lutour sur une passerelle, face à la cascade du même nom, puis descendre, emprunter le pont de Benous et rejoindre les boutiques.

❸ Le sentier part d'une petite place, porte d'entrée du parc et longe le Gave sur sa rive gauche. Il file en contrebas de la forêt domaniale de Péguère *(forêt de protection destinée à stabiliser les versants)*, puis côtoie une série de cascades renommées. Passer sous une télécabine et remonter sur la même rive jusqu'au pont d'Espagne ❹.

► En l'absence de navette, possibilité de suivre un autre parcours à partir du pont de Benous (❸), en traversant La Raillère et en empruntant le sentier qui démarre à gauche des thermes *(voir tracé en tirets sur la carte ; le retour s'effectue en 2 h).*

► En poursuivant sur le sentier GR® 10, on peut atteindre le lac de Gaube (1 h 45 A/R).

2h30

1496 m
915 m

Situation Cauterets, à 29 km au Sud de Lourdes par les N 21 et D 920

Parking près des thermes de César

Balisage blanc-rouge

Difficulté particulière

■ pas de chiens, même tenus en laisse (parc national)

Ne pas oublier

À voir

En chemin

■ Cauterets : thermes de César et de Pauze
■ cascades ■ site du pont d'Espagne

Dans la région

■ Cauterets : station thermale, gare originale en bois, maison du Parc National des Pyrénées
■ vallée des Oulettes : lac de Gaube, face Nord du Vignemale (3298 m)

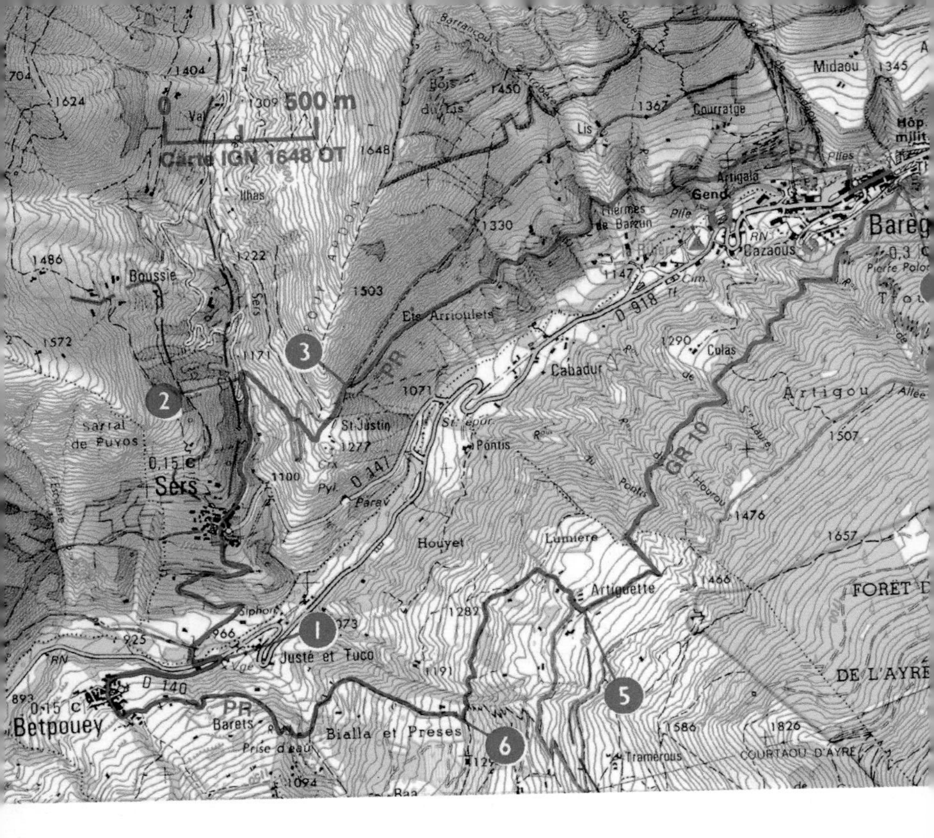

Une vallée à défendre

La montagne est un milieu dangereux. Au 19e siècle, la répétition annuelle de phénomènes climatiques particulièrement violents (inondations, éboulements, avalanches), conjugués à une surexploitation pastorale fragilisant les versants, ont donné à certaines vallées un aspect sinistré. La vallée du Bastan, en particulier, a connu une impressionnante série de catastrophes : la terrible crue de 1897 a profondément marqué les mémoires à Barèges, tout comme les nombreuses avalanches descendant régulièrement du Capet ou du pic d'Ayré. Des travaux de protection ont été entrepris dès les années 1880 pour stabiliser les versants. On peut observer à Barèges le sommet du Capet tapissé de terrasses, râteliers et filets, qui ont permis de maîtriser les deux couloirs d'avalanche les plus dangereux.

Derrière la grange, un mur de protection contre les avalanches a été construit. *Photo C.P.*

Le plateau de Lumière

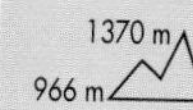

3h30

1370 m
966 m

Gentiane printanière. *Dessin N.L.*

Ce magnifique parcours en balcon au-dessus de la vallée du Bastan, qui voit souvent passer le Tour de France à l'assaut du col du Tourmalet, vous offre aussi un panorama grandiose sur le bassin de Luz et le massif de l'Ardiden.

Situation vallée du Bastan, à 4 km à l'Est de Luz-Saint-Sauveur par la N 618

Parking face à la route de Betpouey

Balisage

1 à 4 jaune
4 à 5 blanc-rouge
5 à 1 jaune

Ne pas oublier

1 En contrebas du parking (966 m), franchir le torrent du Bastan et prendre à droite le sentier qui mène à Sers. Au centre du village, tourner à droite devant l'école, puis suivre le chemin carrossable.

2 Au niveau du pont, emprunter sur 100 m le chemin à droite qui traverse le torrent, puis s'engager sur un petit sentier à gauche qui monte à Saint-Justin (1277 m ; *bar, crêperie*). Continuer par le sentier au Nord-Est.

3 A la bifurcation, partir à droite. Le sentier file pratiquement à niveau. Entrer dans Barèges au niveau de l'église, puis monter la route principale qui traverse la ville. Avant les thermes, s'élever à droite vers la maison d'accueil L'Hospitalet.

4 Suivre le sentier GR® 10 à droite *(remarquer sur le versant d'en face la présence de nombreux paravalanches destinés à protéger la ville de Barèges).* Après un long parcours forestier, le sentier GR® 10 monte puis s'oriente à droite sur 250 m, dominant le plateau de Lumière.

5 Quitter le GR® 10 pour suivre à droite le chemin qui rejoint les granges d'Artiguette (1370 m), puis prendre à gauche le sentier qui descend en direction de Betpouey. Continuer en balcon.

6 Descendre franchement à droite. Le sentier tourne à gauche, et après une grange, s'élargit. Le suivre jusqu'à Betpouey. Traverser le village et continuer par la route jusqu'au parking.

À voir

En chemin

■ église romane de Sers ■ site de Saint-Justin : panorama ■ Barèges : station thermale ■ plateau de Lumière

Dans la région

■ col du Tourmalet ■ observatoire astronomique du Pic du Midi ■ Luz-Saint-Sauveur : église fortifiée des Templiers 12e-14e, Maison du Parc des Pyrénées ■ Saint-Sauveur : pont Napoléon

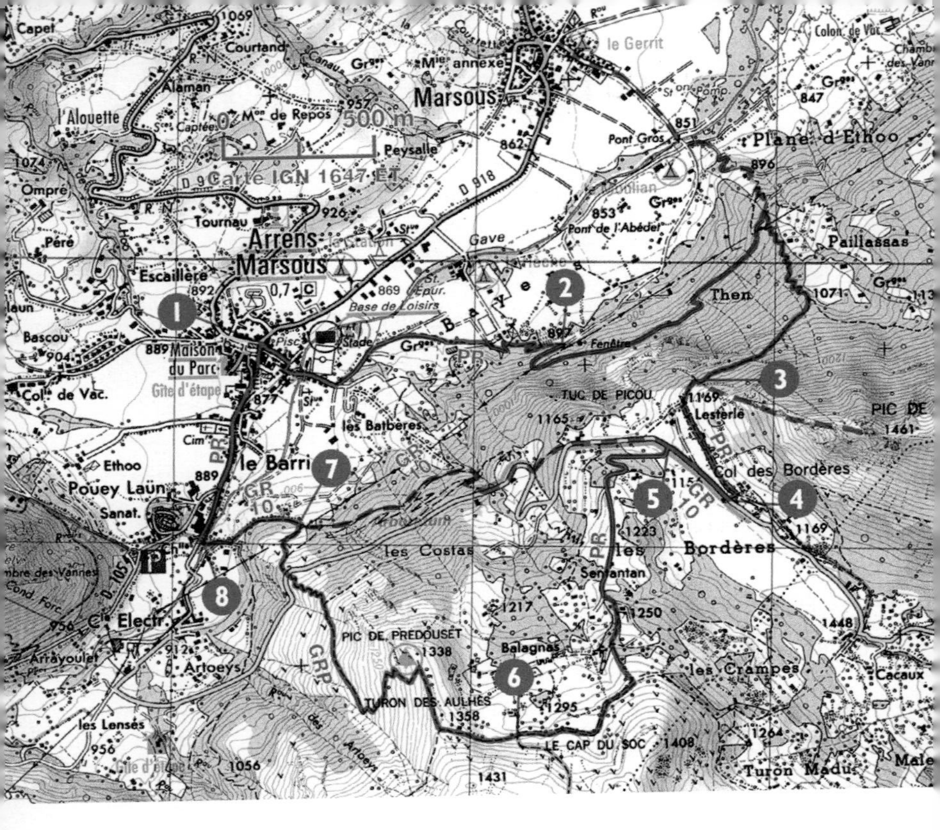

La chapelle de Pouey Laün

La légende affirme qu'une nuit, un habitant d'Arrens aperçut une lueur éblouissante au sommet du « Pouey », la butte en vieux gascon. Intrigué, il y découvrit une statue de la Vierge. Avec l'aide du curé et de la population, il la ramena dans l'église du village. Mais elle revint aussitôt s'installer à Pouey Laün sans plus jamais vouloir quitter ce lieu. Il ne restait plus qu'à y construire un sanctuaire, qui devint une étape sur le chemin de Saint-Jacques-de-Compostelle.

Détail de la porte d'entrée. *Photo C.P.*

Cette église, appelée « Capèra daurada » ou chapelle dorée, doit son nom à la magnifique décoration à la feuille d'or réalisée au 18e siècle par les grands maîtres locaux du Baroque, les frères Ferrère. On leur doit les plus beaux retables de la région, dont celui-ci, et la lumineuse statue de Notre-Dame-de-Pouey-Laün en bois doré.

Le pic de Prédouset

Fiche pratique **5**

Au départ d'Arrens-Marsous, cet itinéraire prend progressivement de l'altitude jusqu'au pic de Prédouset, fabuleux belvédère sur le val d'Azun et les sommets environnants.

❶ De la place du Val-d'Azun, contourner la Maison du Parc, puis emprunter la première rue à droite et franchir un pont. Suivre la route sur 100 m environ. Emprunter à gauche le chemin de Bayens. Longer un camping, puis rejoindre la lisière de la forêt. Après un oratoire, quitter le chemin pour un sentier à droite qui monte dans la forêt.

❷ A une intersection suivre le chemin qui monte à droite puis plus haut, prendre à nouveau à droite le chemin qui monte raide dans une sapinière ; il s'oriente vers l'Ouest puis atteint un belvédère.

► Possibilité de monter à gauche au pic de Pan *(en 1 h 30 aller-retour, 300 m de dénivelé, montée au pic déconseillée aux personnes sujettes au vertige)*.

❸ Poursuivre tout droit. Rejoindre la route du col des Bordères.

❹ La suivre à droite sur 250 m environ.

► Variante par le GR® 10 : continuer sur la route, prendre à droite un sentier en sous-bois. Rejoindre la route et la suivre à droite sur 200 m environ. Prendre un sentier à droite jusqu'au point ❼.

❺ Emprunter le chemin carrossable qui monte sur la gauche. Le suivre sur 800 m environ. Au niveau d'un virage à gauche *(grange en contre-haut)*, monter par un sentier bordé d'un muret. Couper un chemin, puis à l'intersection suivante, longer à droite un muret de pierres. Plus haut, passer près d'une grange, puis rejoindre le GR® de Pays *Tour du Val d'Azun*.

❻ Monter jusqu'au Turon des Aulhès. Le sentier longe la crête (*à son extrémité, le pic de Prédouset* – 1338 m : *point de vue*), puis entame une longue descente en lacets sur le versant Ouest, puis Nord-Ouest. Couper une route. Le sentier continue d'abord à plat, puis descend.

❼ Emprunter le GR® 10 à gauche. Plus bas, franchir le pont du Labadé.

❽ Suivre la route à droite et rejoindre le centre d'Arrens-Marsous.

3h40

1350 m
877 m

Situation Arrens-Marsous, à 12 km au Sud-Ouest d'Argelès-Gazost par la D 918

Parking Syndicat d'Initiative (place du Val d'Azun)

Balisage

❶ à ❹ jaune
❹ à ❺ blanc-rouge
❺ à ❻ jaune
❻ à ❼ jaune-rouge
❼ à ❽ blanc-rouge
❽ à ❶ jaune

Difficulté particulière

■ Après ❻, descente raide

Ne pas oublier

À voir

En chemin

■ Arrens : église 15e (murs crénelés) ■ Maison du Parc National des Pyrénées ■ belvédère du pic de Pan ■ pont du Labadé ■ chapelle de Pouey-Laün

Dans la région

■ Aucun : église 11e-15e, musée montagnard du Lavedan ■ lac d'Estaing ■ col du Soulor ■ Saint-Savin : abbatiale romane

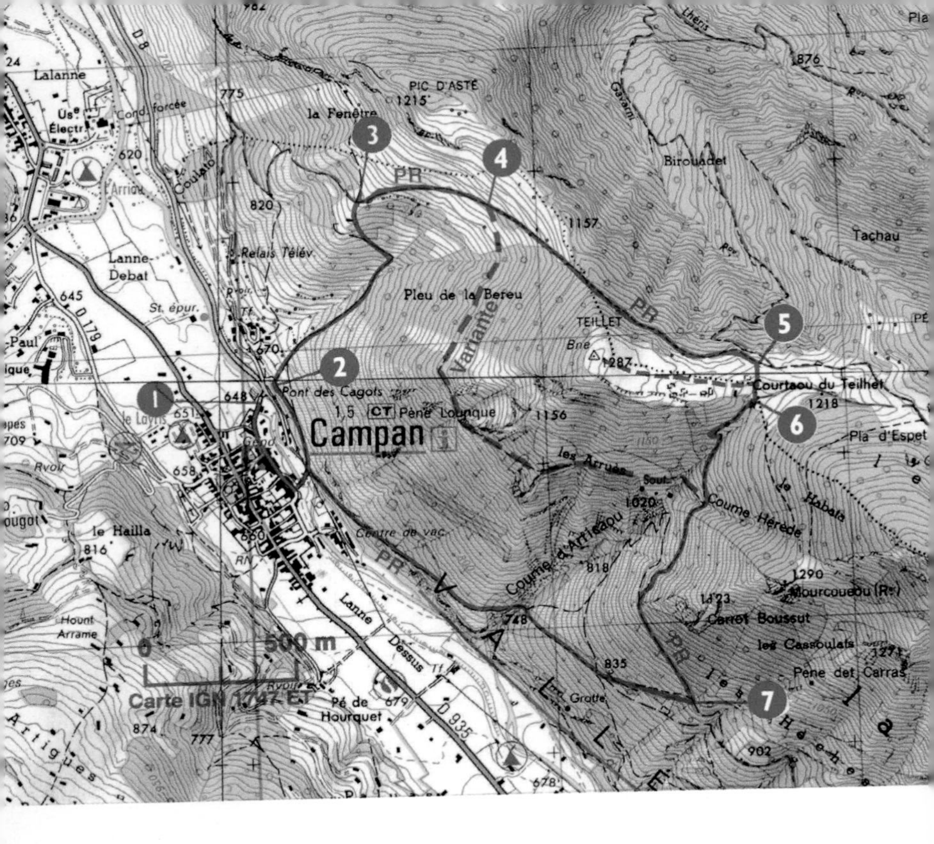

Les courtaous

La montagne, si accueillante en été pour les hommes et les troupeaux, est inhospitalière en hiver. Elle a donc vu s'édifier un habitat saisonnier. Précédant de loin les touristes, les premiers « estivants » ont été les pâtres qui, depuis des temps immémoriaux, ont emmené leurs troupeaux profiter des vastes pâturages naturels d'été, appelés « estives ». Ainsi se sont formés les « courtaous ». Un courtaou, en bigourdan, c'est un ensemble de pâturages dépendant d'une cabane. Bâtie en pierres sèches, sans liant, d'une taille de 8 à 10 m^2, la cabane habitée par le vacher ou le berger était très sommairement aménagée : une couche rude et un âtre rudimentaire. Elle était accompagnée de constructions utilitaires. Un muret cernait souvent cet ensemble pastoral. En cherchant bien, on peut en trouver des vestiges.

Courtaou de Teilhet. Au fond, pic du Midi-de-Bigorre. *Photo C.P.*

Le « courtaou » du Teilhet

Fiche pratique **6**

3h30

1218 m
648 m

Situation Campan, à 6 km au Sud de Bagnères-de-Bigorre par la D 935

Parking à l'aire de jeux

Balisage jaune

Difficulté particulière

- tenir les chiens en laisse (zone pastorale)

Ne pas oublier

nelanchier
uits et
urs).
essin N.L.

Une ambiance très méditerranéenne parfois pour ce circuit situé sur un versant très ensoleillé, la découverte d'une estive et les vestiges d'un « courtaous ».

1 De l'aire de jeux, emprunter la rue de Lesponne. En face du café, emprunter à gauche le chemin carrossable qui mène au pont Noir. Après le pont, prendre à droite, puis 10 m plus loin, emprunter à gauche un sentier que l'on suit sur 250 m jusqu'au carrefour suivant.

2 Bifurquer à droite (direction « Cu deth Poumé par la coume ») et poursuivre sur ce sentier pour rejoindre plus haut un large chemin *(près d'un abreuvoir, vestiges de leyté)*.

3 Le suivre à droite sur 80 m, puis le quitter pour un petit sentier à droite. Il s'élève en diagonale dans l'estive.

► Variante possible à droite pour rejoindre la Coume Hérède par le Pène Lounque.

4 Le sentier continue avant de rejoindre la crête juste avant la lisière du bois *(vue)*. Le sentier continue à niveau sur le versant Nord, couvert d'une sombre et remarquable hêtraie, puis sort de la forêt.

5 Partir à droite pour traverser l'estive. Descendre dans un vallon.

► Le Courtaou du Teilhet se trouve sur un replat, derrière la cabane à droite.

6 Trouver un sentier à la lisière du bois, en contrebas de la cabane. Il descend d'abord dans la forêt, puis à travers une végétation plus clairsemée.

7 Dans une zone boisée, s'engager à droite sur un sentier qui descend au Nord-Ouest, puis longe des abris sous roche. Franchir à gauche le pont Noir et retrouver le parking.

À voir

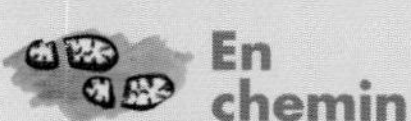

En chemin

- vestiges de « leytés »
- Courtaou de Teilhet

Dans la région

- Campan : halle 16e, église, maisons remarquables, « mounaques » (mois de juillet) ■ grotte de Médous ■ observatoire du Pic du Midi de Bigorre
- route du Tourmalet

Les églises peintes de la vallée du Louron

Les églises du Louron doivent leurs superbes décorations à deux évènements qui ont contribué, au cours du 16e siècle, à bouleverser la vie économique de la vallée : l'enrichissement considérable de l'Espagne lié à la découverte du Nouveau Monde – qui accroît les échanges transpyrénéens et offre un débouché aux productions locales de laine –, et l'intégration de la région à la couronne de France, qui se traduit par un renouveau économique et religieux. Ce contexte favorable va permettre, dans la seconde moitié du 16e siècle, une série de commandes destinées à embellir les édifices et remercier ainsi le principal responsable de cette prospérité : Dieu. L'église Saint-Barthélémy-de-Mont présente une façade ornée unique dans la région, représentant un Christ en croix et la grande scène du Jugement dernier.

Fresque de l'église de Mont.
Photo C.P.

Le Pla de Loudic

7

Une vallée préservée au cadre somptueux, qui recèle de nombreuses églises romanes dont les peintures et les fresques font la réputation.

❶ De l'église, emprunter vers le Nord la rue du Pic-des-Gourgs-Blancs, puis à droite, le chemin de Cidelongue. Poursuivre par un chemin qui monte vers le Nord au château de Moulor et à la chapelle Sainte-Madeleine.

❷ Après la tour, s'engager à droite sur le chemin qui monte à Loudervielle. Passer près de l'église et continuer sur 50 m à droite, sur la route du col de Peyresourde.

❸ Emprunter le chemin qui monte à droite. Au niveau des granges de Verdot, tourner à gauche, puis couper la route du col de Peyresourde. Continuer en face sur un chemin et atteindre le deuxième lacet.

► En poursuivant à gauche, possibilité de se rendre à Mont pour découvrir l'église et ses peintures murales *(aller-retour 1 h, voir tracé en tirets sur la carte)*.

❹ Quitter le chemin carrossable pour prendre le sentier en face. Couper la route et s'engager en face sur le chemin du Pla-de-Loudic qui mène, en balcon, à Germ (1339 m).

❺ Près de l'église, prendre le sentier GR® 10 qui redescend sur Loudenvielle.

e village de Mont. *Photo C.P.*

3 h

1339 m
960 m

Situation Loudenvielle, à 15 km au Sud-Est d'Arreau par les D 618 et D 25

Parking église

Balisage

❶ à ❺ jaune
❺ à ❶ blanc-rouge

Ne pas oublier

En chemin

■ château du Moulor ■ chapelle Sainte-Madeleine (clefs à demander chez le maire) ■ Mont : église (fresques 16e)

Dans la région

■ Vielle-Louron : église à fresques ■ Cazaux-Fréchet : église romane Sainte-Calixte ■ gorges de Clarabide ■ col de Peyresourde

Les formations glaciaires des environs de Lourdes

Le château de Lourdes, bâti sur un verrou glaciaire. *Photo C.P.*

Il y a 100 000 ans, le climat étant plus froid et plus humide que de nos jours, de grands glaciers descendaient jusque dans la plaine. Ainsi, la vallée en amont de Lourdes était recouverte sur plusieurs centaines de mètres d'épaisseur par un glacier qui, au niveau de la ville actuelle, divergeait dans la plaine en cinq « langues ». Dans tous les paysages, ces glaciations ont laissé des traces : vallées en auge, verrous glaciaires, blocs morainiques que l'on retrouve éparpillés dans les champs et que l'on les reconnaît à leurs formes légèrement arrondies. La nature de ces blocs est différente de celle des blocs calcaires ou schisteux qui forment le substratum de la région : ces roches, granites ou quartzites, ont été arrachées par le glacier à la haute chaîne primaire.

Le Béout

Fiche pratique **8**

Vous apprécierez cette randonnée dans une nature très préservée et pourrez jouir d'une magnifique vue panoramique sur la cité mariale, à l'écart de son agitation.

► On peut débuter la balade à Ségus en suivant le sentier GR® 101 (10 mn).

1 Quitter le village d'Ossen en se dirigeant au Nord-Est.

2 50 m avant la croix de Houssat, s'engager sur le sentier qui monte dans un bois, puis à travers une lande de fougères. Atteindre l'ancienne entrée du gouffre de Lourdes.

► Possibilité de s'écarter un peu de l'itinéraire pour découvrir les carrières de sarcophages : de la cabane qui domine le gouffre, se diriger vers la gauche et monter sur quelques mètres jusqu'à de grandes dalles calcaires.

3 Après le gouffre de Lourdes, suivre à droite l'allée de tilleuls, puis monter à gauche à la gare supérieure du téléphérique (719 m).

► De cet endroit, un sentier vers l'Ouest permet d'atteindre en 25 mn le sommet du Béout (791 m ; *balisage jaune*), après avoir longé le Rocher Mystérieux *(bloc de granite en équilibre abandonné lors du retrait du glacier)*.

4 Derrière la gare du téléphérique, prendre le sentier qui descend en pente raide. Au replat, partir à droite. Le sentier passe sur des dalles calcaires *(prudence par temps humide)* et atteint une intersection.

► En suivant le sentier GR® 101 à gauche, on peut se rendre à Lourdes.

► En face, un PR permet de gagner le village d'Aspin-en-Lavedan.

5 Tourner à droite en direction d'Ossen (sentier GR® 101), puis continuer sur la route.

6 Après le dernier bâtiment de la ferme Coudet, s'engager à droite sur le chemin qui monte à travers les prairies et rejoint la croix de Houssat.

2 Suivre à gauche l'itinéraire emprunté à l'aller pour retrouver Ossen.

2h

719 m
508 m

Situation Ossen, à 7 km au Sud-Ouest de Lourdes par les N 21 et D 13

Parking dans le village

Balisage
1 à 2 blanc-rouge
2 à 5 jaune
5 à 1 blanc-rouge

Difficulté particulière
■ descente assez raide après 4

Ne pas oublier

À voir

En chemin
■ Ossen : église (retable), fontaine, lavoir, ardoisières ■ blocs erratiques ■ carrières de sarcophages
■ panorama au sommet du Béout

Dans la région
■ Lourdes : château (musée pyrénéen), grotte et sanctuaires, vieille ville ■ pic du Jer : panorama ■ Agos-Vidalos : sentier d'interprétation du massif du Pibeste ■ Saint-Pé-de-Bigorre : village typique, église romane reconstruite au 17e

Le canal de la Neste

A l'origine, la Neste d'Aure filait directement vers les plaines du Magnoac et du Gers qu'elle irriguait abondamment. Mais les matériaux qu'elle arrachait à la montagne se sont accumulés pour former le plateau de Lannemezan, qui a dévié son cours vers l'est et la Garonne. De petites rivières se sont formées sur le plateau, mais leur faible débit ne pouvait suffire aux besoins de l'homme. C'est pourquoi Montet réalisa dès 1836 un canal prélevant l'eau de la Neste en amont, pour l'amener jusqu'au plateau de Lannemezan et alimenter ainsi dix-sept petites rivières (Gers, Save, Gimone, Baïse...). Ce canal était vital mais son débit ne put répondre aux besoins croissants en eau. Il a donc fallu construire aussi des barrages pour constituer des réserves d'eau, comme le lac de Puydarrieux sur la Baïse.

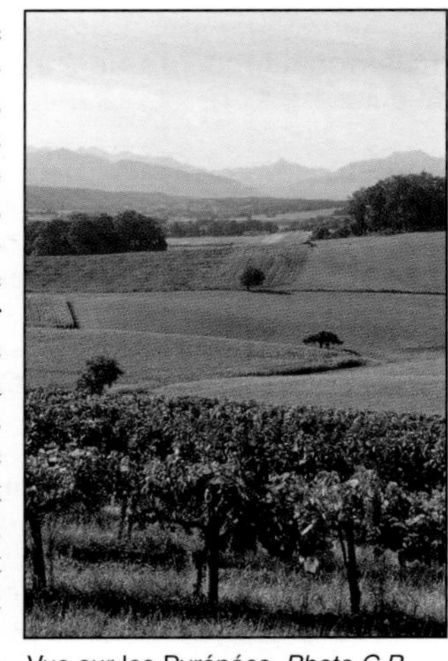
Vue sur les Pyrénées. *Photo C.P.*

Circuit de Castelnau-Magnoac

9

412 m
302 m

Situation Castelnau-Magnoac, à 45 km à l'Est de Tarbes par la D 632

Parking place centrale

Balisage jaune

Ne pas oublier

1 h 30 1 h

Un parcours varié dans un paysage vallonné, dont le point de départ est un beau village perché dominant la vallée du Gers, et dont la toile de fond est la chaîne pyrénéenne.

Grue cendrée. *Dessin P.R.*

1 Quitter la place centrale, emprunter la route de Tarbes sur 300 m, puis à droite le chemin de la Croix-de-Pierre. Entrer dans le bois, puis suivre à droite un sentier qui descend. Franchir un ruisseau.

2 Après une ferme, prendre le chemin à droite. Utiliser la route à gauche sur quelques mètres, puis s'engager à droite sur un chemin. Emprunter la D 209 à gauche.

3 Au croisement, poursuivre sur le chemin en face, bordé par un canal d'irrigation *(ce canal de 63 km de long relie Lannemezan à Ornezan dans le Gers)*. Entrer dans un bois, parcourir 100 m, franchir le canal et le longer à nouveau. Couper la D 21 et continuer sur le même chemin.

4 Suivre la route à gauche sur 100 m, puis un chemin à droite. Il mène à Organ. Contourner l'église. Au carrefour suivant, prendre la route à gauche.

5 En haut de la côte, s'engager sur le premier chemin à gauche, au niveau d'une mare derrière une ferme. Avant Pierretat, le chemin devient une route.

6 Emprunter la route à droite, près de la ferme Haulong, puis utiliser à droite la D 137 et partir à gauche après une mare. Passer une ferme à gauche.

7 Au carrefour, prendre le sentier à gauche. Poursuivre sur la D 9.

8 100 m avant le panneau *Castelnau-Magnoac*, s'engager sur le chemin à droite, puis obliquer à gauche et retrouver Castelnau par le chemin des Hountagnes.

À voir

En chemin

■ Castelnau-Magnoac : église, ancienne collégiale gothique 15e, maisons à colombages ■ canal d'irrigation ■ fermes typiques

Dans la région

■ Montmaurin : villa romaine, gorges de la Save, abris préhistoriques ■ Notre-Dame-de-Garaison : ancien couvent, manoir ■ Galan : ancienne bastide 14e, église gothique 16e ■ Puydarrieux : réserve ornithologique, lac ■ Béthèze : chapelle Saint-Brice (peintures murales 16e)

0
1 km
Cartes IGN 1644 - 1744
Lascazères
Villefranque
le Château
Sombrun
Estirac
Caussade-Rivière
Maubourguet
le Faubourg
Pelagariès
Lahitte-Toupière
Larreule
Monségur
Parrabère
Quartier de l'Echez
Darré-Bourg-Vieux
GR 653
GR 101
D 935
D 943
D 59
D 50
D 7
D 907
D 8
D 202
D 48
D 748
D 67
le Fourré
la Queille
Balas
Bois
Communal
le Cornellé
le Tuco
la Gare
Larriouet
Labaydé
Janvier
Chappeu
Destourne
las Barthes
Poutgette
Prévendère
Gravières
las Godes
Mirapèche
Bazot
Barguissot
Ribahar
Barracou
Matalenat
Lestrade
Bidau
Louit
Cazeneuve
Mouniergues
Bassilliou
Puchéou
Couletou
Gaillanou
Latécouère
la Côte
Bordas
Lost
St Germain
Sourda
La Treyte
Chisne
Carcha
Giret
les Esplassots
le Château
Lardail
Tiquette
Roudet
Pont de Jouane
Berdalle
Goua
Raymond
Sigaillat
Marquis
le Mouret
Reyt
Balisque
Miquéou
Fourtet
Bouchet
Fauquet
Lariou
le Bioué
Rapine
le Foirail
Lapalette
Gare
Echez

Les coteaux de l'Adour

Fiche pratique **10**

4h30
18 Km

292 m
166 m

Situation Maubourguet, à 26 km au Nord de Tarbes par la D 935

Parking près de la halle

Balisage

1 à 4 blanc-rouge
4 à 2 jaune
2 à 1 blanc-rouge

Ne pas oublier

2 h 30 1 h 45

Le bourg de Maubourguet est une étape sur le chemin de Compostelle, que vous suivrez un moment pour accéder aux coteaux boisés qui soulignent à l'Ouest, le vaste val d'Adour. Ils vous offriront des vues étendues sur la région.

1 De la halle, partir en direction de Bordeaux par la D 935 qui franchit l'Echez, et poursuivre tout droit.

2 Continuer jusqu'à la voie ferrée, et tourner à gauche. À l'intersection, prendre à droite, couper la D7 et poursuivre tout droit par un chemin sur environ 1,3 km. Atteindre un bois *(à l'entrée du bois à gauche, fontaine de Houn-de-Bash)* et, 300 m après, rejoindre la D 943.

► Variante : possibilité de gagner directement Sombrun et le repère **7** en coupant la D 43 à droite et en se dirigeant au Nord (voir tracé en tirets sur la carte ; *circuit de 9 km, balisage jaune*).

3 Poursuivre tout droit par la D 943 sur 50 m puis prendre le sentier à droite. Couper la D 59 (*à gauche, GR 101 en direction de Lourdes*). Le sentier monte et atteint Lahitte-Toupière *(aire de pique-nique, point d'eau)*.

4 Emprunter la route qui se dirige vers le Nord, passer à gauche de la radio-balise et continuer sur le chemin de crête. Couper la D 50 et poursuivre jusqu'à Villefranque. Traverser le haut du village par une petite route en restant sur la crête.

5 En début de descente, en vue du château, tourner à droite et gagner le bas de Villefranque. Prendre la route à gauche.

6 S'engager à droite sur le chemin qui longe la voie ferrée, puis conduit à l'entrée de Sombrun. Suivre la route à gauche sur 100 m.

7 Tourner à gauche sur la D 59. Traverser la voie ferrée et la D 935.

8 Dans le virage, partir à droite sur le chemin qui longe un canal, puis la rive gauche de l'Echèz.

2 Rejoindre à gauche le centre du village et la halle.

À voir

En chemin

■ Maubourguet : église romane 11e (portail, clocher octogonal sur coupole, abside en cul-de-four) ■ fontaine de Houn-de-Bash ■ Villefranque : château de Mondégourat ■ Lahitte-Toupière : église gothique ■ Sombrun : château 18e (appartient à la famille du naturaliste Lamarck)

Dans la région

■ Le château de Montaner ■ Mazères : église romane 12e ■ Madiran : vignobles, caves, village, église abbatiale ■ Site gallo-romain de Saint-Lézer

Le maïs en val d'Adour

Importé du sud du Mexique par les Espagnols, le maïs (« lo milhoc » ou gros mil en gascon) à grain blanc s'installe dès 1523 dans la basse vallée de l'Adour pour entreprendre progressivement la conquête de la Gascogne par les fonds humides des vallées. Puis, entre 1955 et 1965, le maïs « hybride » à grain jaune, venu des Etats-Unis, s'est substitué partout à la polyculture antérieure. Pourquoi ce succès ? En Gascogne, le maïs est chez lui ! Pensez donc, des rendements souvent supérieurs à 100 quintaux par hectare entre Tarbes et Riscle, et parfois même 120 ! En revanche, l'écologie souffre sérieusement : bosquets et haies rayés de la carte, nitrification accélérée et menaçante des nappes phréatiques au nom de la productivité. Pour quel avenir ?

La maison bigourdane du Val d'Adour

Le château de Sombrun. *Photo C.P.*

Entre Bagnères et Vic-en-Bigorre, la maison est résolument bigourdane, c'est-à-dire en équerre, le corps d'habitation tourné vers le sud et les granges vers l'est, pour se protéger du mauvais temps. Les toits sont en ardoise bleu nuit des Pyrénées et les murs en galets associés à la pierre de Lourdes. Ce beau calcaire gris souligne les chaînages des corniches et les encadrements des ouvertures. Une clé de voûte en pointe de diamant sur une porte d'entrée en chêne embellit certaines façades. Plus au nord, la brique concurrence les galets et la lourde tuile rouge « romaine » remplace peu à peu l'ardoise. Souvent de plain-pied, la maison traditionnelle ne compte que deux grandes pièces, une cuisine et une chambre, de part et d'autre d'un couloir central d'où l'escalier en châtaignier mène au grenier.

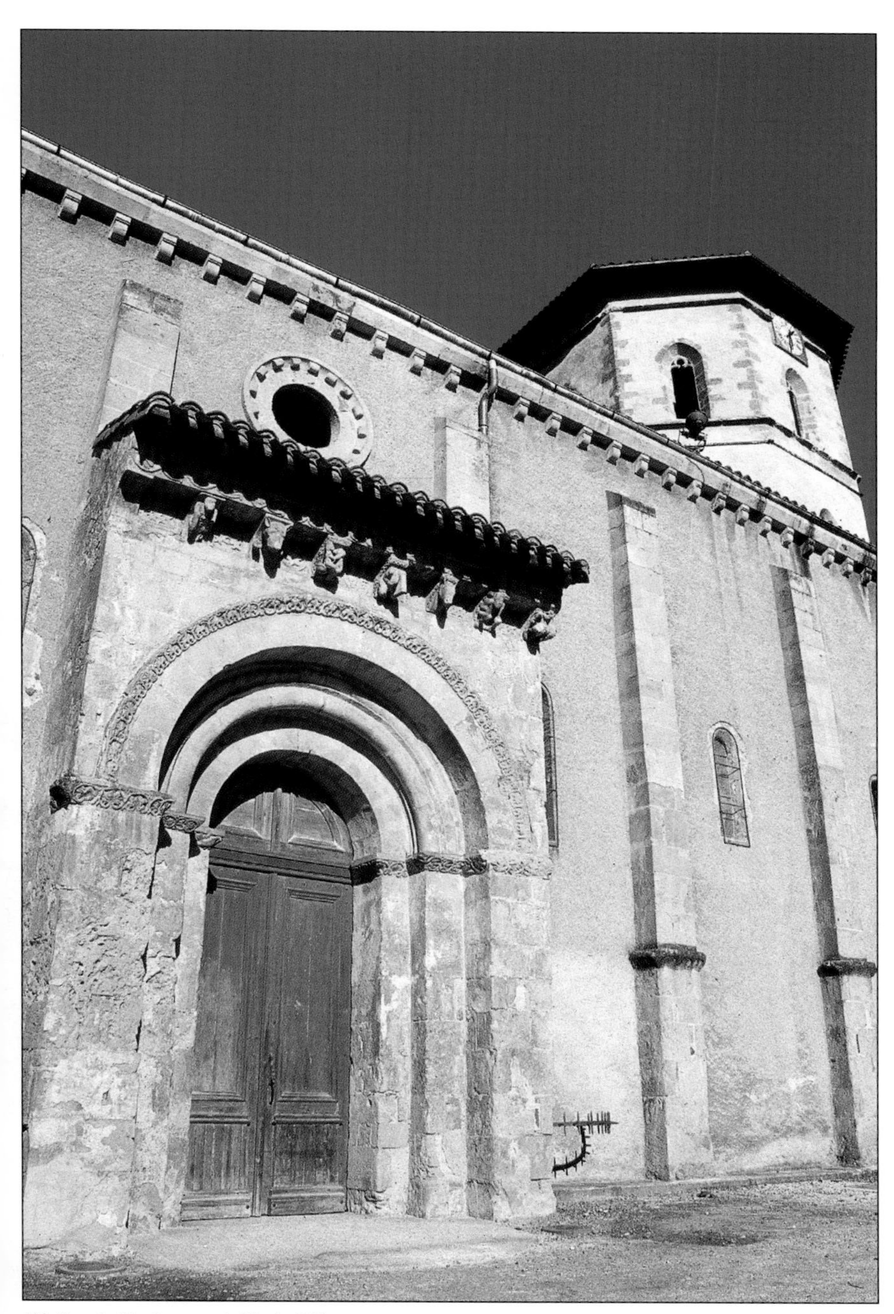

L'église de Maubourguet. *Photo C.P.*

L'Ariège

Balade vers Le Picou. *Photo J.-C.R.*

Une balade en terre de paradoxes, c'est ce que vous propose l'Ariège.

De la fière verticalité pyrénéenne à la douce mollesse du piémont, ce département décline avec bonheur tous les plaisirs de la découverte. Entre influences atlantiques et méditerranéennes, il cultive la diversité géographique, climatique, historique et culturelle.

Partout la nature s'y montre prodigue : variété des reliefs, profusion de l'eau, multiplicité des animaux et des végétaux, avec des espèces endémiques remarquables. Partout on marche sur les traces des premiers hommes. Ici, les chasseurs magdaléniens traquaient bisons et bouquetins il y a 14 000 ans. Les grottes (Niaux, Bédeilhac, Mas d'Azil...) renferment d'émouvants témoignages de leur art.

A travers les estives, les orris, curieux abris pastoraux, parlent de notre ancêtre devenu agriculteur et éleveur. Si les anciennes forges à la catalane ne résonnent plus du fracas des martinets à fer, il n'est pas rare de trouver, au détour d'un chemin, une mine abandonnée.

Une floraison d'églises romanes dit la foi des gens simples.

De Foix à Lordat, de Roquefixade à Montségur, les citadelles de l'hérésie cathare défient toujours l'intolérance instituée en machine de guerre. Les hêtraies du Couserans vous conteront l'étrange Guerre de Demoiselles où les montagnards défendirent leurs droits ancestraux sur la forêt. Rebelle aux pouvoirs centraux, confronté à un exode rural massif, ce département composite s'est pourtant forgé une remarquable unité. Chacun ici se sent Ariégeois avant tout. Au hasard du chemin, on rencontre sans nul doute des personnages à l'image de ce pays : rudes mais chaleureux.

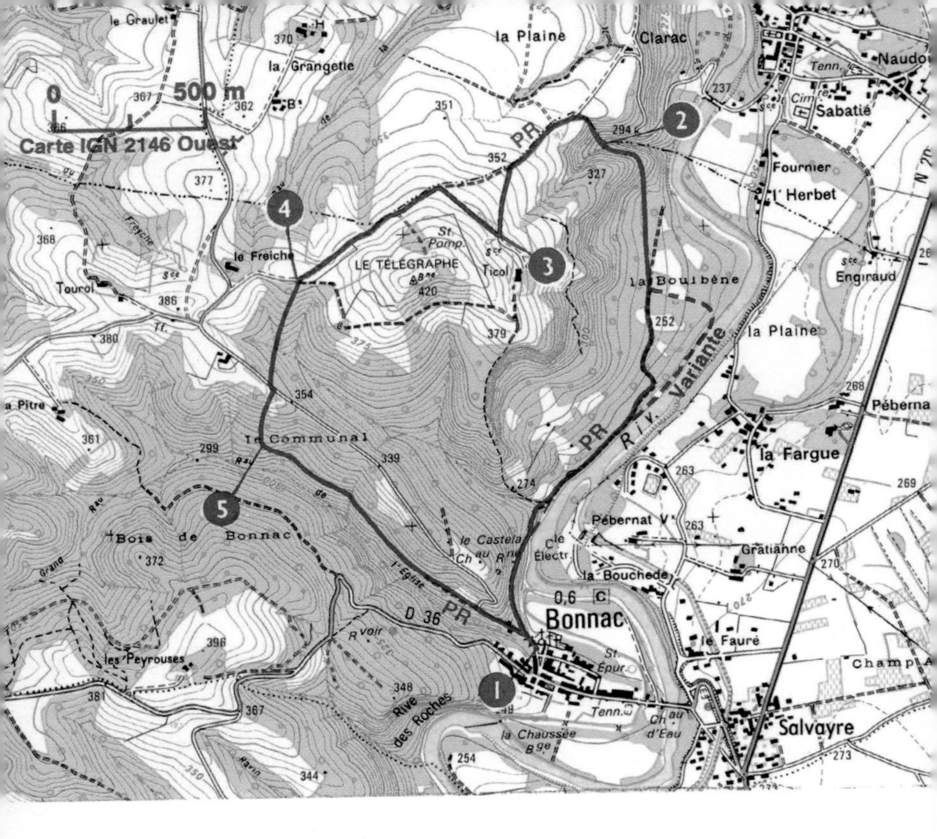

La « Mounjetado » aux cocos de Bonnac

De quoi repaître le randonneur le plus affamé. Pour cet « estouffat de mounjes » (étouffé de haricots), choisir, pour huit convives, 1 kilogramme de cocos secs dits de Pamiers. Ce roi des haricots à la finesse inégalée pousse sur les coteaux de Bonnac et se déniche sur les marchés. Faire tremper les haricots une nuit dans de l'eau froide, puis les blanchir. Dans une poêle, laisser fondre 500 grammes de tomates, deux oignons et quatre gousses d'ail. Mettre le tout dans un faitout avec les cocos, un fond de jambon cru, trois saucissons de couenne, quelques morceaux de couennes et de plat de côtes salés. Couvrir avec 2,5 litres d'eau et laisser mijoter 2 h 30. Ajouter quatre cuisses de confit de canard et 500 grammes de saucisse de Toulouse dorée à la poêle. Remettre à mijoter encore une demi-heure. Ici, toute bonne table propose ce plat roboratif et il n'est pas de fête villageoise qu'il n'accompagne.

Photo P.J./CDT09.

Sentier de Bonnac

2 h • 6 Km

370 m
237 m

Situation Bonnac, à 5 km au Nord de Pamiers par la N 20

Parking place de l'Eglise

Balisage jaune

Ne pas oublier

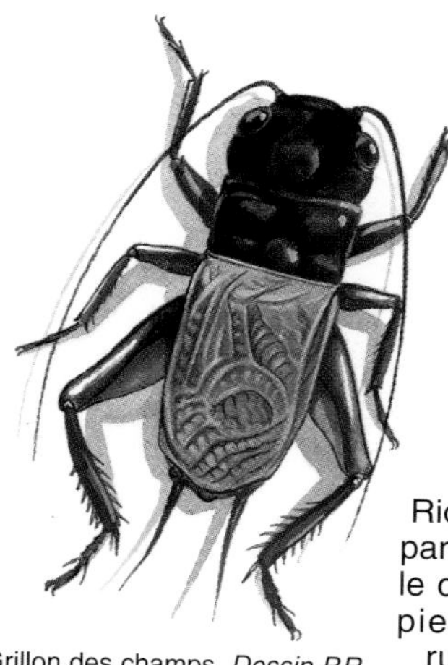

Grillon des champs. *Dessin P.R.*

La Basse-Ariège et ses collines offrent des vues panoramiques sur la haute chaîne pyrénéenne et ses géants : le Vallier, le Montcalm, le Saint-Barthélémy...

❶ Franchir le pont du Riou et continuer sur 20 m. Au panneau, s'engager à droite sur le chemin du Vigné. Il passe au pied d'un château féodal en ruines.

► Le sentier à droite permet de longer la rivière Ariège *(berges fleuries en toute saison, écureuils)* et de retrouver le chemin du Vigné un peu plus loin, après avoir escaladé le talus à gauche et traversé un petit bois de chênes.

Poursuivre par le chemin du Vigné *(au bas du ravin à droite, coule l'Ariège : cet endroit se nomme le Gouffre de la Fleur)*. Monter parmi les trembles, les châtaigniers et les chênes (main courante). Redescendre vers le pont de Marcel.

❷ Gravir l'autre versant qui débouche sur une lande. La contourner par sa partie basse en longeant la lisière du bois conduisant au chemin de Clarac. Prendre la route à gauche. Elle monte vers la ferme du Ticol.

❸ Au bassin, se diriger à droite sur 1 km en parcourant le plateau.

❹ Entrer dans le premier bois à gauche et descendre au Sud par le sentier parallèle à la route, à travers la pinède, la bruyère, les châtaigniers et les chênes. Gravir l'autre versant du thalweg et rejoindre une petite route. La suivre à gauche sur 20 m, puis escalader le talus à droite (main courante) par le sentier qui atteint la bordure d'un champ, avant de descendre à travers bois et d'arriver à une bifurcation.

❺ Partir à gauche par le chemin de Jany qui devient plus loin le chemin de la Salo et retrouver Bonnac.

À voir

En chemin

■ château-fort ruiné ■ flore très variée en toute saison : anémones, pervenches, violettes, pulmonaires... ■ panorama sur la plaine de Pamiers et les Pyrénées

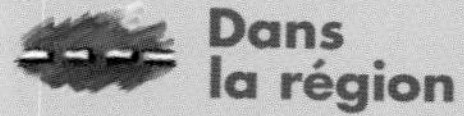

Dans la région

■ Saint-Jean-de-Verges : église 12e ■ Labouiche : rivière souterraine ■ Vals : église rupestre 11e ■ Mirepoix : bastide, cathédrale, maisons à colombage

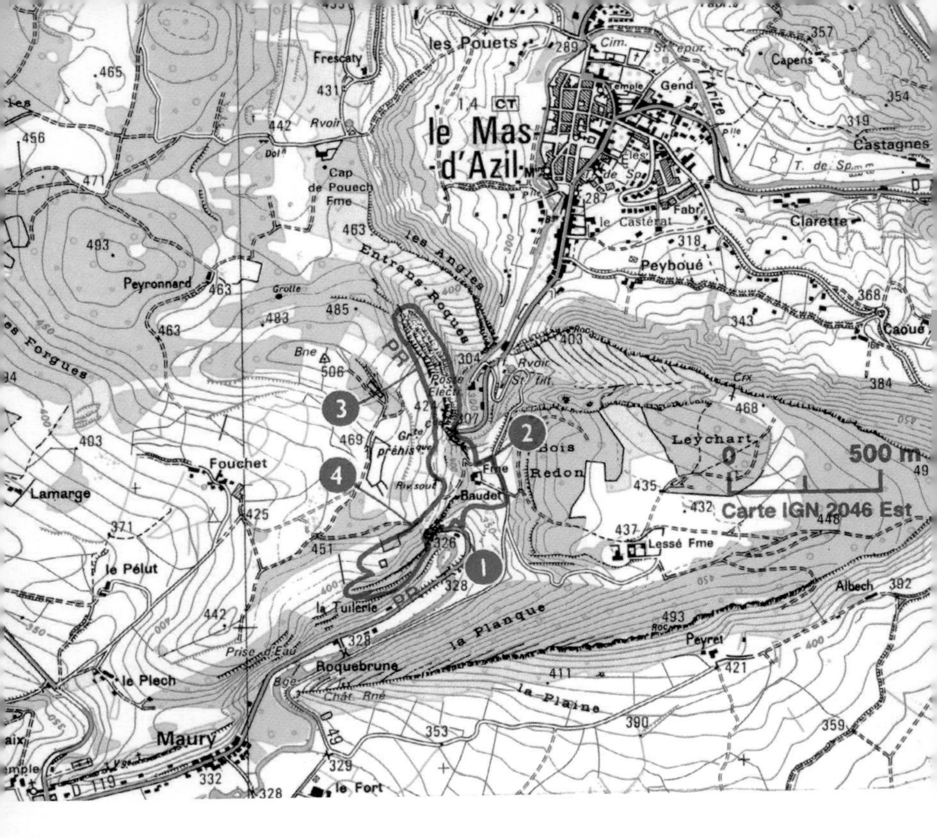

Le propulseur azilien

Au Mas d'Azil, les habitants s'adonnent à un sport singulier. Imitant leurs lointains ancêtres préhistoriques, ils lancent des sagaies à l'aide d'un propulseur, sur des cibles ornées de dessins d'animaux. Arme de précision, cet instrument guide la trajectoire, décuple la force et la portée du jet. Passés maîtres dans ce sport d'adresse, les Aziliens organisent des compétitions très disputées et même un championnat du monde !

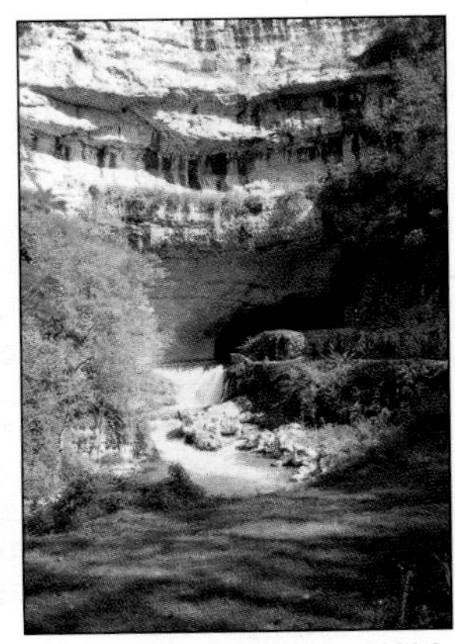

Grotte du Mas d'Azil. *Photo M.M.A.*

Aujourd'hui, la chasse n'est plus une activité de survie. Bisons, bouquetins et autres ours des cavernes ont disparu depuis longtemps de la vallée de l'Arize. Bien que réalisés sans métaux ni plastiques, les propulseurs modernes n'ont rien d'œuvres d'art comparables au célèbre propulseur dit du « faon aux oiseaux », découvert dans la grotte préhistorique toute proche. C'est tout de même un clin d'œil bien sympathique, par delà les siècles, à nos lointains aïeux.

La corniche de la grotte

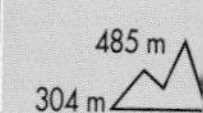

12

2h
4 Km

485 m
304 m

Situation Le Mas-d'Azil, à 25 km au Nord-Est de Saint-Girons par les D 117 et D 119

Parking au Sud de la grotte (à 1 km au Sud du village par la D 119)

Balisage

jaune

Difficulté particulière

■ passage en corniche avec main courante entre 4 et 1

Il y a 60 millions d'années, un bras de mer recouvrait Le Mas-d'Azil et sa région. Des phénomènes successifs de sédimentation, de solidification calcaire et de plissements, puis d'infiltration des eaux et d'érosion, ont conduit à la formation de l'actuelle galerie principale de la grotte, particulièrement spectaculaire.

1 Franchir le petit portail marqué *sentiers de randonnées*, puis longer le pré en suivant les panneaux *Tour de Grotte.* Emprunter la route à gauche sur 200 m.

2 Au panneau *tour de grotte*, franchir le deuxième petit portail et s'engager sur le sentier. Prendre à droite la direction "*solitaire nord*". Descendre une forte pente aménagée de marches. Tourner à gauche et emprunter le Solitaire sous la voûte calcaire. Après 300 m d'une montée régulière, suivre à gauche la direction *tour de grotte, parking*. Arrivé sur le plateau, s'engager sur le sentier dans le sous-bois de chênes, jusqu'au belvédère du Roc-des-Courbasses *(roc des Corbeaux, vue sur le village, le pic de Saint-Barthélémy, la chaîne du Plantaurel et le massif de l'Arize).*

3 Continuer la descente, puis suivre les panneaux *tour de grotte* sur 100 m, jusqu'au panneau *corniche sud*. Emprunter ce sentier *(les murettes de pierres sèches sont les vestiges d'anciens jardins en terrasses)*, franchir le passage taillé dans la roche et gagner un petit col *(par temps clair, vue sur le mont Vallier).*

4 Poursuivre sur 50 m, puis bifurquer à gauche en épingle à cheveux et amorcer la descente. Franchir un passage délicat (main courante), passer la corniche Sud de la grotte, puis descendre directement sur le parking.

Orchis mâle. *Dessin N.L.*

En chemin

■ vue sur l'Arize ■ belvédère des Courbasses : vue sur le village ■ point de vue sur le mont Vallier

Dans la région

■ Le Mas-d'Azil : grotte préhistorique, dolmens, musée de la Préhistoire, pont 15e ■ Carla-Bayle : bastide fortifiée, table d'orientation, musée Pierre Bayle ■ La Bastide-de-Sérou : centre national du Cheval de Mérens ■ Raynaude : chemin de croix

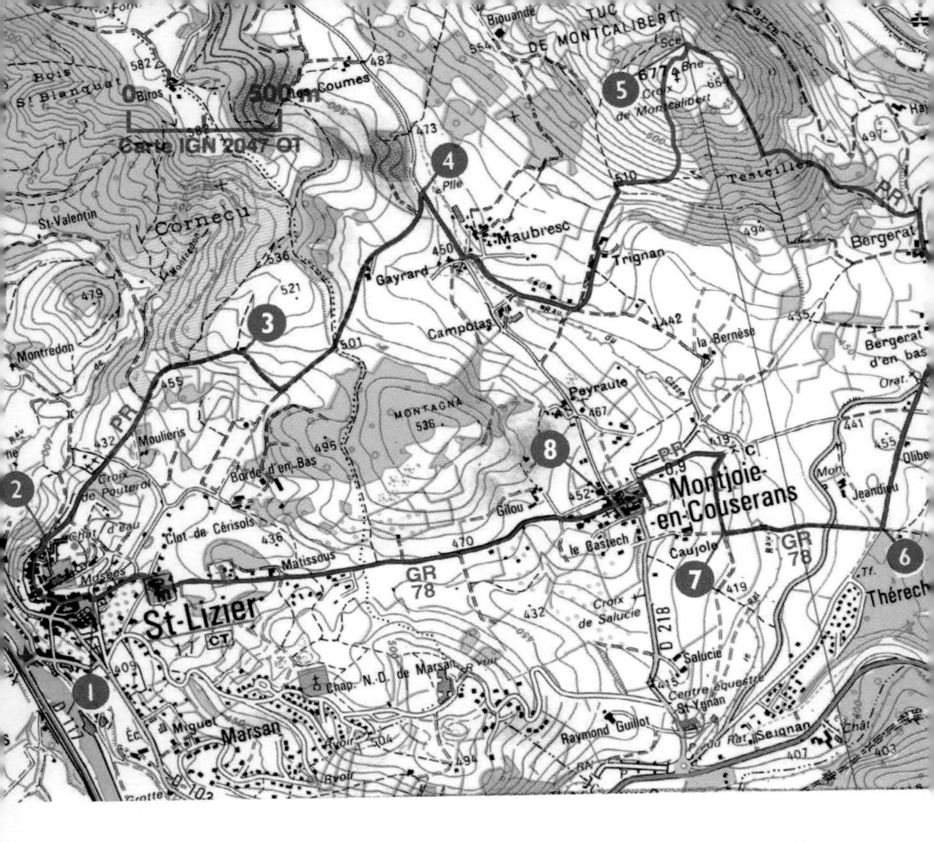

Saint Lizier : Puzzle architectural

Tournée vers le mont Vallier qui porte le nom de son premier évêque de légende, la cité offre un ensemble roman remarquable. Bâtie sur un oppidum romain, c'est une mosaïque de constructions qui s'emboîtent et se superposent au cours de l'histoire : ruelles, remparts, terrasses du palais épiscopal… Plus bas s'élève la cathédrale dont la nef date du 11e siècle. Son véritable trésor est plus précieux encore que celui exposé dans la sacristie, ce sont les fresques romanes d'influence byzantine redécouvertes récemment. Dans une partie reculée de l'édifice, l'une d'elles représente saint Jacques arrivant en barque à Compostelle, ce qui confirme que la ville était, déjà à l'époque, un lieu de passage des pèlerins. Roman pour sa base, le cloître est surmonté d'une galerie au toit charpenté de bois. La pharmacie tricentenaire de l'ancien hôtel-Dieu prolonge cette flânerie à travers le passé.

Fresques de la cathérale de Saint-Lizier. *Photo OTSL*

Le belvédère du Couserans

Fiche pratique 13

De ruelles en sentiers, cet itinéraire conduira le promeneur de Saint-Lizier au Montcalivert, belvédère sur l'ensemble des vallées couseranaises et les splendides sommets dominés par le seigneur du Couserans : le mont Vallier.

Pie bavarde.
Dessin P.R.

1 Monter au palais des Evêques. Au parking, suivre tout droit le chemin de terre qui contourne les remparts par l'extérieur.

2 50 m après les remparts, bifurquer à droite sur un chemin qui monte vers la croix de Pouterolles. Continuer en face par une descente herbeuse en escalier. Prendre la route à droite, vers le cimetière. Au carrefour, emprunter le chemin de terre en face et poursuivre en laissant tous les chemins à droite et à gauche.

3 Franchir une barrière aménagée pour traverser le pré, retrouver le chemin devant une ancienne bergerie et quitter la propriété *(bien refermer la clôture)*. Emprunter à gauche le chemin en pente. Il devient une route au niveau d'une ferme et atteint un croisement.

4 Partir à droite vers Maubresc, visible en contrebas. Bifurquer sur la première route à gauche, puis obliquer à droite. La route devient chemin. Aller à gauche et passer Trignan. Au pied d'une forte pente, s'élever vers la droite, puis longer la lisière du bois jusqu'à atteindre la crête et la croix du Montcaliver *(panneau indicateur)*.

5 Descendre vers l'Est par le chemin en sous-bois et gagner Bergerat. Prendre la route, puis tourner à droite et couper la D 18. Continuer sur le chemin en face *(ancienne voie romaine)* et arriver à une intersection.

6 Partir à droite sur un sentier bordé de noisetiers. Couper la D 18, franchir un ruisseau.

7 Tourner à droite. Se diriger à gauche et gagner Montjoie *(une des plus petites bastides de France, fondée en 1256, sur un des chemins de Saint-Jacques-de-Compostelle ; son nom rappelle les exclamations de joie des pèlerins)*. Traverser le village.

8 Emprunter la route qui ramène à Saint-Lizier.

4 h

677 m
409 m

Situation Saint-Lizier, à 3 km au Nord de Saint-Girons par la D 117

Parking place du village

Balisage

1 à 6 jaune
6 à 7 blanc-rouge
7 à 8 jaune
8 à 1 blanc-rouge

Difficulté particulière

- montée et descente du Tuc raides

Ne pas oublier

À voir

En chemin

- Saint-Lizier : ancienne capitale du Couserans (un des plus beaux villages de France), cathédrale 11e, cloître 12e, ancien palais épiscopal, ancien Hôtel-Dieu (maintenant aménagé en halte Saint-Jacques pour accueillir les pèlerins)
- panorama exceptionnel sur la zone axiale des Pyrénées
- Montjoie : bastide, église (clocher-mur 14e)

Dans la région

- vallée du Biros et étang de Bethmale
- hautes vallées du Couserans : villages typiques

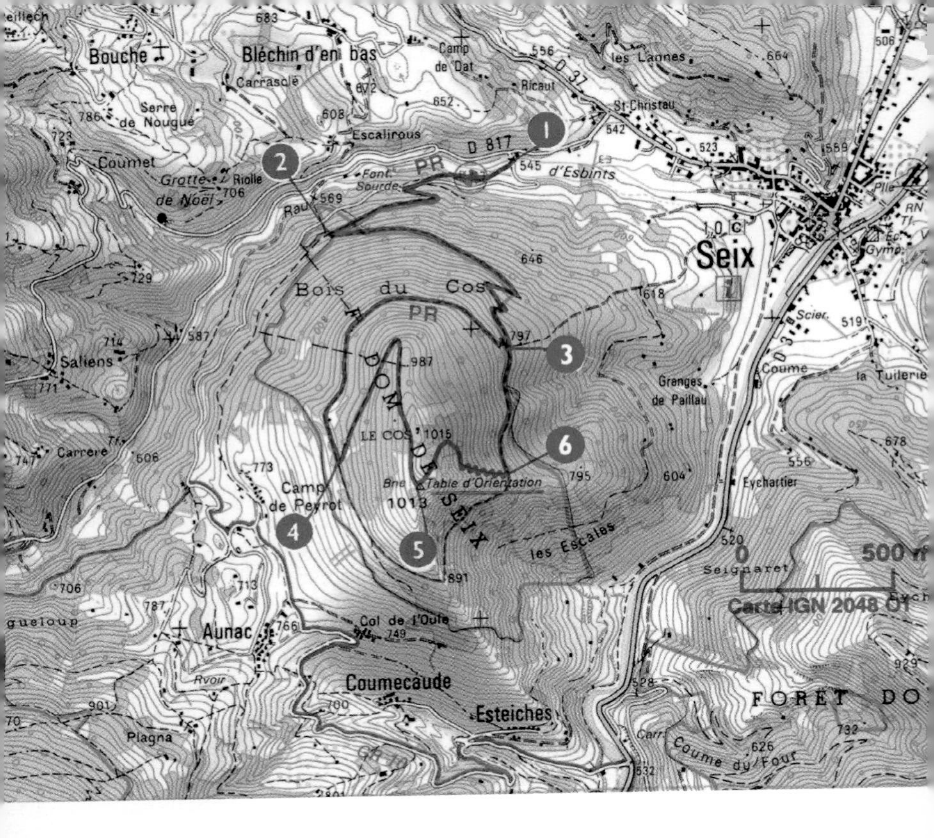

De bien étranges demoiselles

De 1829 à 1872, la forêt ariégeoise est le théâtre et l'enjeu d'une rébellion paysanne. Depuis le Moyen Age, un système complexe de droits d'usage permet l'exploitation du bois et le pâturage des troupeaux dans la forêt. Ceci améliore les conditions de vie difficiles de la population montagnarde. Le code Forestier de 1827, visant à reconstituer la forêt surexploitée par les charbonniers et les maîtres de forges, déclenche l'insurrection. On supprime jusqu'au droit de ramasser le bois mort. Exaspérés, les paysans, travestis en femmes, attaquent charbonniers, maîtres de forges et gardes royaux. On les appelle « demoiselles » en raison de leur déguisement. La troupe est envoyée en renfort. Cette « Guerre des demoiselles » ne fait que deux victimes, mais le roi finit par céder. Cependant, la petite métallurgie agonise et l'Ariège amorce dès lors un fort déclin démographique.

Photo J.-C.M.

Sentier d'interprétation du Cos

Fiche pratique **14**

Guidé par Taychou le blaireau, la mascotte du sentier, vous découvrirez de bornes en bornes les mille et une facettes du Cos. De l'hépatique trilobée au couloir du lançage du bois, de la vie du sanglier à la guerre des Demoiselles, vous saurez désormais interpréter dans cette forêt d'Ariège, tout ce qui fait son histoire et sa richesse.

Hépatique trilobée. *Dessin N.L.*

2h30

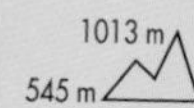

Situation Seix, à 18 km au Sud de Saint-Girons par les D 618 et D 3

Parking tennis (par la route du col de la Core, puis celle d'Aunac)

Balisage

jaune

Difficulté particulière

■ forte dénivelée

Ne pas oublier

❶ S'engager sur le sentier fléché à l'entrée du parking. Après 350 m, couper la route d'Aunac et prendre le chemin indiqué par le panneau sur 500 m, avant d'arriver à une intersection.

❷ Laisser le chemin qui continue tout droit vers le hameau de Peyret et effectuer une épingle à cheveux en empruntant le sentier éducatif du Cos qui monte à gauche dans une forêt plus ancienne *(les hêtres ont entre 100 et 200 ans, la flore y est moins riche et totalement différente de celle observée avant)*, en limite de la forêt domaniale de Seix matérialisée par des traits de peinture sur les arbres *(vers le bas : un P pour indiquer une propriété particulière, vers le haut : un numéro de parcelle de forêt domaniale)*. Le chemin monte par plusieurs lacets parmi de jeunes résineux et atteint une intersection.

❸ Continuer à s'élever vers la droite par le sentier éducatif du Cos, en laissant un chemin à niveau. Plus loin, il traverse les bandes plantées en épicéa principalement, dans le sens de la plus grande pente et visibles de la vallée *(vue sur le village des Lannes et celui de Sentenac-d'Oust)*.

❹ A la bifurcation, obliquer à gauche en épingle à cheveux sur le sentier qui monte et poursuivre jusqu'au sommet *(table de pique-nique, vue sur Seix et Oust)*.

► En parcourant la crête vers le Sud sur 100 m, vue sur la haute chaîne vers l'Espagne *(table d'orientation)*.

❺ Descendre vers l'est *(à gauche)* par plusieurs lacets.

❻ Emprunter le chemin dit « des Gardes » vers le Nord sur 500 m environ.

❸ Revenir au point de départ par le même itinéraire.

À voir

En chemin

■ sentier d'interprétation ■ forêt de hêtres très ancienne (arbres entre 100 et 200 ans) ■ vue sur Seix et Oust ■ table d'orientation : vue sur les sommets pyrénéens

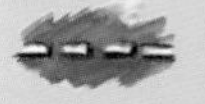

Dans la région

■ Couflens : village pittoresque ■ Salau : église (ancien prieuré de Malte) ■ lac de Bethmale ■ fromageries artisanales et fabrique de sabots bethmalais

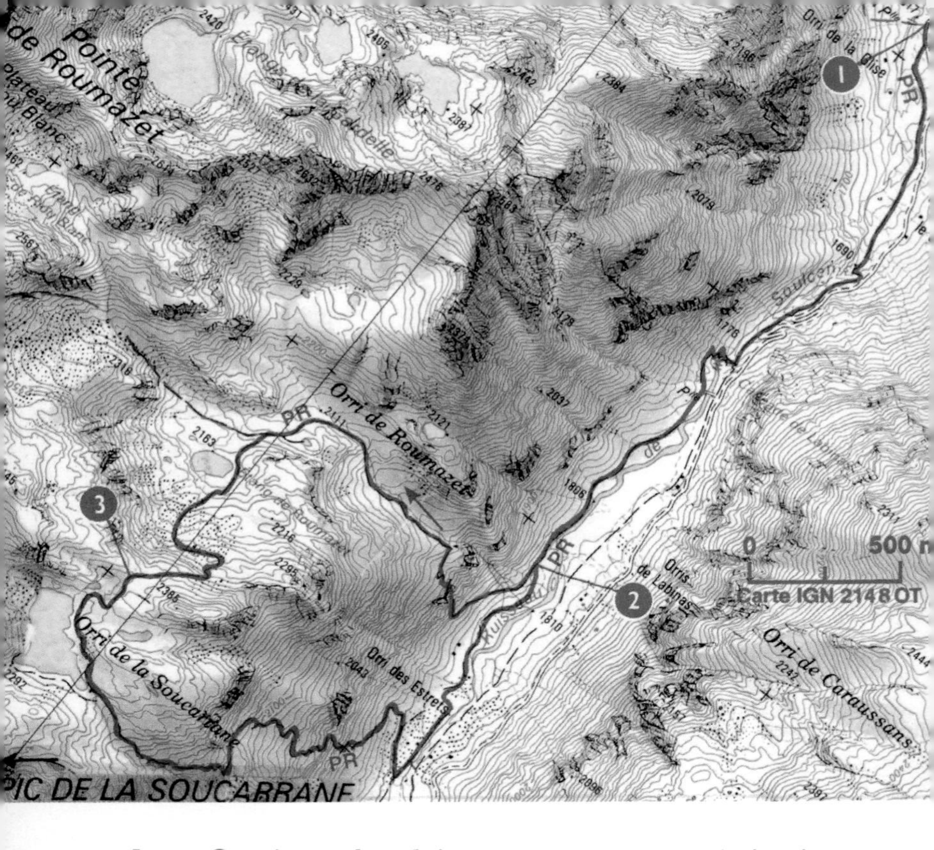

Les Orris : Architecture caractéristique de la montagne

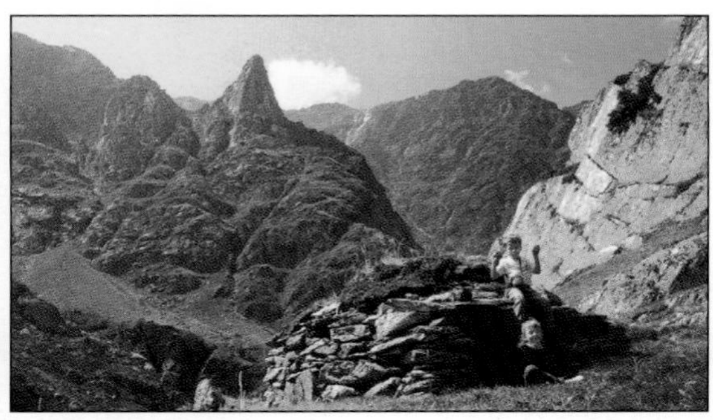

Chemin des Orris. *Photo D.Re.*

A l'extérieur, de l'herbe vivante assure l'étanchéité de la voûte bâtie en tas de charge. Le confort était spartiate pour cette habitation du berger en altitude. En période d'estive : une litière, un foyer, quelques étagères de pierre. A côté se trouvent la cave à fromage ou « mazuc », l'enclos à bétail et le couloir de traite des animaux. Précieux défenseur du troupeau contre loups et ours, le chien a sa niche, construite de la même façon.

Voir tout cela de plus près aide à mieux comprendre comment la vie rude de la montagne a forgé l'identité de ce pays.

Le chemin des Orris

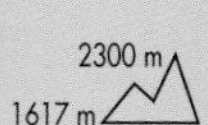

4 h

2300 m
1617 m

Situation vallée de Soulcem, à 32 km au Sud-Ouest de Tarascon-sur-Ariège par les D 8 et D 108

Parking près du refuge des Orris-du-Carla

Balisage jaune

Difficulté particulière

- forte pente après ❷

Ne pas oublier

À voir

En chemin

- vallée glaciaire
- pastoralisme
- étangs de Roumazet et de la Soucarrane
- panoramas sur les crêtes frontières avec l'Espagne et l'Andorre

Dans la région

- villages typiques du Vicdessos
- anciennes mines de fer du Rancié
- château de Miglos
- Niaux : grottes préhistoriques de Niaux et de la Vache, Musée pyrénéen
- Tarsacon : Parc de l'art préhistorique

Grenouille rousse. *Dessin P.R.*

Cette randonnée se déroule dans un cadre de haute montagne, à travers le cirque de la Croutz, couronné de sommets de plus de 2900 m. Elle vous permettra de suivre les traces des bergers et de la civilisation pastorale, à travers l'orri et ses dépendances tels que le mazuc (cave à fromage), le cabanat (étable), la marga (couloir de traite) et le parre (enclos).

❶ S'engager sur le chemin qui contourne la cabane du berger. Il suit à gauche le ruisseau de Soulcem et atteint une passerelle au pied des cascades du Labinas. La franchir et cheminer rive gauche *(orris du Labinas récemment restaurés)*.

❷ Prendre à droite le chemin qui traverse le ruisseau de Roumazet. Il s'élève en forte pente, puis s'adoucit en arrivant à l'étang de Roumazet. Le contourner par la gauche et atteindre le col situé à 2300 m *(vue sur le pic de la Rouge qui culmine à 2902 m et l'étang de la Soucarrane)*.

❸ Aller vers l'étang de la Soucarrane et le longer par la gauche jusqu'à son déversoir. Descendre jusqu'au Pla de la Croutz en passant devant les orris. Rejoindre le ruisseau et le suivre rive gauche à proximité des orris des Estrets, puis retrouver le sentier emprunté à l'aller.

❷ Descendre la vallée et regagner le parking.

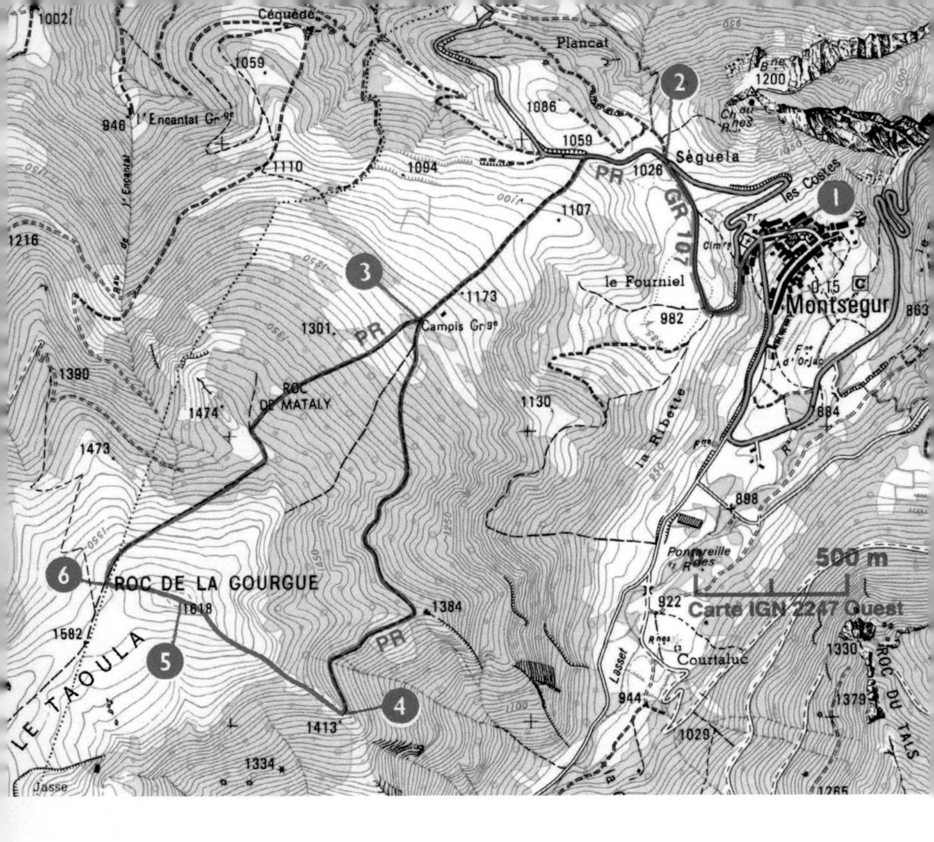

Montségur : citadelle emblématique

Née d'une quête spirituelle exigeante, la religion cathare apparaît en Languedoc au 11e siècle.
Les « parfaits » comme on les appelle par dérision, se nommaient eux-mêmes « bons chrétiens ». Dénonçant les tentations du pouvoir et de l'argent auxquelles avaient succombé les ecclésiastiques, ils menaient une vie d'ascète. Leurs idées, fondées sur le dualisme du monde, trouvaient ici un large retentissement. En 1208, le pape lança la croisade contre les hérétiques. Déferlant sur le Midi, les Croisés pillèrent et massacrèrent, spolièrent les seigneurs occitans combatifs mais désorganisés. Ultime refuge de l'Église cathare, après onze mois de siège, Montségur se rendit en 1244. Refusant d'abjurer, plus de deux cents Parfaits furent livrés au bûcher. Symbole de résistance à l'intolérance, Montségur devînt un haut lieu de mémoire pour l'histoire méridionale.

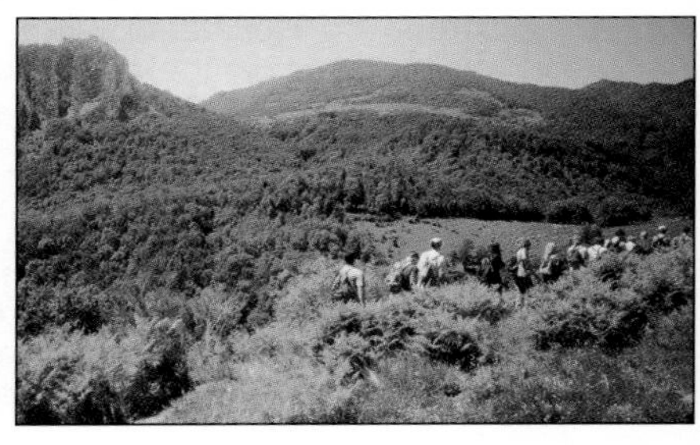

Vers le Taoula. *Photo M.-J.M.*

Vers le Taoula

Fiche pratique 16

Sur le parcours, vous verrez la jolie vallée du Lasset et le massif imposant du Tabe. En automne, vous y croiserez le renard et surprendrez peut-être le tétras. Parfois l'isard s'aventure à descendre voir si l'herbe est tendre...

Raisin d'ours. *Dessin N.L.*

1 Rejoindre le cimetière et emprunter la D 9 sur 100 m. Dans le lacet de la route, monter par le chemin goudronné en direction du château et retrouver la D 9.

2 Prendre la D 9 à gauche sur 300 m, puis s'engager à gauche sur un chemin de terre qui monte en direction des granges ruinées de Campis.

3 Au carrefour en Y *(panneau)*, quitter l'itinéraire allant au pic Saint-Barthélémy pour suivre à gauche l'itinéraire de la Canalette qui serpente dans une hêtraie. Passer une première crête, descendre dans le thalweg, puis remonter le versant opposé et arriver sur une deuxième crête.

4 Monter le long de la crête et atteindre un monolithe en forme de cheminée. Continuer au Nord-Ouest jusqu'au roc de la Gourgue (1618 m, *aire de départ des parapentes*).

5 Du sommet, descendre en face et retrouver l'itinéraire du pic Saint-Barthélémy, sur le plateau du Taoula *(panneau)*.

6 Le suivre à droite pour descendre vers la forêt de Campis. Traverser une clairière sur son côté droit *(elle est souvent barrée par une clôture de barbelés)*. Pénétrer à nouveau dans la forêt. Par un chemin en forte pente, déboucher dans les prés et retrouver le carrefour des granges de Campis.

3 Par l'itinéraire emprunté à l'aller, regagner Montségur.

4h

1618 m
858 m

Situation Montségur, à 12 km au Sud de Lavelanet par les D 109 et D 9

Parking dans le village

Balisage

1 à 2 blanc-rouge
2 à 2 jaune
2 à 1 blanc-rouge

Difficulté particulière

■ passage en crête entre 4 et 5

Ne pas oublier

À voir

En chemin

■ hêtraie ■ vues sur le château de Montségur

Dans la région

■ Montségur : château-fort perché et ruiné (visite), musée ■ fontaine intermittente de Fontestorbes ■ château de Roquefixade ■ Lavelanet : musée du Textile et du Peigne en corne

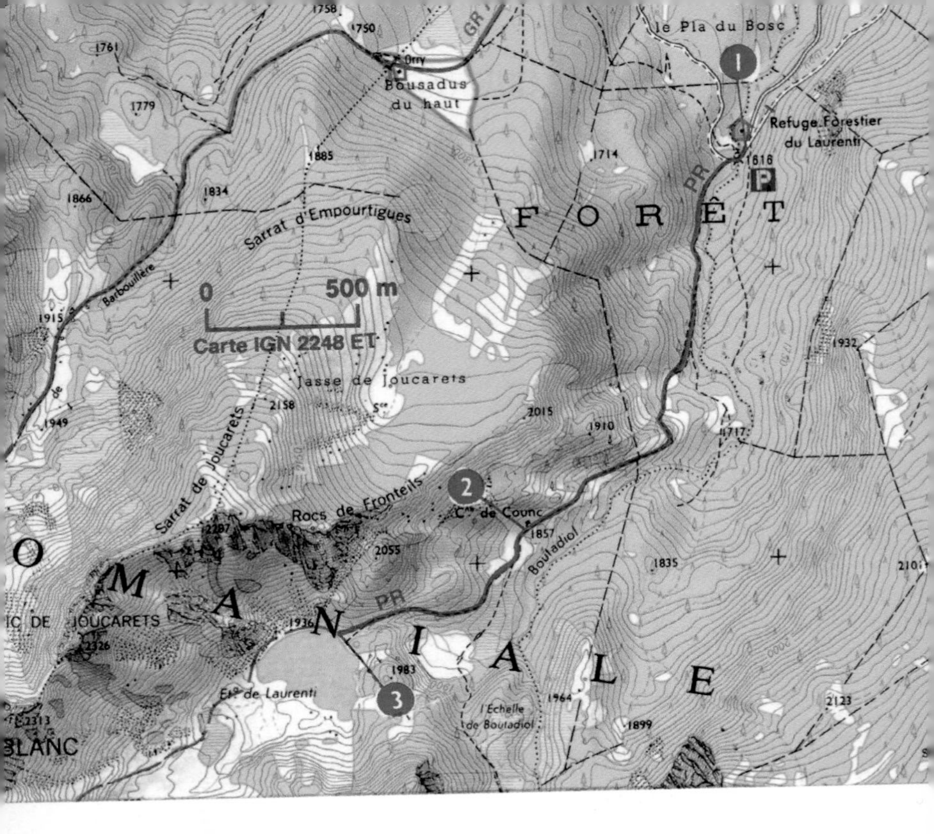

La pêche à la truite

Avec 2000 km de réseau hydrographique, l'Ariège est le paradis des eaux vives. Cent cinquante lacs d'altitude, véritables joyaux de la montagne, y occupent une place de choix. Cette manne attire ici quelque cinquante mille pêcheurs par an. Le poisson est abondant, mais les prédateurs prolifèrent : cincle plongeur, canard, grand cormoran et goéland qui remonte loin dans les terres. Les variations de débit dues aux barrages sont également préjudiciables au poisson. Moins sensible à ces menaces, la pêche reine se pratique dans les lacs et torrents d'altitude. Elle concerne la truite « fario » dite sauvage, tachetée de rouge et très recherchée. La truite « arc-en-ciel », de souche américaine, a été introduite. Cette pêche sportive prélève environ vingt-cinq mille truites dans les lacs. L'alevinage compense cette perte. La truite reste le symbole de la pureté préservée des eaux de montagne.

Truite fario. *Dessin P.R.*

L'étang du Laurenti

Fiche pratique 17

2h30

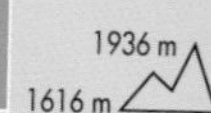

Situation Artigues, à 33 km à l'est d'Ax-les-Thermes par les D 613, D 25 et D 16 en été (col de Pailhères fermé de novembre à avril). En hiver, Artigues à 26 km au Sud-Ouest d'Axat par la D 118 et la D 16.

Parking refuge du Laurenti (sur la route forestière du Laurenti entre Artigues et Quérigut, par la D 16)

Balisage jaune

Difficulté particulière

■ passage surplombant entre 1 et 2

Ne pas oublier

Balade jusqu'au plus bel étang du « Québec Ariégeois » qui conduit en même temps au pied du « seigneur » du Donezan : le Roc Blanc. La réserve du Laurenti est classée réserve biologique : les marmottes et les isards y sont nombreux.

Lys des Pyrénées. *Dessin* N.L.

1 S'engager sur le sentier qui part à droite du torrent entre sapins et hêtres *(ancienne « tire à bois »)*. La pente se redresse. Aller jusqu'à une petite clairière, franchir un petit ruisseau, descendre légèrement, puis grimper à nouveau entre les rochers. Parvenir à un replat *(le pin à crochet devient abondant tout au long du chemin)*, près de la cabane du Counc, qui se trouve à droite au bord d'une pelouse.

2 Poursuivre dans la même direction et continuer à monter *(vue sur le roc Blanc)*. Traverser une zone de pins, puis un petit éboulis. Une courte descente amène au lac du Laurenti.

3 Revenir par le même itinéraire.

Lys martagon. *Photo* J.-C.F.

À voir

En chemin

■ faune et flore (lys des Pyrénées, orchidées) ■ vue sur le roc Blanc ■ étang du Laurenti

Dans la région

■ château et Maison du Patrimoine d'Usson
■ château de Querigut
■ col de Pailhères

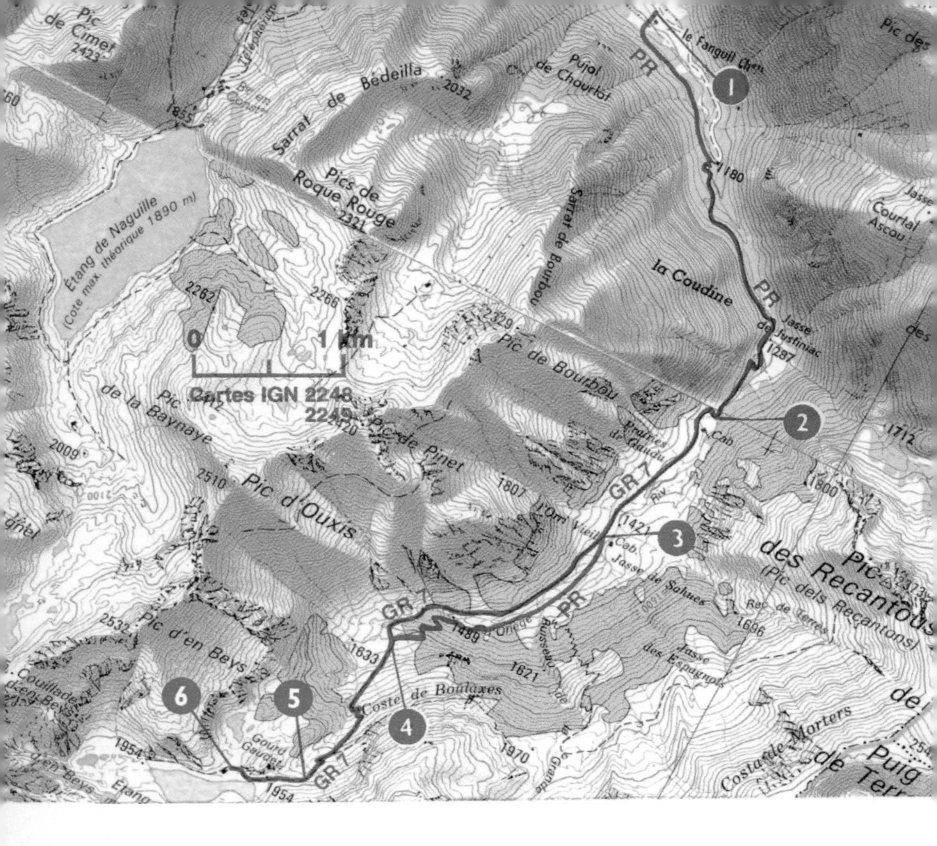

Un sanctuaire pour les animaux

Créée en 1981, sur 4 150 ha, au pied de la Dent d'Orlu (2 222 m), la réserve nationale est un milieu protégé où chercheurs et techniciens étudient la faune. La gestion en est confiée à l'Office National de la Chasse. Mille trois cents isards et des centaines de marmottes se laissent assez facilement approcher. Deux couples d'aigles royaux y ont élu domicile. Renards, sangliers, martres, hermines et lagopèdes sont bien représentés. Le gypaète barbu y fait quelques incursions, tout comme le mouflon, voire l'ours ! Cincles plongeurs, chocards, craves à bec rouge et une foule de passereaux se rencontrent à différentes altitudes. Truites et saumons de fontaine peuplent lacs et torrents. Ici, pas de chien, il y est interdit de séjour. Il faut se munir de jumelles et se faire discret. La patience est vite récompensée par des observations inoubliables.

Marmotte. *Photo OTD*

La réserve de faune d'Orlu

Fiche pratique **18**

Aigle royal. *Dessin P.R.*

Cette balade se déroule dans la vallée de l'Oriège, sur le domaine de la réserve nationale de faune d'Orlu. Vous pourrez observer des animaux de montagne dans leur environnement naturel : isards, marmottes et grands rapaces (vautour fauve, gypaète).

❶ Suivre le large chemin qui franchit l'Oriège sur un petit pont, puis la piste charretière ombragée en direction Sud-Est. Elle longe la rive gauche du torrent. Atteindre la jasse de Justiniac.

❷ La traverser et continuer à remonter la vallée. Traverser la longue jasse d'En-Gaudu, puis celle de l'Orry-Vieil.

❸ Poursuivre et gagner la forêt de hêtres où se termine la piste. S'engager sur un petit sentier qui grimpe raide jusqu'au pas de Ballussière. Franchir le ruisseau et parcourir encore quelques centaines de mètres.

❹ Le sentier passe à flanc de montagne, puis *(vers 1 790 m d'altitude)* monte vers l'Est par une série de lacets bien tracés dans les éboulis. Il file ensuite plein Sud à flanc jusqu'à une canalisation horizontale en pierre.

❺ La suivre à droite *(vue sur l'étang d'En Beys et les montagnes environnantes)*. Descendre vers l'étang, puis, suivre sa rive à droite pour atteindre le refuge d'En Beys (1 970 m).

❻ Revenir au point ❹ par le même itinéraire.

❹ Prendre le sentier à droite qui descend en forte pente dans la forêt, en rive droite du torrent. Par une succession de replats, il ramène à la jasse de l'Orry-Vieil.

❸ Franchir la passerelle pour retrouver la piste en rive gauche et rejoindre le parking.

5 h 30

1870 m
1150 m

Situation vallée d'Orlu, à 10 km à l'Est d'Ax-les-Thermes par la D 22

Parking réserve d'Orlu

Balisage

❶ à ❷ rectangles rouges
❷ à ❻ blanc-rouge

Difficultés particulières

■ accès de la réserve interdit aux chiens, même tenus en laisse ■ gué avant ❹ ■ forte montée après ❸ et forte descente après ❹

Ne pas oublier

À voir

En chemin

■ faune et flore ■ cascades

Dans la région

■ Ax-les-Thermes : bassin des Ladres ■ églises romanes de la vallée d'Ax ■ carrière de talc de Luzenac ■ Orlu : Parc aux loups, Observatoire de la Montagne, Ariège-Aventure (parcours accrobranche)

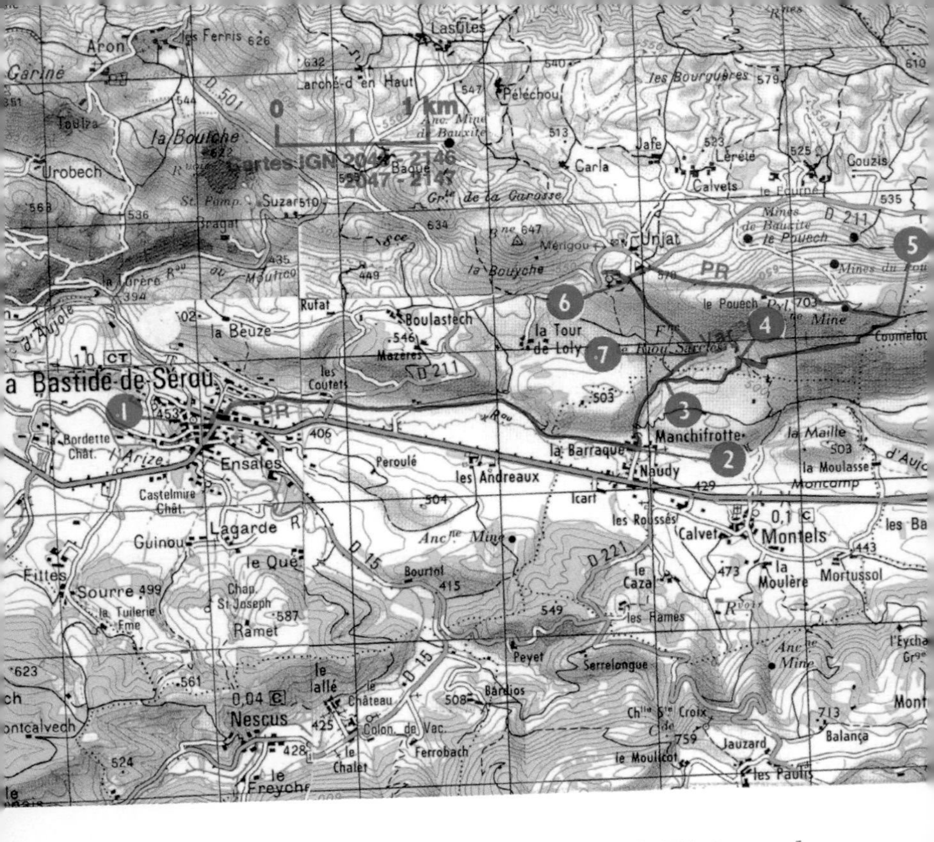

L' Orpaillage : un nouvel Eldorado

De multiples activités extractives faisaient autrefois la réputation du département : fer, plomb, cuivre, tungstène, argent, gypse, marbre, etc. furent exploités. L'extraction de la pierre à aiguiser persiste, mais seule celle du talc paraît avoir encore un avenir. Dans ce contexte, le renouveau actuel de l'orpaillage est plutôt inattendu. Le dernier orpailleur a disparu voici deux siècles lorsqu'une poignée de chercheurs d'or, avec battées et rampes de lavage, reprend les techniques ancestrales, dans le lit de l'Ariège, de l'Arize et du Salat. Au-delà du folklore, et loin de procurer la fortune, les paillettes d'or recueillies attirent un public de plus en plus nombreux. Les stages d'orpaillage et les compétitions de chercheurs d'or apportent leur part de rêve. Dans ce loisir de pleine nature réside désormais, peut-être, la véritable toison d'or…

Photo J.-L.B./CDT09

Riou Sarclès

Fiche pratique 19

Partez à la découverte des fossiles et des plantes du plateau calcaire, tout en bénéficiant d'un panorama qui s'étend sur une grande partie du Séronais et de la chaîne pyrénéenne.

1 En bas du champ de Mars, face au côté droit de la poste, traverser le parking, puis emprunter le chemin de l'Aujole à gauche. Franchir la passerelle sur l'Aujole, puis suivre la route à droite *(ancienne maison de garde-barrière)*. Couper la D 211 et continuer en face, par le chemin de terre *(ancienne voie ferrée)*. A la grange, poursuivre sur le chemin en contrebas. Passer le gué sur un radier en ciment et gagner tout droit le hameau de La Barraque.

2 Tourner à gauche au dernier bâtiment, sur le chemin de la Manchette qui longe le ruisseau. Passer sous l'ancien pont de chemin de fer. Laisser un embranchement à droite.

3 A la seconde bifurcation, partir à droite et franchir le ruisseau *(bien suivre le balisage)*. Le chemin s'infléchit vers l'Est, puis le Nord-Est et atteint une intersection.

4 Laisser le sentier qui mène à la fontaine de Riou-Sarclès à gauche et monter à droite vers la crête.

5 Emprunter à gauche le chemin d'exploitation des carrières de bauxite, puis gagner le sommet dominé par le pylône *(du sommet, vue au Sud, sur le pic Saint-Barthélémy, les crêtes du Piémont, le massif de l'Arize, et, derrière, les Trois-Seigneurs ; au Nord-Ouest, sur le lac de Mondély, le golf et la chapelle d'Unjat et La Bastide-de-Sérou)*. Suivre la croupe parallèlement à la ligne électrique. Longer le parcours d'initiation du golf et aboutir à la D 211. Ne pas la prendre, mais emprunter à gauche un chemin sur 200 m et atteindre une intersection.

► La chapelle d'Unjat se trouve à 150 m.

6 S'engager sur le sentier à gauche et atteindre un carrefour.

► Variante : le sentier à gauche mène à la fontaine du Riou-Sarclès, puis au repère **4**.

7 Obliquer à droite puis à gauche.

3 Rejoindre La Barraque.

2 Par l'itinéraire emprunté à l'aller, regagner le point de départ.

3h30

703 m
404 m

Situation La Bastide-de-Sérou, à 17 km à l'Ouest de Foix par la D 117

Parking place du Champ-de-Mars

Balisage point jaune

Ne pas oublier

2 h 1 h 45

À voir

En chemin

■ panorama ■ chapelle d'Unjat 16e

Dans la région

■ La Bastide-de-Sérou : centre national du Cheval de Mérens, golf départemental ■ Castelnau-Durban : anciennes carrières de marbre ■ lac de Mondely ■ Rimont : abbaye de Combelongue 12e

Le cheval de Merens : prince noir des Pyrénées

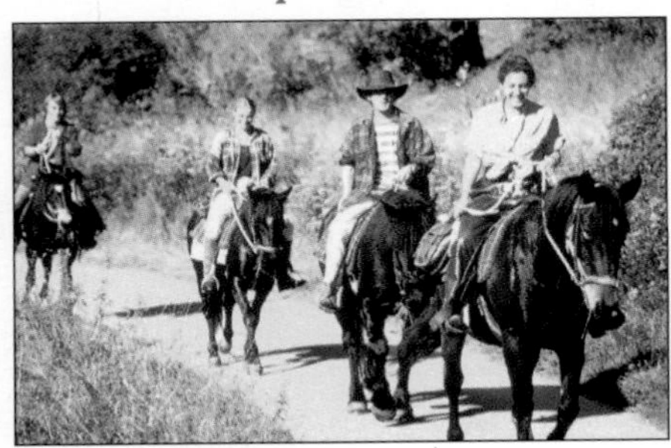

Photo D.V./CDT09.

L'été, on le rencontre sur les estives où il dort, libre, à la belle étoile. Ses ancêtres vivaient ici il y a 14 000 ans et sont représentés dans les grottes ornées, toutes proches.

On le dit originaire de Mérens-les-Vals, en haute-vallée de l'Ariège. Petit, robuste et courageux, il a longtemps servi aux travaux les plus rudes. Habitué à se suffire à lui-même, il sait vivre en altitude par les pires conditions climatiques. Restée pure, la race a bien failli disparaître. Elle doit sa survie à une poignée d'éleveurs passionnés. A la bastide de Sérou, le Centre National du Mérens assure aujourd'hui sa promotion. De caractère bien trempé, sûr, intrépide, facile à vivre, ce petit cheval noir est la monture idéale des randonnées équestres en montagne. Au hasard du chemin, il séduit par son allure fière et noble ainsi que par sa bienveillance amicale.

Le Rocher de Batail

La balade se déroule en crête et offre des vues tous azimuts sur les Pyrénées ariégeoises, sur les montagnes d'Andorre, la Catalogne et les Pyrénées centrales, soit sur près de 200 km.

Grassette. *Dessin N.L.*

❶ Gagner le col situé à droite (Ouest) du Bout de Touron, puis s'engager sur le sentier de crête qui part vers l'Ouest. Passer un collet et monter au sommet des Loubatières *(1494 m, gros amas de rochers).*

❷ Descendre au pas de Bazillac, puis gagner le sommet du même nom. Après un nouveau col, la pente se redresse un peu. Le chemin zigzague à travers prairies et rochers pour aboutir à un large col situé au Sud du Picou (1602 m). *Le Picou, surnommé Phare de la Barguillère, domine la forêt du consulat de Foix.*

► Une variante partant du Picou vers le Nord permet de rejoindre en 2 h les villages de Ganac ou de Brassac par un itinéraire qui passe par la cabane de l'Homme-Mort. De là, à travers bruyères et fougères, il rejoint la vaste forêt de hêtres *(balisage jaune ; en prenant soin de déposer une voiture le matin à Ganac ou à Brassac, il est possible d'effectuer une randonnée linéaire de 5 h).*

❸ Laisser à droite (Nord) le balisage jaune et continuer vers l'Ouest jusqu'au roc Mouché (1700 m).

❹ Le chemin de crête continue vers l'Ouest jusqu'au roc de Batail *(panorama : au Sud, les grands sommets pyrénéens, le pic des Trois-Seigneurs, le Montcalm, le mont Vallier... ; à l'Est, le massif du Saint-Barthélémy ; au Nord, la vallée de l'Ariège avec la barrière calcaire du Plantaurel).*

❺ Le retour s'effectue par le même itinéraire.

Fiche pratique 20

2h50

1716 m
1448 m

Situation Bout de Touron, à 15 km au Sud-Ouest de Foix par les D 21 et D 421

Parking terminus de la route

Balisage jaune-rouge

Difficulté particulière

■ circuit à éviter en cas de brouillard

Ne pas oublier

2 h 2 h

À voir

En chemin

■ flore très variée au printemps ■ pastoralisme et transhumance ■ cerfs, biches, sangliers dans les hêtraies ■ panoramas

Dans la région

■ Foix : ville et château rivière souterraine de Labouiche ■ églises romanes de Saint-Jean-de-Verges et de Vernajoul ■ Route Verte de Foix à La Tour-Laffont (D 17) par la vallée de la Barguillère

La Haute-Garonne : six pays, une « capitale »

Au cœur de la région Midi-Pyrénées, la Haute-Garonne cultive, sous un soleil lumineux, contrastes et paradoxes. Entre Atlantique et Méditerranée, à la lisière des Pyrénées et au fil de la Garonne, la Haute-Garonne offre une incomparable palette de possibilités touristiques.

Des montagnes majestueuses en torrents impétueux, des hautes vallées aux lacs d'altitude en passant par des cimes à 3000 mètres d'altitude, les Pyrénées centrales forment une véritable terre promise pour la randonnée. Des paysages préservés, une faune et une flore encore intactes, en font un véritable sanctuaire pour la nature. Pays de piémont et de balades faciles et familiales, le Comminges est un pays d'abbayes et de cathédrales. Dans le cœur de la chaîne pyrénéenne, cette terre gasconne exhibe sans retenue son riche passé et ses paysages d'une rare beauté.

Pays de plaine par excellence, le Volvestre pousse la fantaisie en se déclinant de part et d'autre de la Garonne en falaises sur la rive droite et en larges terrasses sur la rive gauche. Terre d'eau, généreuse et féconde, il épouse le cours du fleuve depuis la nuit des temps.

Au sud-est du département, le Lauragais déroule ses vastes étendues de blé blond, de maïs doré et de tournesol flamboyant. Bastides, clochers murs, pigeonniers et moulins à vent sont les témoins de son riche passé. Pierre-Paul Riquet y creusa le canal du Midi, classé patrimoine mondial de l'humanité par l'UNESCO.

Au fil des siècles, le Frontonnais s'est forgé une vocation viticole et fruitière jamais démentie. Pays de la qualité de vie, le mot « fête » grâce aux nombreuses manifestations traditionnelles, y retrouve tout son sens et toute sa plénitude.

Au nord de Toulouse, le Pays Toulousain voit alterner plaines fertiles sur les bords de la Garonne, châteaux et forêts épaisses à Bouconne et Buzet. Les fermes de briques et de tuiles roses évoquent la proximité de la métropole toulousaine, riche en patrimoine.

De la basilique Saint-Sernin au quartier antique de la Daurade, de l'église des Jacobins à la tendre coulée du canal du Midi, de la classique architecture du Capitole aux cours discrètes des hôtels particuliers, des berges langoureuses de la Garonne aux rues étroites, Toulouse aime récompenser le visiteur qui sait la découvrir.

Le village de Clermont-le-Fort

Situé au bord d'une falaise de 80 mètres de haut qui domine l'Ariège, Clermont-le-Fort resserre ses quelques maisons autour d'une placette où l'on entre par une porte monumentale du 15e siècle, vestige des anciens remparts. Le passage de la herse y est encore visible. Au centre se trouve un puits citerne et au fond l'église avec son clocher-mur caractéristique. Le chœur était la chapelle des premiers seigneurs de Clermont au 12e siècle. A l'intérieur on peut voir un autel constitué de deux pièces médiévales, une belle cuve baptismale et plusieurs statues anciennes en bois. De l'esplanade, la vue est magnifique : à l'est, les coteaux vallonnés du Lauragais, au sud, la boucle de l'Ariège et la vallée de la Lèze, à l'ouest la plaine du confluent avec la Garonne, au fond la chaîne des Pyrénées depuis le Canigou jusqu'au pic du Midi de Bigorre (table d'orientation).

Une cité villageoise : Clermont-le-Fort. *Photo D.L.*

Entre Ariège et Coteaux

Fiche pratique 21

Balade colorée qui emprunte le chemin botanique du haut de Clermont-le-Fort au ramier du bord de l'Ariège en passant par le sentier ombragé du vallon de Notre-Dame-des-Bois.

1 A droite du terrain de boules, descendre les escaliers du sentier botanique et continuer tout droit vers Rivedaygue.

2 Emprunter la route *(croix des Rogations, où jadis stationnaient les processions)* à gauche sur 50 m, puis le sentier à droite. Au niveau de la Brègue, laisser un chemin à gauche et poursuivre tout droit sur 500 m. Prendre la D 35 à droite sur 30 m.

3 S'engager sur un large chemin à gauche, barré par une chaîne *(stèle de Noulet à proximité)*, puis 30 m plus loin sur un sentier ombragé à droite dans le vallon de Notre-Dame-des-Bois sur 1 km. Franchir le ruisseau par un petit pontet rustique, puis monter le sentier à droite (marches) sur 250 m. Passer devant l'oratoire de Notre-Dame-des-Bois. Suivre le sentier qui tourne à angle droit pour devenir empierré à partir de Pilot.

4 Emprunter la D 94 à gauche, au carrefour continuer tout droit sur la route. Prendre à gauche le chemin qui mène au château d'eau et poursuivre. Prendre la D 35c à gauche jusqu'à la D 68.

5 S'engager, en face, sur le chemin empierré des Tailladettes *(vue sur les ruines de Rudelle à gauche)*. Couper la D 35, continuer sur le chemin goudronné, qui contourne par la gauche la ferme Ramonvile et monter un sentier jusqu'à la D 68e.

6 Sur 250 m, emprunter à gauche d'abord l'ancienne route, puis la D 68e *(prudence)*.

7 Prendre à gauche le chemin de Cabanes, puis à droite le sentier qui descend vers le fond du vallon de la Bregue. Remonter par le premier sentier à droite. Couper la D 68e et suivre à gauche l'ancienne route sur 50 m.

8 S'engager à droite sur le sentier qui passe derrière Camp-Grand *(vue sur la motte castrale)*, puis obliquer à droite. Prendre la route à gauche. Couper la D 68e et gagner tout droit Les Fraysses.

9 Traverser le hameau à droite et s'engager sur le chemin à gauche, avant une grange *(emplacement des fourches patibulaires)*, qui mène au bord de l'Ariège. Longer la rivière par le chemin botanique à gauche. Il passe devant la barque du Passeur. Grimper le long de la falaise et retrouver l'esplanade.

3 h
12 Km

288 m
155 m

Situation Clermont-le-Fort, à 22 km au Sud de Toulouse par les N 20 et D 68e

Parking à l'entrée du village, derrière le fort

Balisage jaune

Difficulté particulière

■ forte pente entre 1 et 2

Ne pas oublier

À voir

En chemin

■ Clermont-le-Fort : table panoramique et point de vue sur les Pyrénées ■ sentier botanique (plantes répertoriées) ■ stèle de Noulet (qui fit ici d'importantes découvertes sur la préhistoire) ■ oratoire de Notre-Dame-des-Bois : souvenir de la découverte d'une statue en bois d'une Vierge à l'Enfant (visible dans l'église) ■ ferme des Cabanes (accueil à la ferme)

Dans la région

■ Venerque : église 12e, ancienne abbatiale fortifiée 13e

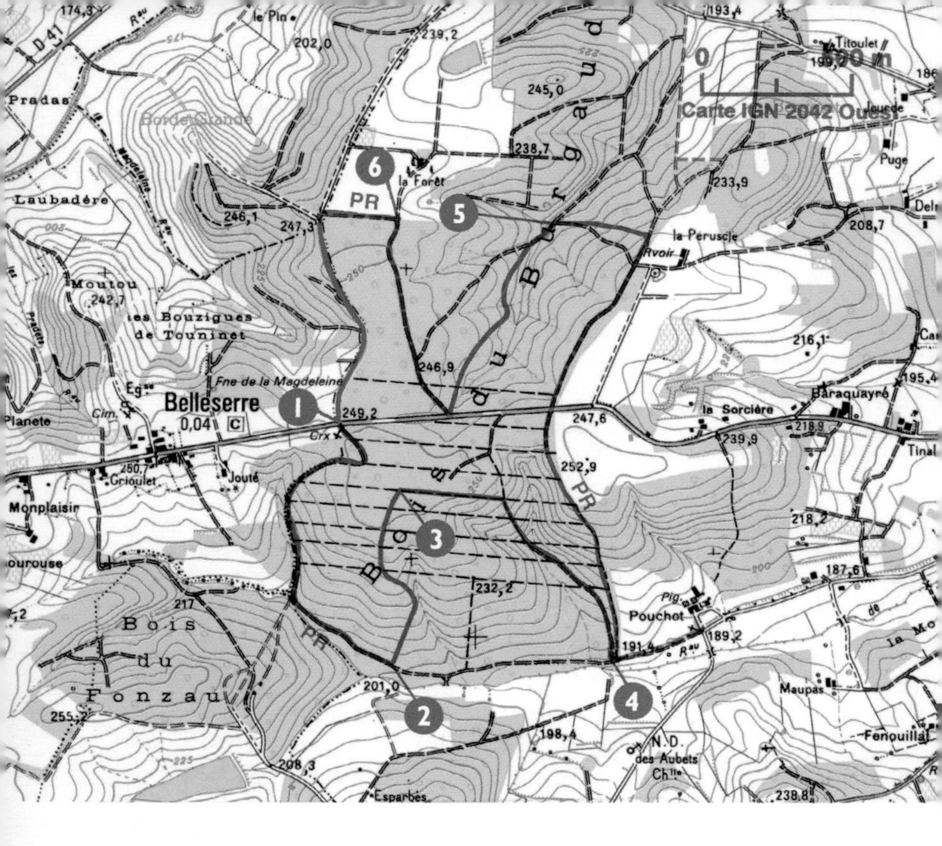

Faune et flore en forêt de Burgaud

La forêt de Burgaud couvre 500 ha avec les bois de Galembrun et du Fouga. Ce massif naturel forestier est rare dans la région ; il s'inscrit dans un réel intérêt écologique abritant une diversité biologique importante et certaines espèces rares. Citons pour sa flore, la bruyère vagabonde, le genêt Angleterre et le ciste à feuilles de sauge, pour sa faune, blaireaux, genettes et écureuils. Le chevreuil et le sanglier sont très abondants et l'on y rencontre également de nombreux oiseaux : éperviers, vautours, hiboux moyen-duc, faucons hobereau, pics mar, pics épeichette. Les 145 hectares du domaine municipal du Burgaud possèdent un sentier éducatif. Le promeneur peut identifier les quinze variétés d'arbres feuillus et résineux qui peuplent la forêt.

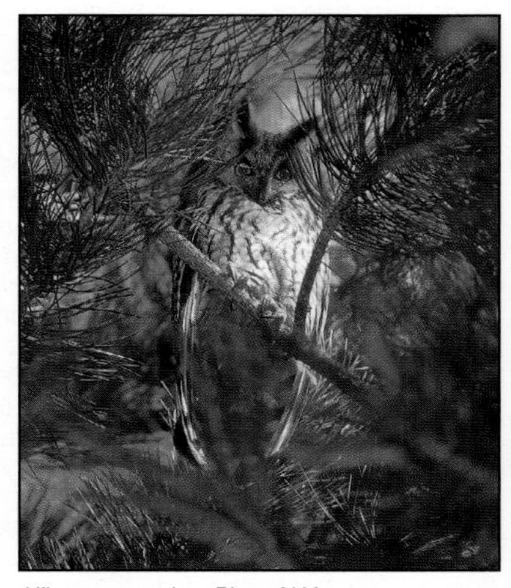
Hibou moyen-duc. *Photo N.V.*

La forêt des chevaliers de Malte

Fiche pratique **22**

Dans le massif de Montès, sur le plateau des hautes terrasses alluviales de la rive gauche de la Garonne, un itinéraire de montées et de descentes a été tracé et aménagé dans le bois de Burgaud pour découvrir les variétés d'arbres.

Ecureuil roux. *Dessin P.R.*

2h30
7,5 Km

250 m
191 m

Situation Le Burgaud, à 43 km au Nord-Ouest de Toulouse par les D 2, D 3, D 52 et D 47

Parking bois de Burgaud (à 3 km à l'Ouest du village par la D 30 vers Belleserre)

Balisage jaune

Difficulté particulière

- prudence en période de chasse

❶ Du parking, s'engager tout droit sur une allée qui serpente, descend au fond du vallon, puis tourne à gauche et atteint une intersection.

❷ Prendre l'allée à gauche (entre parcelles 3 et 4). Elle monte, oblique à gauche et arrive à un taillis de chênes rouges d'Amérique.

❸ Au bout de cette plantation, tourner à droite pour suivre le taillis. À son extrémité, prendre l'allée de droite et entamer une longue descente. Franchir un thalweg, puis monter légèrement avant d'arriver à un croisement.

► Descendre de 200 m pour découvrir à gauche deux pigeonniers-tours.

❹ Obliquer à gauche en épingle à cheveux et monter le chemin. Couper la D 30 et continuer tout droit dans la large allée. À son extrémité, tourner à gauche sur un sentier qui descend au fond du vallon.

❺ Tourner à gauche sur un sentier qui monte et arrive à la D 30, obliquer à droite en épingle à cheveux, et suivre l'allée jusqu'à son extrémité.

❻ Tourner à gauche sur un petit chemin en lisière, puis utiliser à gauche une sente parallèle à la petite route. Retrouver la D 30 et le parking.

À voir

En chemin

- panneaux éducatifs sur les différentes variétés d'arbres
- pigeonniers-tours

Dans la région

- Le Burgaud : église et place forte 14e, deux statues en bois doré à la feuille d'or 14e et 18e, maisons à colombages, halle, chapelle Notre-Dame-des-Aubets (1254)
- Launac : château 15e
- Cox : musée de la Poterie
- Grenade : maisons à colombages 14e-15e, halle (charpente 17e), église gothique 14e-16e

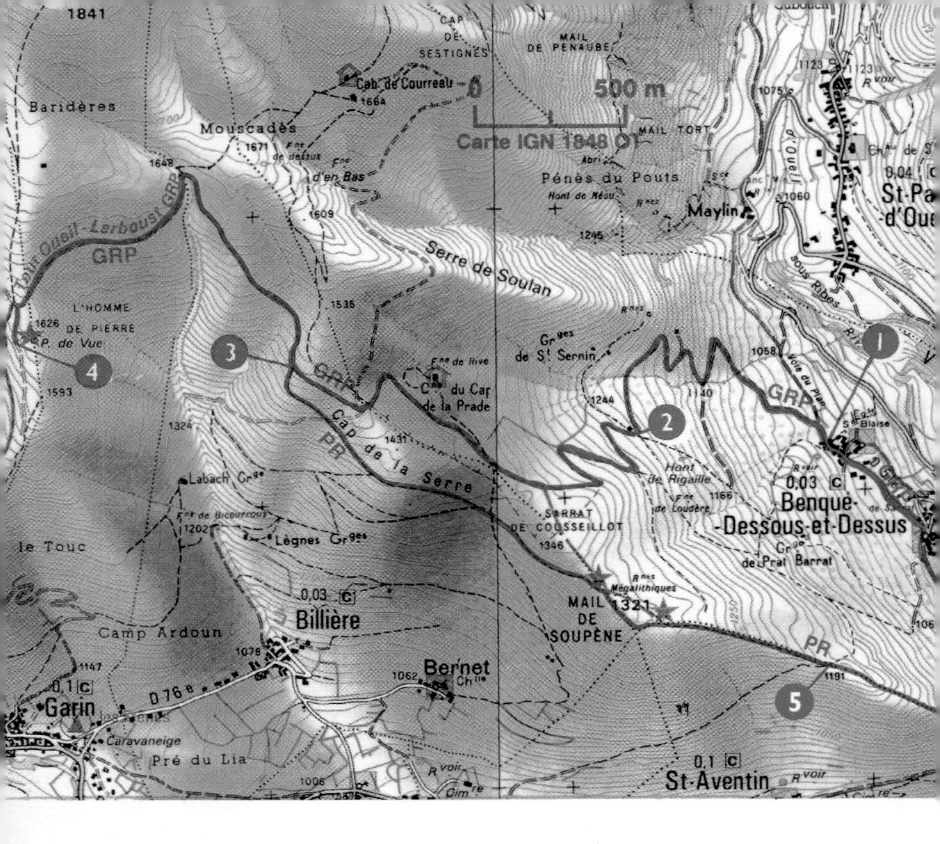

En vallée d'Oueil

Ce circuit permet de traverser la vallée d'Oueil d'où vient le nom du gascon, Brebie. Elle reste imprégnée par le pastoralisme. Les habitants de cette vallée avaient créé, dès le Moyen Age, des communautés indépendantes régies par des chartes et ayant des accords avec les autres vallées, passées espagnoles au traité des Pyrénées. La misère et la famine dues à l'accroissement démographique et au peu de ressources du pastoralisme ancien ont marqué la vie des habitants.

Il est bon de parcourir des siècles d'histoire, longer les ruines d'un gîte d'étape moyenâgeux sur les chemins de Saint-Jacques, l'hôpital de Saint-Sernin (15e siècle) et passer près de Cromlech (mégalithiques du mail de Soupène).

Eglise St-Blaise de Benqué-Dessus. *Photo F.P.*

La Croix de Garin

Fiche pratique **23**

Balade au-dessus de la vallée d'Oueil et de la vallée d'Arboust. Marchez sur la trace des hommes du Mégalithique, des pélerins de Saint-Jacques et des bergers des montagnes.

1 Monter la petite rue du village, prendre sur 100 m une piste cimentée, puis s'engager sur le chemin qui s'élève à gauche *(plaque n° 60)*. Il dessine quelques lacets *(vue sur toute la vallée d'Oueil, les villages de Saccourvielle et de Saint-Paul-d'Oueil ; en face, Soum d'Antenac qui culmine à 1990 m)*. Après 2 km, passer à gauche des ruines de l'ancien « Espiteau » Saint-Sernin *(qui dépendait de l'église de Benque-Dessus, et qui recevait les pèlerins sur le chemin de Saint-Jacques)*. Continuer par la piste et atteindre une longue clôture mobile.

2 Franchir la barrière *(sans oublier de la refermer)* et poursuivre sur la piste. Elle passe un collet et continue à flanc de la montagne d'Espiau en dominant la vallée du Larboust.

3 Laisser un sentier à gauche et continuer la montée. Le sentier traverse un thalweg, puis file à niveau pour gagner la croix de Garin, au lieu-dit L'Homme de Pierre à 1624 m d'altitude.

Panorama sur les plus hauts sommets des Pyrénées : un peu à gauche l'Aneto à 3404 m ; à côté la Maladetta avec son glacier où la Garonne prend sa source ; plus à droite les «3000 m» du Luchonnais, le Perdigiéro, le seuil de la Baque, les Spijoles, reconnaissable à sa grande paroi ; dans la vallée, les villages de Garin, Carthervielle et le début de la vallée d'Oo ; à droite la route du col de Peyresourde et la station des Agudes ; à gauche, perché sur un suquet (petit sommet), Super-Bagnère.

4 Reprendre la piste empruntée pour la montée jusqu'à l'intersection.

3 Descendre à droite le petit sentier. Il mène au Mail de Soupène (1321 m), puis descend par la crête, passe à droite des cercles de pierres plantées *(cromlechs dont l'origine n'est pas bien définie)*, et continue pour rejoindre le chemin qui vient de Saint-Aventin.

5 Emprunter ce chemin à gauche jusqu'à Benqué-Dessous. Continuer par la D 51c pour rejoindre Benqué-Dessus.

4h15

1648 m
1020 m

Situation Benqué-Dessus, à 7 km au Nord-Ouest de Luchon par les D 618 et D 51

Parking rue qui mène à l'église

Balisage

1 à 3 jaune-rouge
3 à 5 jaune
5 à 1 jaune-rouge

Difficulté particulière

- longue montée

Ne pas oublier

À voir

En chemin

- Benqué-Dessus : église Saint-Blaise (fresques murales dont une, face à l'entrée, représente le miracle de Saint-Eloi ; du clocher, vue à travers les cloches)
- « espiteau » Saint-Sernin
- Vues sur les sommets pyrénéens, les vallées d'Oueil et d'Arboust
- mégalithes

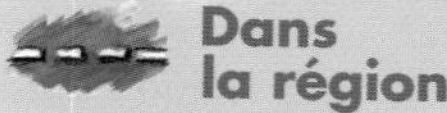

Dans la région

- Saccourvielle : église romane
- Cirès : village pittoresque
- Luchon : station thermale
- vallées du Lys et de la Pique

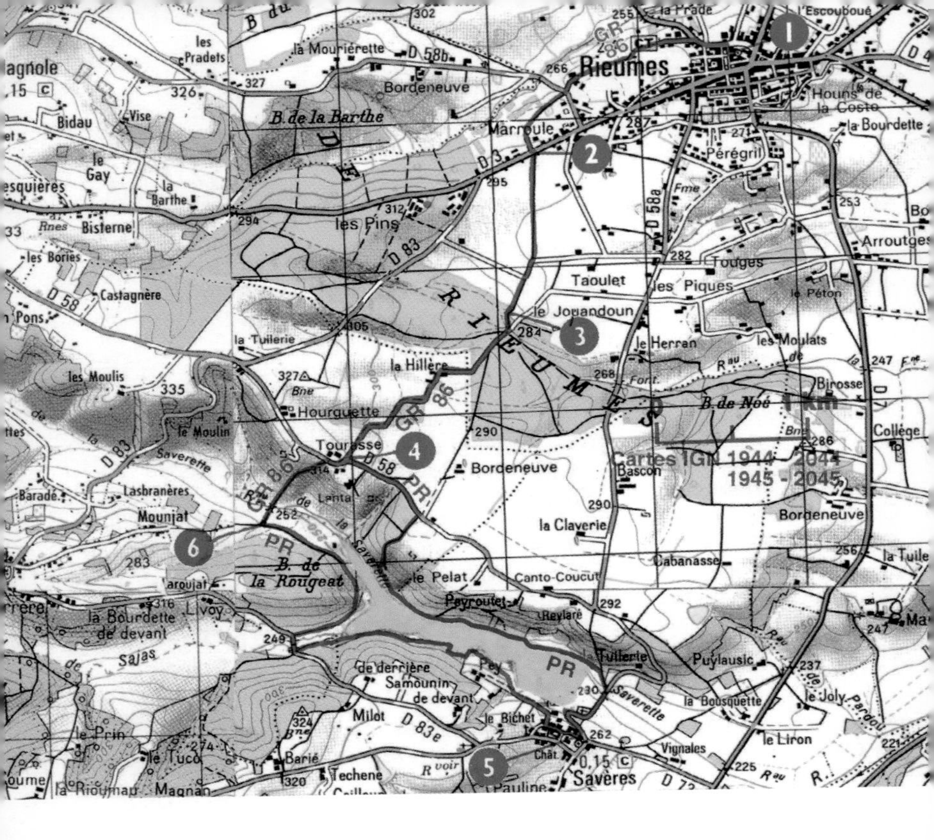

Sur les pas de Pansette

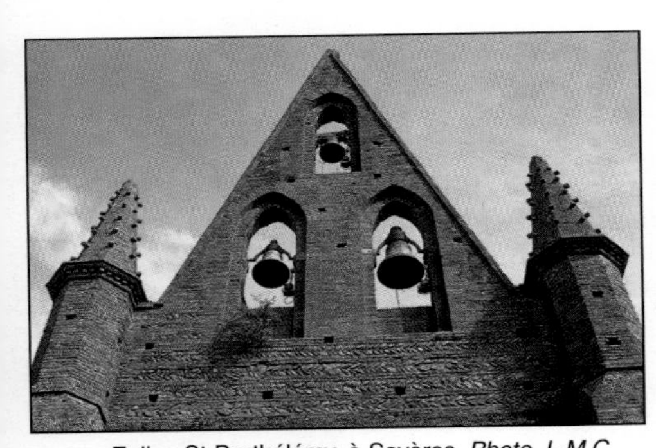
Eglise St-Barthélémy, à Savères. *Photo J.-M.C.*

Arnaud Duthil, connu en son temps sous le nom de « Pansette » (diminutif de « pansot », panse en dialecte), naquit à Sajas en 1525. De cette bastide établie autour de 1268, demeure l'église avec son clocher-mur fortifié en brique qui abrite une étonnante cuve baptismale octogonale en pierre à motifs ésotériques. Pour se rendre à son auberge favorite du Pouy de Touges, Pansette traversait Montastruc-le-Vieux où se tenait l'ancien village de Montastruc-Savès. Pour son industrie, Arnaud fréquentait assidûment les foires de Rieumes. Connu pour ses excès et ses blasphèmes, Arnaud Duthil, faux Martin Guerre et vraie victime de l'amour et de l'intolérance, malgré son assiduité à confesse en l'église de Savères, fut exécuté sur la place publique d'Artignat en 1560. Cependant, aussi extraordinaire que cela puisse paraître, son souvenir ne s'est pas estompé.

Le tour du lac de Savères

Fiche pratique **24**

314 m
230 m

Avant d'atteindre Savères, témoin de la Renaissance languedocienne, vous allez suivre un ruisseau, traverser champs et forêts, puis longer le lac où les collines et bois qui se reflètent dans l'eau évoquent les Vosges ou le Canada.

Situation Rieumes, à 40 km au Sud-Ouest de Toulouse par les A 64, puis D 3

Parking Place du Foirail

Balisage

1 à 4 blanc-rouge
4 à 6 jaune
6 à 1 blanc-rouge

Difficulté particulière

■ gué entre 6 et 4

Ne pas oublier

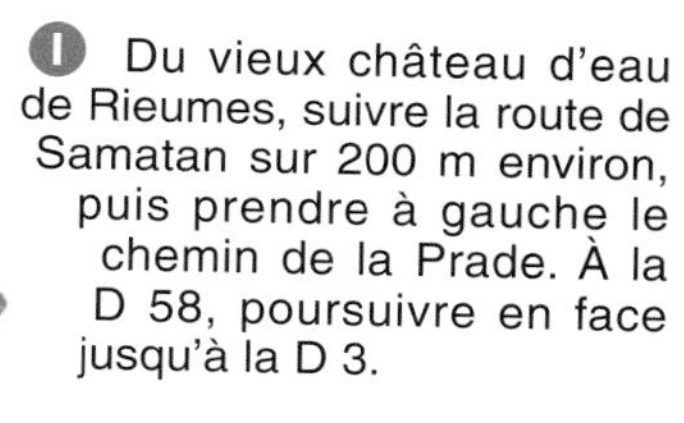

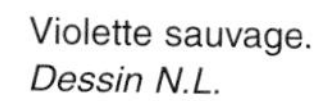

Violette sauvage.
Dessin N.L.

1 Du vieux château d'eau de Rieumes, suivre la route de Samatan sur 200 m environ, puis prendre à gauche le chemin de la Prade. À la D 58, poursuivre en face jusqu'à la D 3.

2 Traverser *(prudence)* et poursuivre dans le chemin herbeux. Emprunter sur quelques mètres un chemin goudronné, puis un sentier entre deux haies pour rejoindre une petite route.

3 La suivre à droite jusqu'à la D 58.

4 Emprunter à gauche la D 58 sur 500 m et s'engager à droite, en lisière de bois, pour descendre vers le lac. Longer la rive Nord. Au bout, tourner à droite pour traverser la digue. A l'extrémité, descendre à gauche vers la D 58 qui, à droite, conduit à l'église de Savères *(point d'eau)*.

5 Passer entre l'église et le château, traverser le village. A la sortie, emprunter une petite route à droite. 500 m plus loin, prendre à droite le chemin qui descend vers le lac et suivre la rive jusqu'au gué aménagé. Traverser et emprunter à droite le chemin qui longe le bois de la Rougeat et rejoint le sentier GR® 86.

6 Tourner à droite, puis franchir le gué de laSave rette. Remonter vers la ferme Tourasse. Reprendre l'itinéraire aller.

À voir

En chemin

■ lac de Savères ■ Savères : château 16e entouré de fossés, église Saint-Barthélémy (nef 16e)

Dans la région

■ Rieumes : halle, maisons à colombages 17e, moulin 19e ■ Sajas : clocher mur de l'église Saint-Martin du 13e et fonts baptismaux octogonaux ■ Montastruc : château 17e et moulin ■ Labastide-Clermont : vestiges de l'abbaye mère des Feuillants 16e

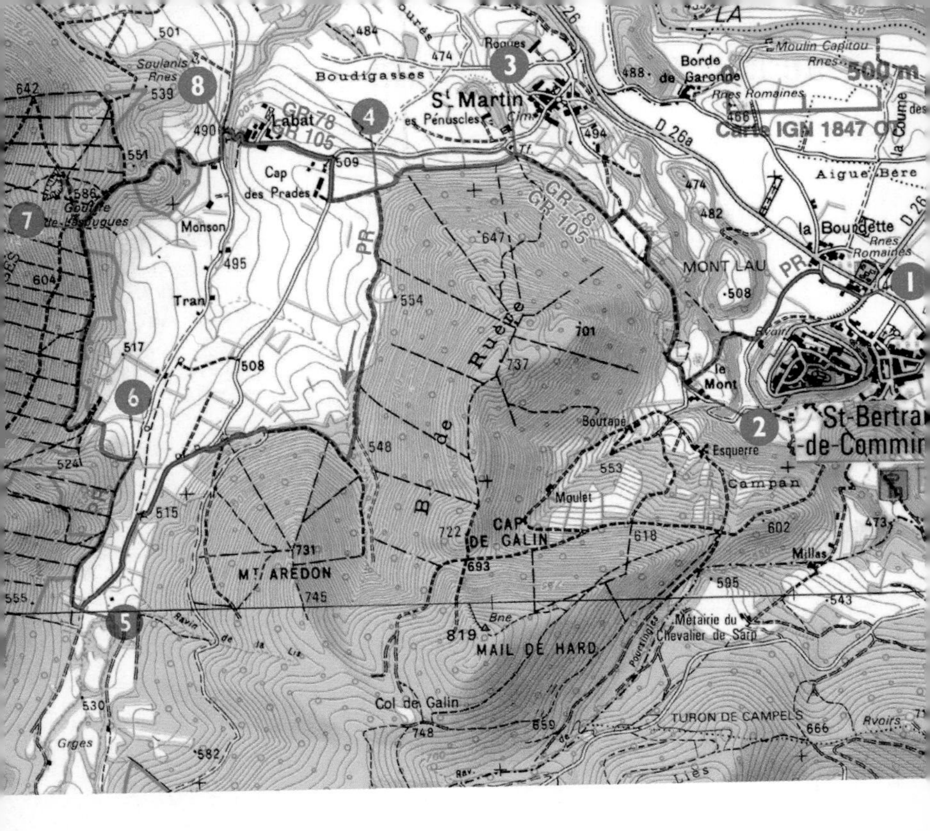

Saint-Bertrand-de-Comminges

Ancienne capitale romaine, Lugdunum Convenarum, le bourg de Saint-Bernard-de-Comminges et sa région, conservent les vestiges d'un passé riche en événements. Au pied de la vieille ville fortifiée, l'antique cité romaine, qui compta jusqu'à 60 000 habitants, s'étendait jusqu'aux abords de la Garonne. Les fouilles ont révélé une véritable capitale provinciale avec ses thermes, sa basilique chrétienne, un temple consacré à Auguste, son forum. Après la destruction de la cité par les Burgondes, la basilique romane de Saint-Just-de-Valcabrère témoigne du développement de la ville au Moyen Age. Du haut de son rocher, la cathédrale Sainte-Marie (11e et 12e siècle) domine l'entrée de la haute-vallée de la Garonne. Flanquée d'un cloître du 12e et 13e siècles, elle abrite un riche trésor ainsi que des orgues du 16e siècle.

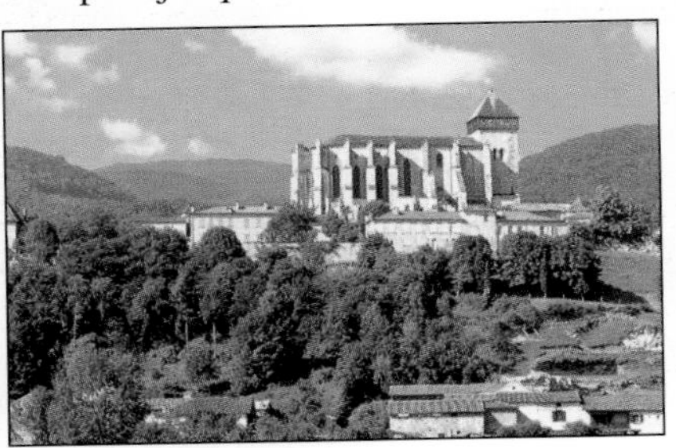

St-Bertrand-de-Comminges.
Photo I.B./CDT 31

Du Tarn au Frontonnais

27

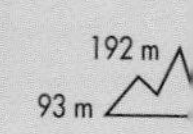

3 h
11 Km

De l'ancien « castellum villamuro », aux demeures anciennes, découvrez les berges du Tarn et grimpez sur les crêtes pour contempler la plaine, les coteaux et le vignoble du Frontonnais.

Gallinule poule-d'eau.
Dessin P.R.

Situation Villemur-sur-Tarn, à 35 km au Nord de Toulouse par la D 14

Parking Saint-Jean (face au cimetière)

Balisage jaune

Difficultés particulières

■ gué après 4 ■ parcours sur les D 22 entre 1 et 2, D 29 entre 4 et 5 puis 3 et 6, traversée de la D 14 en 6

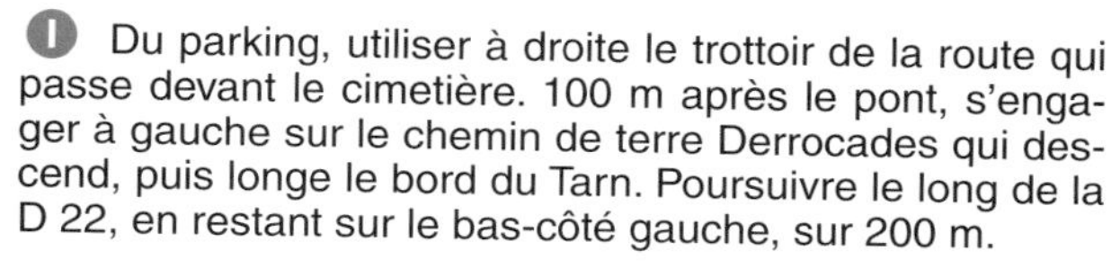

❶ Du parking, utiliser à droite le trottoir de la route qui passe devant le cimetière. 100 m après le pont, s'engager à gauche sur le chemin de terre Derrocades qui descend, puis longe le bord du Tarn. Poursuivre le long de la D 22, en restant sur le bas-côté gauche, sur 200 m.

❷ Dans le virage, la traverser et prendre en face le sentier qui part à droite. Il monte au-dessus de la vallée, sur les crêtes *(panorama)*, puis atteint un carrefour.

❸ Emprunter à gauche le chemin goudronné qui passe devant la ferme La Colombe. Continuer et gagner une fourche.

❹ Bifurquer à droite sur le sentier qui descend le ruisseau de Pontous. Le franchir à gué, puis remonter par le sentier. Prendre la D 29 à droite, face à la ferme Sainte-Livrade, en marchant sur le bas-côté droit *(prudence)*, jusqu'au carrefour à hauteur des Fillols (panneau d'itinéraires).

❺ Partir à droite, à l'angle d'un transformateur électrique, sur un sentier. Emprunter la route à droite.

❸ Tourner à gauche pour descendre le petit chemin de terre qui devient goudronné. Poursuivre sur la D 29 qui atteint un croisement, aux premières maisons de Villemur.

❻ Continuer, en face, par la rue Jules-Ferry, puis à gauche par la rue du Puech, en direction du square Delavoie *(point de vue, maisons à corondages)*.

❼ S'engager à gauche sur le sentier de terre qui devient un escalier. Descendre, rejoindre l'esplanade et les Greniers du Roy. Prendre à droite la rue des Remparts-Notre-Dame, qui se prolonge par la rue de la République. Tourner à droite pour retrouver le cimetière.

Ne pas oublier

À voir

En chemin

■ Villemur-sur-Tarn : maisons à corondages, rives du Tarn, Grenier du Roy, tour de défense (expositions et manifestations culturelles)
■ vue depuis les crêtes

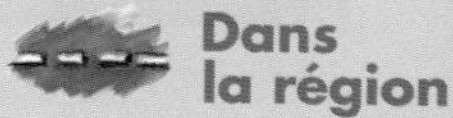

Dans la région

■ Domaines et châteaux du vignoble du Frontonnais
■ Château de Villandric
■ Forêt de Buzet

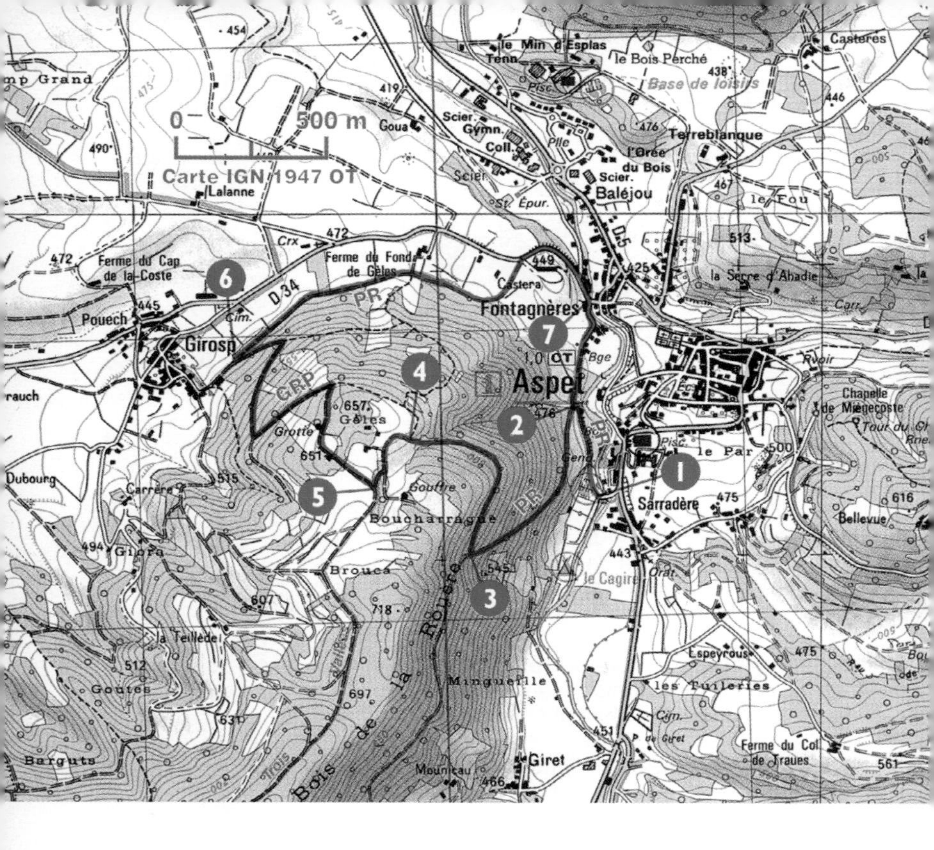

Contreforts du Cagire

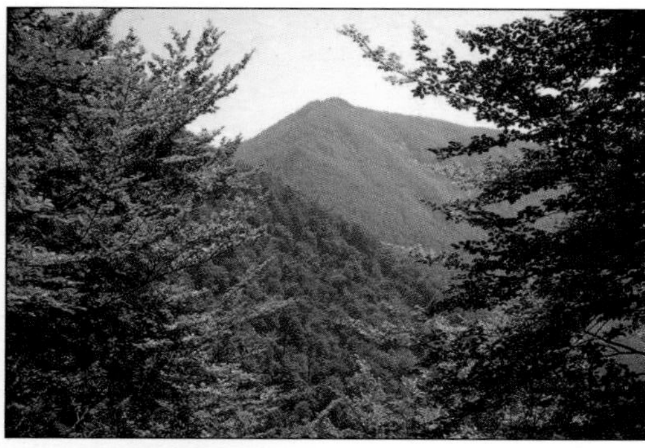

Le pic du Cagire. *Photo P.L.*

Au nord du Cagire, une longue échine couverte de forêts rejoint le piémont. En son extrémité, blotti au bord de la rivière Ger, Aspet, protégé par ses montagnes, coule une vie paisible à l'écart des grandes voies de communication. Sa base de loisirs « Le Bois perché » est un rendez-vous de spéléologues. Les massifs calcaires percés de gouffres, couloirs et autres cavernes font de ce petit pays le paradis pour ces sportifs. Le circuit gravit les contreforts nord du massif Cagire dans une somptueuse forêt de hêtres, pour atteindre de vastes replats, anciennes pâtures aujourd'hui désertes. Vers le nord, la plaine de la Garonne et les coteaux de Gascogne s'étalent jusqu'à l'horizon.

D'Aspet au plan de la Croix

Fiche pratique 28

Grand corbeau. *Dessin P.R.*

Ce parcours facile en forêt, part du bourg d'Aspet, centre économique du canton, pour se poursuivre sur la croupe Nord du massif du Cagire d'où l'on découvre le vaste panorama de la vallée de la Garonne et des villages du Piémont pyrénéen.

1 Se faufiler entre le court de tennis et le terrain de football, puis s'engager à droite, à l'orée du bois, sur le large sentier qui monte dans la forêt et atteint un carrefour situé sous une maison en ruine.

2 Monter à gauche au-dessus de la prairie et arriver à une deuxième intersection.

3 S'élever à droite.

4 Sortir du bois par un petit raidillon qui tourne à gauche vers le Sud et continuer en surplombant la prairie en goulet par la droite, vers des ruines visibles sur la droite *(le chemin étant embroussaillé et bordé de souches calcinées, le longer par la prairie)*. Laisser à droite les ruines pour rejoindre la crête au Sud.

5 Emprunter à droite le chemin en direction de Girosp. Descendre en lacets dans la forêt.

6 200 m avant la première maison, prendre à droite vers Aspet. A la sortie du bois, le chemin rejoint la D 34. Se diriger à droite.

7 A l'entrée d'Aspet, tourner à droite avant le pont et suivre la rive gauche du Ger. Aux maisons, prendre à droite la petite route qui devient chemin.

2 Rejoindre le parking par l'itinéraire emprunté à l'aller.

2h45
6 Km

757 m
435 m

Situation Aspet, à 13 km au Sud-Est de Saint-Gaudens par la D 5

Parking terrain de sport

Balisage

1 à 5 jaune
5 à 6 jaune-rouge
6 à 1 jaune

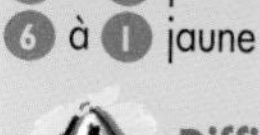

Difficultés particulières

■ raidillon et chemin mal tracé entre 4 et 5 ■ ne pas suivre le balisage jaune qui part à gauche entre 5 et 6

Ne pas oublier

À voir

En chemin

■ Aspet : église (peintures murales, carillon à 16 cloches) ■ panorama ■ curieux hameau de Gaillardet

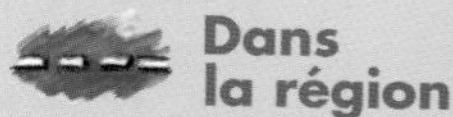

Dans la région

■ Salies-du-Salat : station thermale, hôtel des Bains de style colonial ■ Montsaunès : église 12e en brique (fresques de la voûte, portails romans ornés)

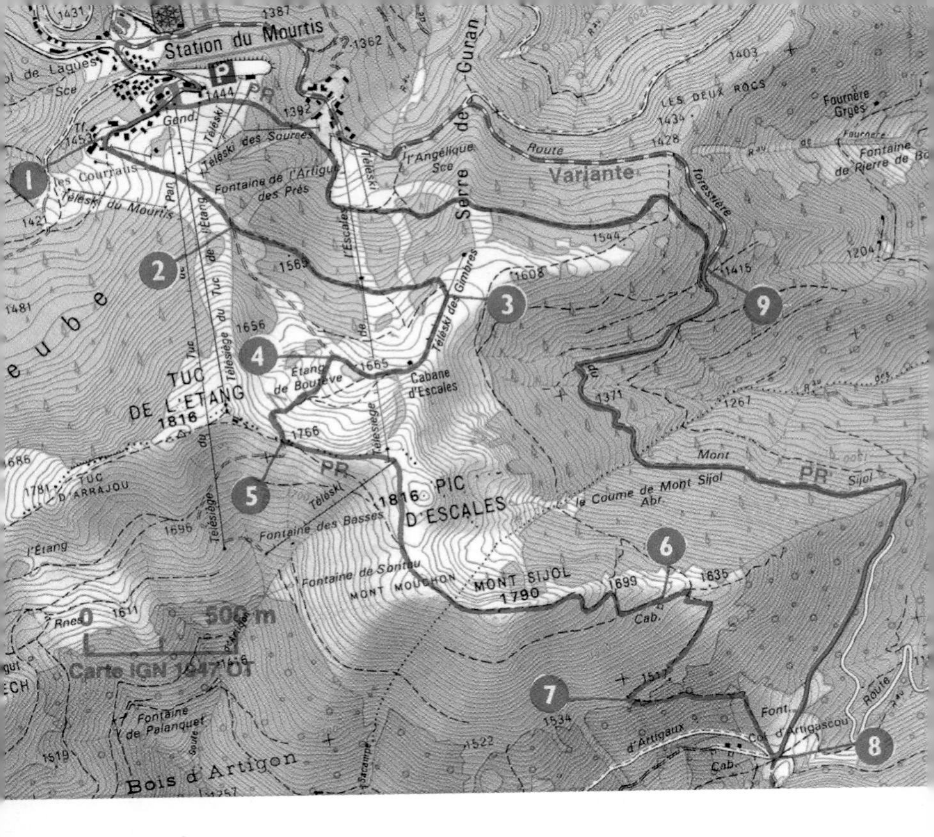

Sur les flancs d'une montagne sacrée

Le Cagire domine, au nord, la station de ski du Mourtis, montagne sacrée des gallo-romains et domaine des dieux. De nombreux autels votifs, découverts au sommet, témoignent de ces cultes antiques. Le col de Menté, permettant d'accéder au site du Mourtis, relie les vallées de la Garonne et du Gers, ainsi que les gros bourgs de Saint-Béat et d'Aspet. Les vastes massifs forestiers abritent de gros gibiers : cerfs, chevreuils et isards. Il est fréquent de lever, sur la pelouse des crêtes où passe la balade, une harde apeurée, bondissant vers le couvert.

Col d'Artigastou. *Photo P.L.*

Tour des Mourtis par les crêtes

29

A partir de la station de ski du Mourtis, partez à la découverte des crêtes, des hardes d'isards et d'un panorama exceptionnel sur le val d'Aran et sur les Pyrénées, en particulier sur le massif de la Maladetta.

1 Du parking Ouest, monter à gauche le long du petit téléski. Passer sous le double télésiège pour gravir le raidillon qui longe le bois vers le Sud-Est.

2 Au premier replat, prendre à gauche une large piste forestière qui file à niveau dans la forêt et monte rejoindre le téléski des Gimble.

3 S'élever par la piste qui longe le téléski et part à droite vers la cabane de l'Escale, puis l'étang de Boutève.

4 Suivre la piste qui contourne l'étang à gauche, puis gravit le col par un large lacet à droite. Atteindre la crête entre le tuc de l'Etang à droite et le pic de l'Escale à gauche.

5 Au col, parcourir la crête à gauche vers l'Est. Gagner l'arrivée du télésiège du Pic-de-l'Escale, puis continuer vers l'Est, par le flanc Sud du pic de l'Escale, en suivant la file de poteaux jaunes et noirs. Gravir la croupe ronde du mont Sigol, puis descendre vers l'Est par quelques lacets et arriver à une cabane ruinée.

6 De la cabane, descendre vers l'Est sur 200 m, puis trouver un sentier peu visible qui part à droite vers le Sud-Ouest. Il descend en écharpe dans une pente assez raide, tout droit vers le creux du bois. La pente s'accentue à l'approche de la forêt.

7 A la lisière, s'engager à gauche vers l'Est sur l'amorce d'un sentier bien tracé. Il traverse le bois et descend au col d'Artigastou.

► Descendre par le sentier sous les cabanes d'Artigastou, pour découvrir l'excellente source ferrugineuse.

8 Du col, emprunter la route à gauche (Nord-Est). Elle devient une piste forestière qui continue à niveau. Après 3 km, atteindre une bifurcation.

► Possibilité de poursuivre par la route forestière goudronnée qui ramène à la station en 3,5 km.

9 S'engager à gauche sur le sentier en forêt qui monte sur 100 m, puis continue à niveau sur 2,5 km avant de regagner la station du Mourtis.

4 h

1790 m
1371 m

Situation Saint-Béat, à 35 km au Sud de Saint-Gaudens par les D 8 et N 125

Parking école de ski de la station du Mourtis (à 9 km à l'Est du village par la D 44)

Balisage jaune

Difficultés particulières

- parcours d'altitude à ne pas entreprendre en hiver
- ne pas s'aventurer sur les crêtes par temps de brouillard ou mauvais temps

Ne pas oublier

À voir

En chemin

- tuc de l'Etang et mont Sigol
- vues sur la chaîne des Pyrénées au Sud, les montagnes du Luchonnais, la Maladetta, l'Aneto, le val d'Aran et la Garonne naissante et la profonde vallée aux sources du Ger (repaire de l'ours réintroduit)

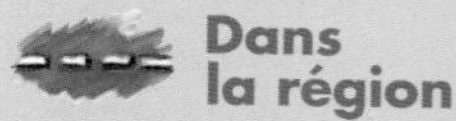

Dans la région

- Melles : ancien hameau de montagne
- anciennes mines de blende sur les flancs du pic de Pale-Bideau
- barrage de Lacusse, à l'entrée du val d'Aran

Le grand tour de Baziège

Au cœur du Lauragais, entre Toulouse et Castelnaudary, Baziège savoure le cassoulet, sans vouloir prendre parti dans la course au titre de capitale du cassoulet. Etape des légions romaines sur la *Via Tolosa*, de Carcassonne à Toulouse, Baziège abritait, au Moyen Age, un important marché au sel, venant de la Narbonnaise et importé à dos d'ânes par les marchands Goths. Le blé, le pastel à la Renaissance, transportés par le canal du Midi tout proche, ont participé à la fortune de Baziège. Sur les collines fertiles de «terrefort», du printemps aux moissons, les couleurs changeantes des cultures, animées par le vent d'antan, séduiront le randonneur.

La chapelle Sainte-Colombe. *Photos D.I.*

Le grand Tour de Baziège

30

247 m
157 m

De crêtes en vallons, parcourez les coteaux du Lauragais, pour découvrir le goulet de Naurouze, qui s'ouvre dans la plaine toulousaine.

1 Du parking, gagner la rue principale, longer la halle et tourner à droite. Emprunter la première rue à gauche, passer sous la voie ferrée et, par la côte Vieille, monter tout droit sur le coteau.

2 Au sommet, partir à gauche. Couper la D 38 et prendre la route de Montlaur sur 200 m.

3 Descendre à droite par un chemin goudronné, puis herbeux, jusqu'au fond du vallon. Longer le ruisseau sur 200 m à droite.

4 Tourner à gauche et monter. Emprunter la route de crête à droite et atteindre un carrefour.

5 S'engager en face sur le chemin d'exploitation, qui file à flanc de coteau sur 2 km. Suivre la D 38 à droite sur 100 m, puis la route à gauche vers Saint-Jante. Continuer et descendre jusqu'au ruisseau de Visenc. Emprunter la route à droite sur 300 m.

6 Franchir le pont à gauche et atteindre Cabosses. Dans le hameau, prendre la route à gauche, puis le chemin d'exploitation à droite sur 700 m. Devant la maison, couper la voie goudronnée et continuer par le chemin. Gagner une intersection.

7 Tourner à gauche, franchir le ruisseau, puis monter et rejoindre la route de crête au calvaire.

8 La traverser, poursuivre sur le chemin, puis couper une route et continuer sur 200 m.

9 Tourner à droite et arriver à Limoges. Sous le domaine boisé, couper une route, puis rejoindre En-Delort. Traverser le le hameau et longer la clôture pour contourner un vaste entrepôt par le haut. Emprunter la D 11d à gauche, la D 38E à droite sur 50 m, puis le chemin de Monteserre à droite. Dépasser le moulin, puis suivre la clôture du parc animalier. En haut du coteau, aller à gauche sur 60 m.

2 Redescendre à Baziège.

Situation Baziège, à 4 km au Sud-Est de Toulouse par les N 113 et D 16

Parking place (face aux écoles)

Balisage

- 1 à 2 blanc-rouge
- 2 à 7 jaune
- 7 à 8 blanc-rouge
- 8 à 2 jaune
- 2 à 1 blanc-rouge

Ne pas oublier

À voir

En chemin

■ Baziège : église 14e (clocher-mur, borne milliaire romaine) ■ phare de l'aérospatiale (ligne mythique créée par Mermoz et Saint-Exupéry) ■ chapelle rurale de Sainte-Colombe

Dans la région

■ Baziège : ancien gué préhistorique sur la route de l'Etain (pontils de l'ancienne voie romaine cachés sous la D 24) ■ Montgiscard : remparts, église (clocher-mur) ■ canal du Midi ■ Aiguevives : châteaux

Gers, cœur de Gascogne...

photos A.F.

photos A.F.

photos A.F.

Avec ses vallonnements et ses paysages baignés d'une lumière qu'on dit « italienne », dans le piémont pyrénéen : le Gers, cœur de la Gascogne historique, mérite d'être découvert par les randonneurs.
Plus de 1 500 kilomètres de chemins de grande randonnée, d'itinéraires de proximité, de sentiers à thèmes, dans un environnement rural et protégé. Marchez sur les traces des pèlerins de Saint-Jacques de Compostelle, chevauchez sur les empreintes de d'Artagnan ou roulez en VTT de chemins de crêtes en « Poutches », sautez des vignes de l'Armagnac aux rives de l'Adour. Découvrez la zone sauvage des coteaux du Gers, faites halte près des nombreux lacs collinaires ou parcourez les étendues de la Lomagne, célèbre par son ail. Car, en effet, le meilleur moyen de connaître le Gers est encore de le « vivre » au gré de ses collines et de ses rivières.
Mais par où commencer dans ce pays où toute ville est capitale ? Par Auch, capitale des Gascons ? Par Condom, Eauze, capitales de l'Armagnac ? Par Mirande, capitale de l'Astarac ? Par Lectoure, capitale de la Lomagne ou bien par Samatan capitale du foie gras ? Le Gers, c'est une variété d'horizons sans cesse renouvelés, une mosaïque d'entités aux fortes originalités mais c'est aussi un art du bien vivre au pays du panache gascon avec l'armagnac, le floc, le fois gras et une ancestrale tradition de l'accueil.
Et même si traditions et modernités se côtoient ; ici, un sentiment de douceur de vivre, de mesure et de fierté l'emportera toujours. Sur cette terre de Gascogne...

Les moulins à vent

Ces tours rondes que l'on aperçoit, sur les crêtes, sont les vestiges d'anciens moulins à vents. Le moulin à vent gascon comportait un corps de bâtiment cylindrique terminé par une charpente et une toiture coniques supportant des ailes qui pouvaient être orientées pour rechercher la meilleure orientation du vent. Le mouvement des ailes entraînait la rotation d'un « arbre-maître » qui transmettait ce mouvement aux meules. Les moulins à vents étaient souvent complémentaires d'un moulin à eau, et permettaient au meunier de poursuivre son activité, en été et en automne, durant l'étiage des cours d'eau.

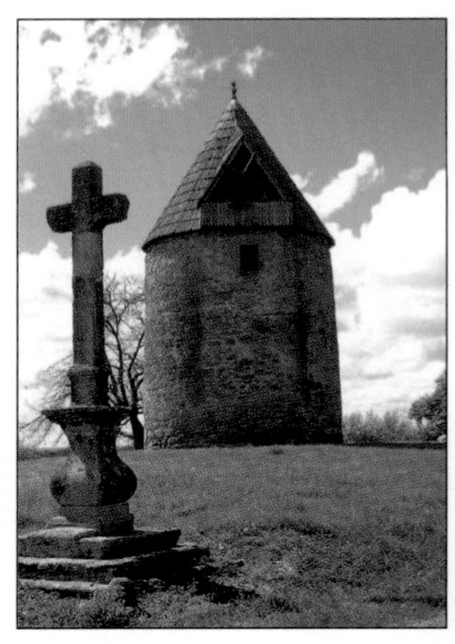

Moulin à vent. *Photo J.T.*

Le tour de Bazian

 **31**

/rette et son faon. *Dessin P.R.*

A partir de Bazian, l'un des villages les mieux restaurés de la Gascogne, suivez les lignes de crêtes à travers de beaux paysages ponctués par de nombreux moulins à vent, signes d'une ancienne spécialisation dans la culture des céréales.

3 h
12 Km

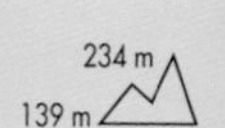

Situation Bazian, à 30 km à l'Ouest d'Auch par les N 124, D 943, D 174, D 939 et D 174

Parking face au monuments aux Morts

Balisage jaune (PR1)

Ne pas oublier

❶ Prendre plein Sud le chemin. Il monte vers le premier moulin qui domine le village. Continuer tout droit la route. Laisser la ferme Rambos à droite et poursuivre sur le chemin en face. En crête, il surplombe la vallée de l'Osse et de la Mouliaque. Dépasser les ruines d'une ferme à droite et gagner la lisière d'un bosquet.

❷ S'engager sur le sentier à droite. Passer devant la ferme d'Héry. Le sentier descend, puis franchit la passerelle qui enjambe la Mouliaque. Emprunter la route à gauche sur 100 m.

❸ Partir à droite et entrer dans la forêt domaniale du Touzan.

❹ Après la traversée du bois, tourner à droite pour suivre plein Nord le chemin de crête de Lasserade, en direction du château d'eau, sur 3 km. A L'Hérété, couper la D 174 et continuer tout droit vers les ruines de Boulougne.

❺ A la bifurcation, prendre le chemin à droite qui descend le long du bois de Las Coumes, et gagne Las Moules. Dans le hameau, emprunter la route à droite. Au carrefour, aller à droite sur 200 m.

❻ S'engager sur le chemin empierré à droite. A la bifurcation, laisser à droite la ferme de la Salle et suivre la route à gauche. Couper la D 174 et continuer en direction du château de Saint-Yors, sur 100 m.

❼ Emprunter à gauche la vieille route de Bazian. Franchir la passerelle, puis grimper et retrouver le point de départ.

À voir

En chemin

■ village et château rénové ■ moulins ■ points de vue

Dans la région

■ Vic-Fézensac : ville taurine (arènes, sculptures) ■ Biran : village fortifié, église avec beau retable ■ Mazères : pont-barrage sur la Baïse ■ Saint-Arailles : Castelnau et vestiges de remparts

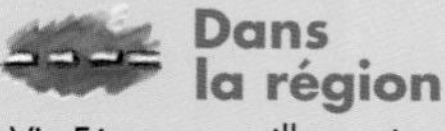

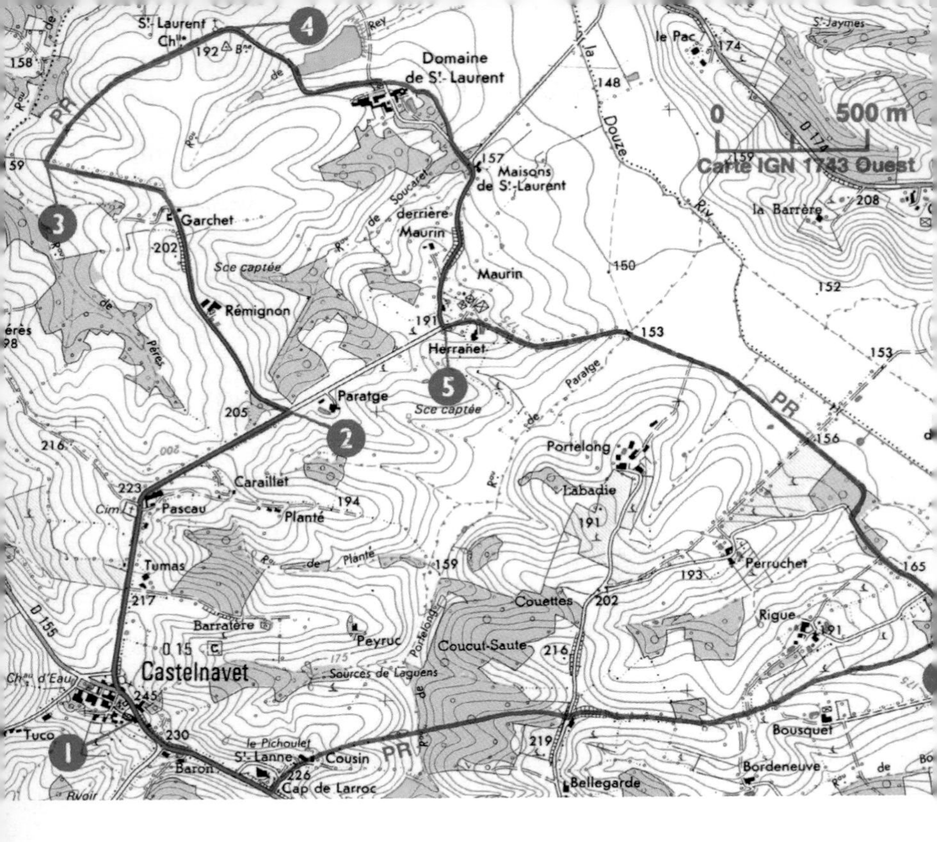

D'Artagnan, un héros gascon

C'est au château de Castelmore (qui ne se visite pas) qu'est né vers 1620 Charles de Batz dit d'Artagnan. Les bâtiments des 16e et 17e siècles ont subi d'importantes modifications. Le château est très en dehors du village de Lupiac (D 102). Une chapelle Saint-Jacques, édifiée au 17e siècle, propose un document audiovisuel et des objets évoquant le souvenir des cadets de Gascogne et des mousquetaires.

Le château de Castelmore. *Photo J.T.*

Les Coteaux gersois

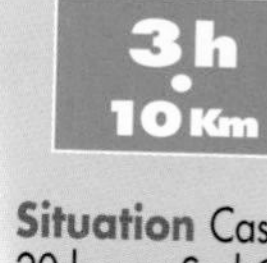

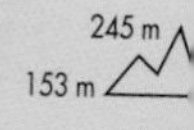

Rien de mieux que cet itinéraire pour apprécier l'Armagnac Noir, riche en vignobles et en espaces boisés, où vous remarquerez l'opposition entre plateaux, flancs et vallée de la Douze.

1 Gagner l'église et emprunter la route qui la longe et file plein Nord. Passer devant le cimetière et continuer par la route sur 500 m.

2 Tourner à gauche en direction de la ferme Garchet, puis longer la vigne sur la gauche.

3 S'engager sur le premier chemin à droite. Il mène à la chapelle.

4 A la bifurcation, descendre le chemin à droite vers la ferme du Domaine-de-Saint-Laurent. Contourner la ferme par la gauche. Au croisement, prendre la route à droite.

5 Tourner à gauche pour traverser la propriété de Herranet. Le chemin descend puis traverse la plaine. Aller tout droit et poursuivre par la route sur 500 m.

6 S'engager sur le sentier à droite. Couper une route, puis entrer dans le bois en face. A la sortie du bois, continuer, puis aboutir sur la D 155. L'emprunter à droite pour retrouver Castelnavet.

Feuille de vigne et grappe de raisin.
Dessin N.L.

Situation Castelnavet, à 20 km au Sud-Ouest de Vic-Fezensac par les D 1, D 37 et D 155

Parking de la mairie

Balisage jaune (PR1)

Ne pas oublier

À voir

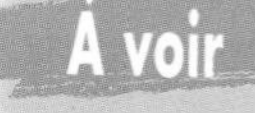

En chemin

■ chapelle Saint-Laurent

Dans la région

■ Peyrusse-Grande : église romane, Ténarèze ■ Castelmore : château, lieu de naissance du célèbre mousquetaire D'Artagnan ■ Lupiac : musée D'Artagnan ■ Aignan : première résidence des comtes d'Armagnac ■ Termes d'armagnac : tour monumentale classée (14e)

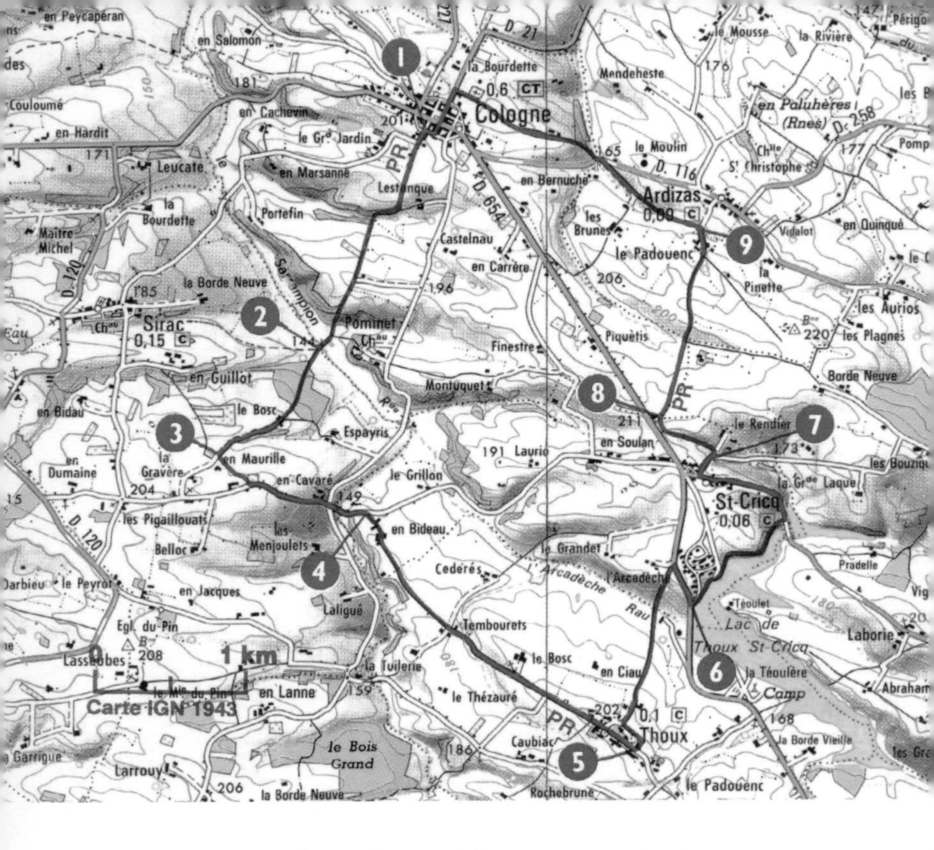

Une bastide exemplaire

Bastide de Cologne. *Photo J.T.*

L'aspect géométrique avec des rues principales rectilignes caractérise les bastides, comme celle de Cologne, créée en 1284 avec au centre une maison commune. Sous la halle, des mesures à grain en pierres servaient pour la vente des céréales. Les couverts des maisons entourant la place, entièrement restaurés, alliant la pierre, la brique et le bois, ont fait de Cologne l'une des plus belles bastides du Sud-Ouest.

En général, une bastide est un village neuf fondé au Moyen Age entre les 13e et 14e siècles.

Entre Vallons et Coteaux

Abeille. *Dessin P.R.*

Cologne, près du pays toulousain, reste une des plus belles bastides du Sud-Ouest. Aux alentours, des espaces exploités et dégagés, laissent apercevoir un habitat de brique, des équipements hydrauliques et touristiques.

3 h 30 • 14 Km

214 m
144 m

Situation Cologne, à 39 km au Nord-Est d'Auch par les N 124, D 928 et D 654

Parking route de Sirac

Balisage

1 à 2 jaune n° 5-1
2 à 8 jaune n° 5
8 à 1 jaune n° 5-2

Ne pas oublier

1 Prendre le chemin de terre qui descend tout droit et au Sud sur 1,5 km, vers le ruisseau du Sarrampion. Franchir le pont de pierre et atteindre une intersection.

2 Poursuivre tout droit en traversant un bois. Passer la ferme Le Bosc et continuer par la route sur 500 m.

3 A la ferme En-Maurille, s'engager à gauche sur un chemin de terre, puis emprunter la route à gauche. Au carrefour, continuer tout droit sur 250 m.

4 Tourner à droite vers la ferme en Bideau *(vente de miel gascon)* et poursuivre tout droit. Passer devant la ferme Tembourets, puis gagner Thoux.

5 Au pied de la salle des fêtes, prendre à gauche un chemin d'abord empierré. Il descend, puis franchit le ruisseau l'Arcadèche. Remonter et atteindre la D 654. La suivre en descendant le long d'une plantation de résineux qui la surplombe.

6 Obliquer à gauche au niveau de la digue, traverser la D 654 et s'engager sur un sentier qui longe le bord du lac. Emprunter la D 511 à gauche et monter vers Saint-Cricq. Devant l'église, aller à droite sur 100 m.

7 Prendre à gauche un chemin d'exploitation et arriver au Penut.

8 Bifurquer à droite puis à gauche en direction d'Ardizas.

9 Avant le village, s'engager à gauche sur un sentier. Couper la D 116 en franchissant le vallon, puis monter à droite. Le chemin conduit au cimetière. Emprunter la D 21 à gauche et retrouver Cologne.

À voir

En chemin

- Cologne : bastide avec arcades surmontées de maisons en briques, halle
- Thoux : village fleuri
- Saint-Cricq : lac de plaisance utilisé aussi pour l'irrigation

Dans la région

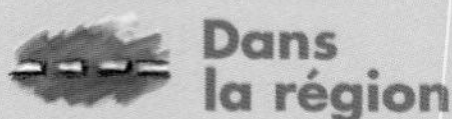

- Mauvezin : une des plus vaste halle de Gascogne
- Maubec : village fortifié
- Sarrant : village médiéval

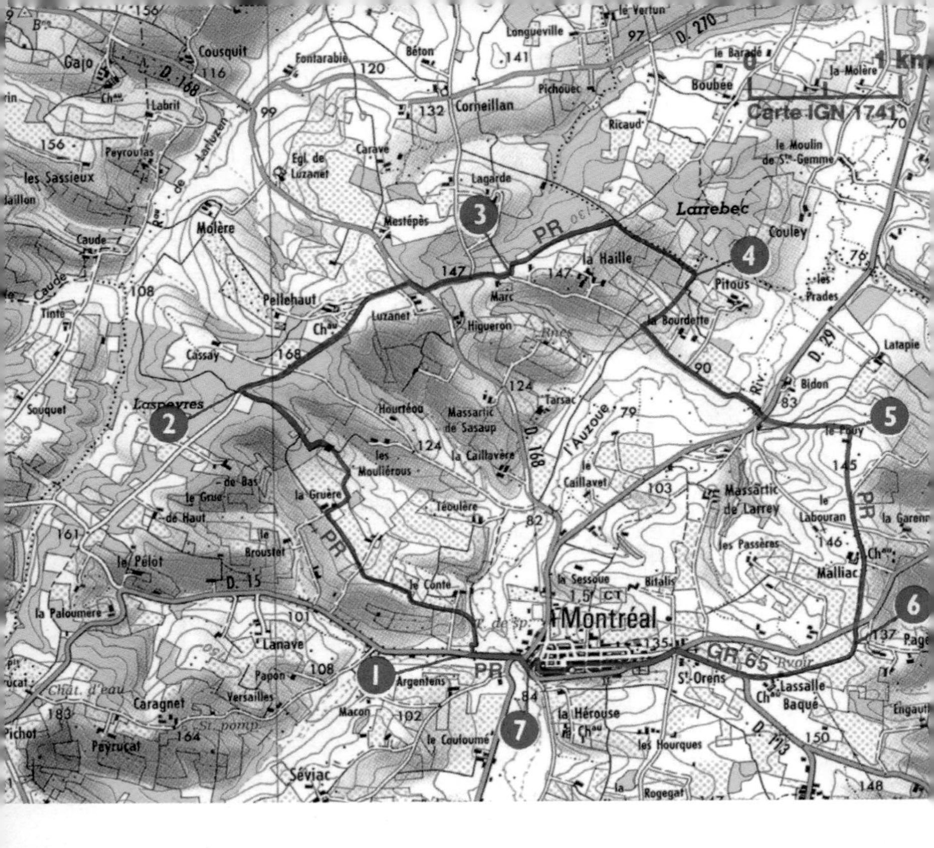

Séviac, villa gallo-romaine

Les nombreux vestiges gallo-romains du Gers témoignent de la vitalité et de la grandeur de cette région à l'époque. La villa de Séviac, vaste et luxueuse, demeure le plus remarquable vestige gallo-romain de Gascogne. La première construction date du 2e siècle ; la vie s'y est poursuivie jusqu'au 7e siècle. Le logis résidentiel offre un plan très simple de « villa à péristyle ». Une cour intérieure carrée est bordée par une galerie sur laquelle s'ouvrent les pièces d'habitation entourées elles-mêmes par une galerie extérieure. A Séviac, la vie ne s'est pas arrêtée avec les invasions ; un habitat mérovingien est visible sur la presque totalité de la villa. Une vaste salle ovale, aménagée sur une abside du 4e siècle, a été le premier lieu de culte chrétien. En témoignent un baptistère et un sarcophage mérovingiens, remarquables par leur facture. Une longue cour intérieure sépare la villa des thermes. A ses deux extrémités, deux portiques à colonnes assurent la liaison entre les deux éléments. Les thermes sont exceptionnels par leur dimension, leur plan inédit, leur luxe : vastes salles froides mosaïquées, sols et parois revêtus de marbre. La piscine, pointe avancée vers le sud, est pourvue d'une très belle mosaïque. Les fouilles ont livré marbres et ivoires sculptés, camées, monnaies d'or, d'argent et de bronze du 1er au 7e siècle.

Le chemin de la Ténarèze

Fiche pratique 34

3h15
13 Km

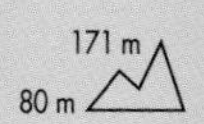

Situation Montréal, à 15 km à l'Ouest de Condom par la D 15

Parking base de loisirs

Balisage
1 à 6 jaune (PR1)
6 à 7 blanc-rouge
7 à 1 jaune (PR1)

Ne pas oublier

Au contact des Landes et du Gers, la région de Montréal cumule les avantages de l'un et de l'autre : bois ponctués de pins et autres résineux, vignoble et vastes étendues paysagées. Parcourez-là, grâce à de beaux chemins préservés !

1 S'engager sur le chemin creux qui longe le lac, puis obliquer à gauche en direction du Conté. Accéder au plateau devant la ferme Gruère. Tourner à droite dans la forêt, puis, peu après, à gauche.

2 Emprunter la route à droite. Laisser le château de Pellehaut à gauche. Prendre la D 168 à droite, puis la route à gauche, qui passe devant la ferme du Petit-Higueron, sur 1 km.

3 A l'entrée de la forêt, s'engager à gauche sur un sentier en sous-bois. A la croisée des chemins, suivre à droite (Sud-Est) le chemin qui longe les vignes et le bois, avant d'atteindre une intersection.

4 Partir à droite. Traverser le petit bois, puis emprunter la route à gauche jusqu'au moulin Gaudun. Couper la D 29 et s'engager sur le sentier qui monte à la ferme de Pouy.

5 Contourner le bâtiment, passer devant le château, puis couper la D 15. Gagner une croisée de chemins.

Palombe (pigeon ramier). *Dessin P.R.*

6 Continuer tout droit. Le chemin s'incurve à droite. Emprunter à droite la D 113. A la croix Saint-Orens, prendre la route à gauche. Longer le cimetière et utiliser à droite la rue du 11-Novembre. Juste après l'église, descendre à gauche, passer sous la porte fortifiée et s'engager sur le chemin étroit qui aboutit à la D 15.

7 La suivre à droite. Franchir le pont et continuer la route pour retrouver le parking.

À voir

En chemin

■ Palombière, vignoble de la Ténarèze ■ château de Pellehaut ■ Montréal : bastide, place à arcades, église 13e-17e, fortifications, musée lapidaire

Dans la région

■ Lagraulet-du-Gers : vestiges du château, tour carrée 13e, église ■ Lamothe : tour de garde 13e, fief des Pardailhan-Lamothe-Gondrin, église (Pièta 16e en bois) ■ Larressingle : village-forteresse 13e, ceint d'un rempart polygonal, surnommé « la Carcassonne du Gers » ■ Vopillon : église romane (fresques), vestiges du monastère de Fontevrault, croix de cimetière ■ Fources : bastide ronde, beau village de France

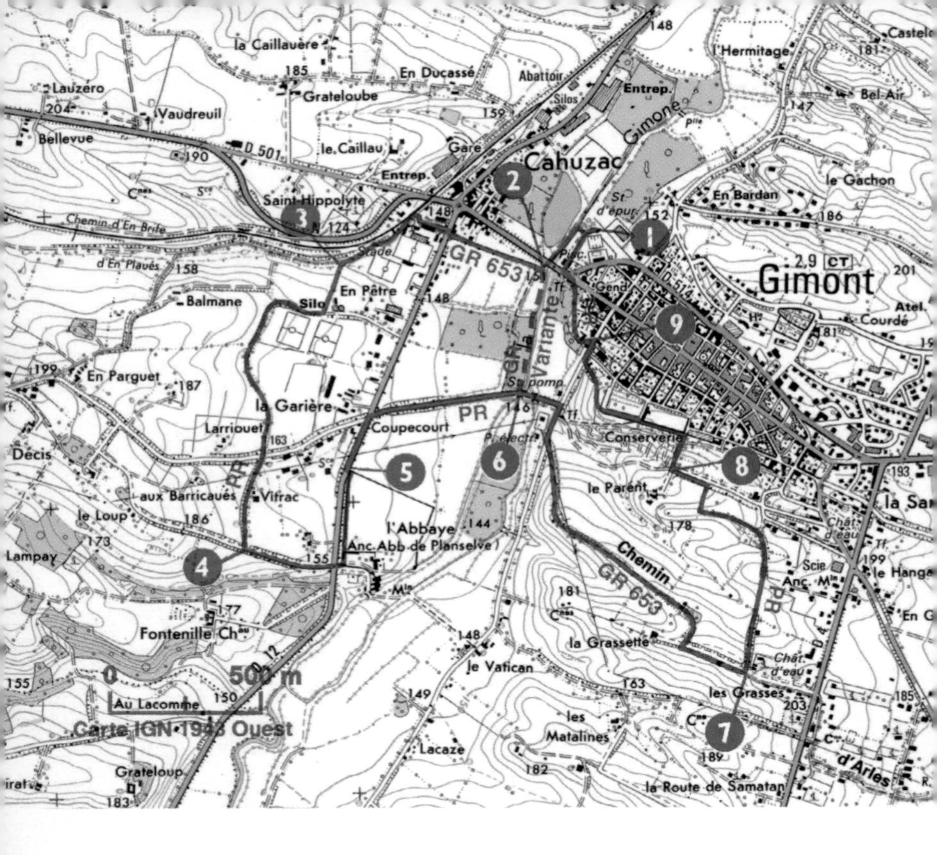

Le gavage des oies et des canards

Depuis longtemps, dans les fermes gasconnes, on gave oies et canards afin de préparer confits et foies gras pour la consommation familiale. Les animaux, issus de souches soigneusement sélectionnées, naissent à la fin de l'hiver. Ils grandissent au printemps et à l'été en s'ébattant dans les mares et en cherchant leur nourriture dans les champs après les moissons. Après les vendanges, ils sont isolés dans un local pour y être gavés. A l'aide d'un « embuc » (sorte d'entonnoir à vis), on gave le jabot des palmipèdes avec du maïs bouilli. Après trois gavages quotidiens infligés pendant trois semaines, les animaux obèses aux foies hypertrophiés sont abattus, plumés, éviscérés et découpés en morceaux destinés à la consommation immédiate ou à la mise en bocal. Les morceaux frais les plus renommés sont consommés grillés sur la braise, le foie gras frais apprêté en sauce. Préparés sous forme de conserves, on trouve le foie gras, les confits, les pâtés, les rillettes et le cassoulet au confit d'oie. Actuellement, après un développement important de la production des fermes, on assiste au développement et à l'organisation de la production dans des unités familiales et artisanales implantées localement qui s'attachent à perpétuer les méthodes traditionnelles de préparation de ces mets délicieux.

Le Papillon gimontois

Fiche pratique **35**

2 h 30
7,5 Km

178 m
146 m

La pittoresque bastide de Gimont sert de point de départ à un itinéraire passant par l'ancienne abbaye cistercienne de Planselve, en cours de restauration. Là, passait le chemin de Saint-Jacques-de-Compostelle, venant d'Arles et Toulouse.

Oie de Toulouse.
Dessin P.R.

Situation Gimont, à 24 km à l'Est d'Auch par la N 124

Parking piscine (bord de la rivière)

Balisage

1 à 2 jaune (PR3)
2 à 3 blanc-rouge
3 à 6 jaune (PR3)
6 à 7 blanc-rouge
7 à 1 jaune (PR3)

1 Franchir la Gimone par la passerelle et passer sous le pont.

2 Partir à droite. Couper la D 12, puis passer devant la chapelle de Cahuzac et s'engager à gauche sur le chemin qui longe la voie ferrée. Atteindre une bifurcation.

3 Obliquer à gauche et franchir le ruisseau. Après le terrain de football, suivre à droite le sentier herbeux sur 1,2 km.

4 Emprunter le chemin empierré à gauche. Couper la D 12, face à l'abbaye cistercienne de Planselve, puis longer le mur de clôture à gauche *(linteau de pierre 1500 en occitan).*

5 Poursuivre par la D 12 sur 200 m. Au carrefour, prendre la route à droite et arriver près de la station de pompage.

► Variante : possibilité de retrouver le repère 2 en tournant à gauche *(balisage blanc-rouge).*

6 Franchir les deux ponts, tourner à droite, puis s'engager à gauche sur le sentier qui monte. Le chemin file en bord de falaise. Utiliser l'allée de la ferme à gauche, en direction du château d'eau.

7 Prendre à gauche le chemin de terre, descendre et emprunter une route empierrée à gauche.

8 Tourner à droite et monter sur 200 m. Suivre la voie communale à gauche sur 500 m pour arriver à la plateforme des Capucins. Descendre par le sentier et emprunter la route à droite sur 150 m.

9 Se faufiler à gauche entre maisons et jardins, pour rejoindre le pont de la Gimone et retrouver le parking.

À voir

En chemin

■ chapelle de Cahuzac 16e ■ abbaye cistercienne de Planselve 12e ■ Gimont : bastide, halle 14e, église Notre-Dame 14e-15e (clocher octogonal 16e), tour des Evesquerie, maisons à colombage

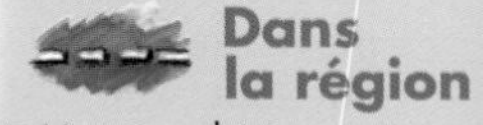

Dans la région

■ Marsan : château appartenant à la famille de Montesquiou ■ L'Isle-Jourdain : musée européen d'art campanaire ■ Auch : cathédrale Sainte-Marie

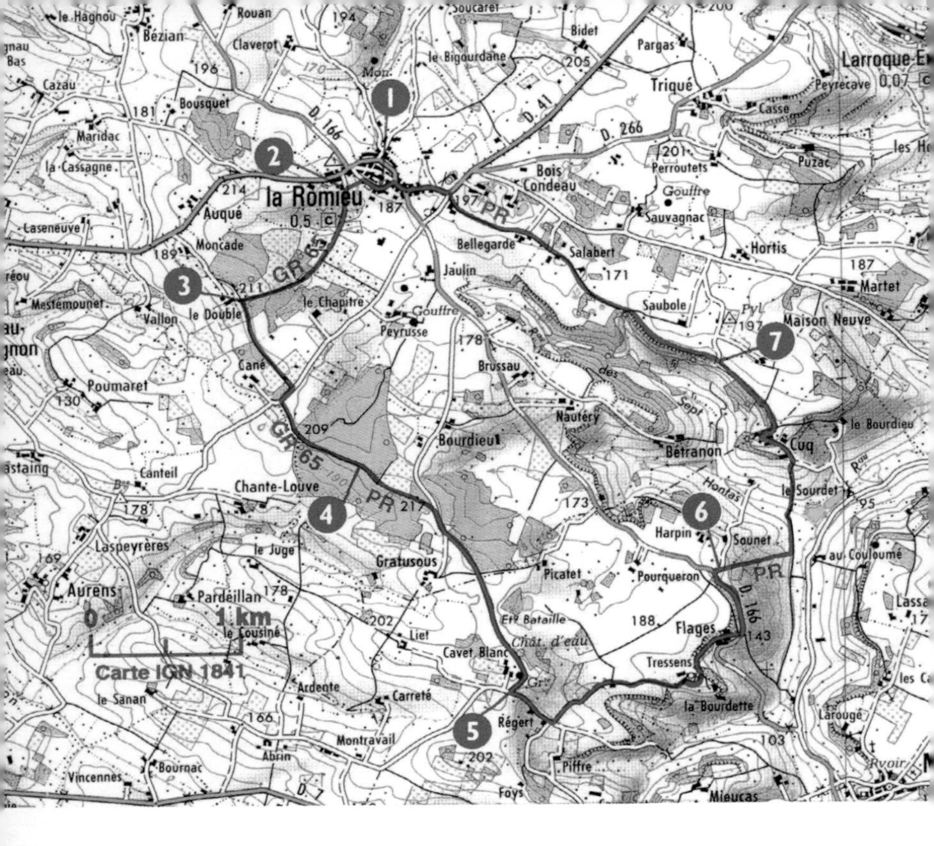

Un village de pape

La Romieu se voit de loin grâce à ses hautes tours et à sa puissante collégiale. Elle vit naître Arnaud d'Aux, futur cardinal apparenté à Bertrand Goth plus connu dans l'histoire sous le nom de pape Clément V. L'illustre prélat consacra une partie de sa fortune à enrichir son village placé sur le chemin des pèlerins (les « romieu » comme on disait au Moyen Age), d'où le nom de La Romieu. Jadis, le cloître comportait deux étages et s'entourait des bâtiments claustraux traditionnels de tout monastère : dortoir, réfectoire et sacristie. C'est là que les chanoines du chapitre menaient leur vie quotidienne. Du cloître, on accède à l'église, grande nef unique à la mode du pays qui s'achève à l'Est par un chevet à pans coupés, toute entière voûtée d'ogives. La sacristie est tapissée de fresques du 14e siècle d'une grande fraîcheur.

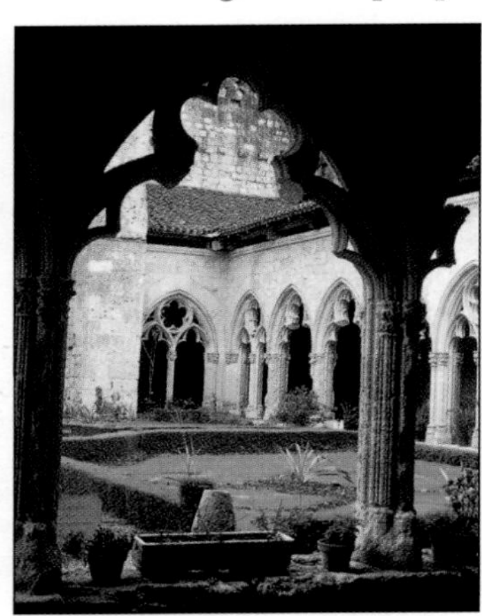

Vue sur la collégiale. *Photo J.T.*

Le circuit des Fermes gersoises

Fiche pratique 36

3 h
12 Km

217 m
139 m

Situation La Romieu, à 7 km au Nord-Est de Condom par les D 931 et D 41

Parking derrière la caserne de pompiers

Balisage

1 à 2 jaune
2 à 4 blanc-rouge
4 à 1 jaune

Difficulté particulière

■ palombières entre 3 et 4

Ne pas oublier

Coquille Saint-Jacques
Dessin P.R.

La Romieu, l'un des plus beaux sites de Gascogne, se situe au cœur d'un vaste plateau calcaire légèrement ondulé et travaillé avec amour. Vous y découvrirez un bel habitat de pierres blanches.

1 Suivre la route au Nord-Ouest, puis tourner à gauche.

2 Emprunter la voie à gauche (Sud). Plus loin, longer un bois. Gagner un carrefour, devant la ferme Le Double.

3 Prendre le chemin empierré à gauche. Passer devant l'arboretum et suivre la route à droite sur 50 m. S'engager sur un chemin à gauche. Il traverse un bois *(prudence : palombières)* et arrive à une croisée de chemins.

4 Continuer tout droit dans le bois, puis emprunter un chemin goudronné à droite. Dépasser le château d'eau.

5 A la bifurcation, suivre la route à gauche sur 500 m, puis s'engager à gauche sur un chemin goudronné. Gagner la chapelle de Tressens. Descendre vers la D 166 à gauche et la monter à gauche.

6 Au panneau de Sounet, partir à droite et suivre le chemin herbeux. Franchir le vallon à gauche, puis grimper à gauche le raidillon. Emprunter la route à gauche et gagner Cuq. Traverser le hameau et continuer tout droit (Nord-Ouest) par la route.

7 Quitter la route dans un virage pour prendre un sentier en face. Poursuivre sur la crête. Passer deux fermes, puis utiliser la D 41 à gauche pour retrouver La Romieu.

À voir

En chemin

■ La Romieu : collégiale-cloître (sacristie avec fresques 14e), arboretum ■ chapelle de Tressens

Dans la région

■ Marsolan : vestiges de l'hôpital Saint-Jacques, église Notre-Dame-du-Rosaire 16e, belvédère

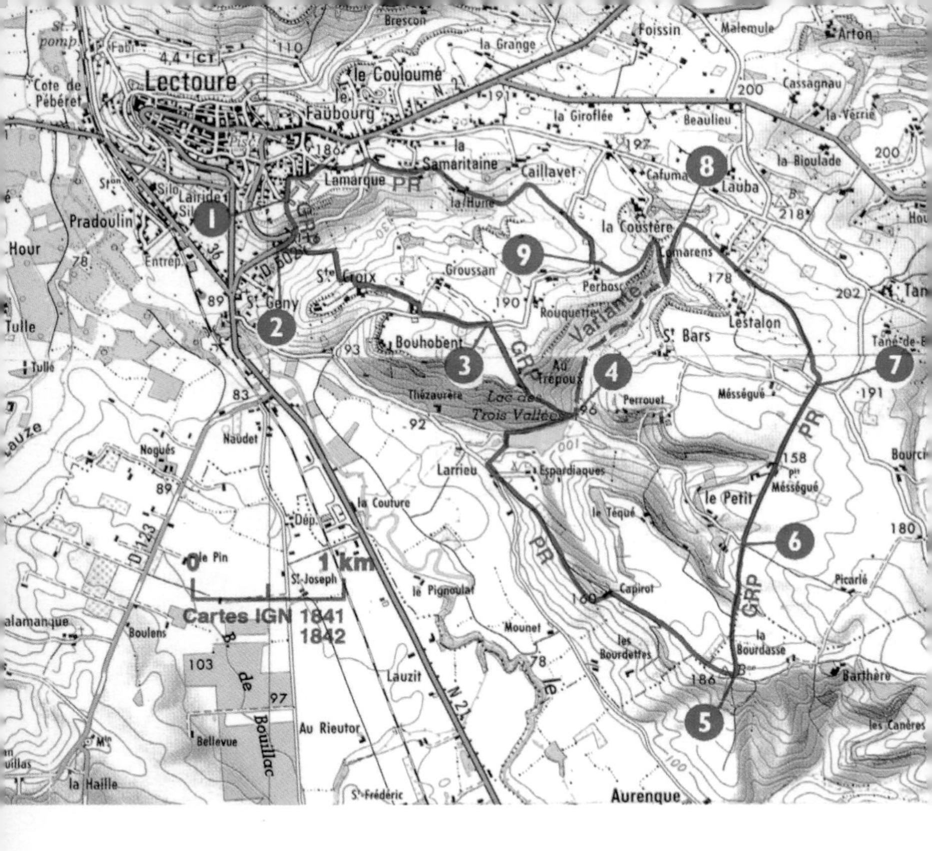

2500 ans d'histoire

Lectoure est l'une des villes les mieux préservées de Gascogne. On peut y voir une acropole, blottie autour du clocher de la cathédrale qui portait sous l'Ancien Régime la flèche la plus hardie de toute la région. La cathédrale comporte deux parties : la principale, bordée de chapelles latérales et surmontée d'une galerie, s'apparente à l'art méridional, tandis que le chœur, qui compose la seconde partie, est d'inspiration française. Les travaux dans le chœur sont à l'origine de la mise au jour d'une importante série d'autels tauroboliques prouvant l'existence sur ce site de lieux de culte antique.

Ces pierres furent à l'origine du musée de la ville institué vers 1540 et actuellement dans les caves de l'ancien évêché. Sont exposés, outre les vingt et un autels tauroboliques (pour des cérémonies rituelles au cours desquelles taureaux ou béliers étaient sacrifiés à la déesse Cybèle), des outils de la préhistoire, des vases gaulois, etc. L'hôtel de ville, ancien palais des évêques construit à la fin du 17e siècle, accueille aussi plusieurs expositions permanentes dans quatre salles.

Un tour de ville s'impose car de nombreux couvents et tours de défense ponctuent la vieille ville. On passe par la fontaine Hontelie, bel ensemble du 13e siècle, puis par la tannerie royale (18e siècle), le bastion et la tour du Bourreau, la chapelle du Carmel, les hôtels particuliers, l'hôpital et les allées Montmorency.

Lectoure et le lac des Trois-Vallées

Fiche pratique **37**

3 h
12 Km

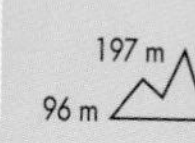

Lectoure, perchée sur son oppidum, sera souvent présente à l'horizon de ce pittoresque circuit, empruntant corniches calcaires et petites vallées, qui alimentent le très fréquenté complexe touristique du lac des Trois-Vallées.

Situation Lectoure, à 35 km au Nord d'Auch par la N 21

Parking gymnase Maréchal Lannes (quartier de Lamarque)

Balisage

1 à 4 jaune-rouge
4 à 5 jaune (PR6)
5 à 6 jaune-rouge
6 à 1 jaune (PR6)

Ne pas oublier

1 Du chemin de Lamarque, descendre par le sentier à la D 502. Passer à l'extérieur de la glissière de sécurité pour la suivre à gauche sur 200 m.

2 Grimper le raidillon à gauche vers le hameau de Sainte-Croix. Prendre à gauche la route de crête sur 500 m.

3 S'engager à droite sur la route du Trépoux, puis dévaler à gauche un sentier bordé d'arbres et atteindre le lac des Trois-Vallées.

► En empruntant à gauche une variante, possibilité de réaliser une boucle de 7,5 km (2 h).

4 Prendre à droite le chemin qui surplombe le plan d'eau. Traverser à gauche le parking du lac et gagner l'entrée du camping *(bien suivre le balisage)*. Emprunter la route à gauche qui monte vers la ferme Capirot *(vue sur le lac)*. Contourner les bâtiments par la droite et poursuivre tout droit sur 1 km jusqu'à une croisée de chemins.

5 Tourner à gauche sur un sentier qui rejoint un chemin vicinal.

6 Continuer tout droit vers David.

7 Devant le portail d'entrée, s'engager à gauche sur le sentier de terre derrière la haie et parcourir 1 km. Continuer tout droit vers la ferme La Coustère et la dépasser.

8 Tourner à gauche, descendre le chemin en contre-bas d'un étang. Avant les ruines d'une maison, bifurquer à droite pour remonter vers la ferme Perbosc, passer au milieu des bâtiments pour aboutir sur une voie communale.

9 Prendre à droite cette route sur environ 300 m et s'engager sur un chemin de terre qui devient goudronné 750 m plus loin. Il aboutit devant une école maternelle. Poursuivre tout droit et bien suivre le balisage en ville pour retrouver le point de départ.

À voir

En chemin

■ Lectoure : ensemble architectural, cathédrale Saint-Gervais-et-Saint-Protais, remparts, rues pittoresques ■ lac des Trois-Vallées ■ Musée lapidaire

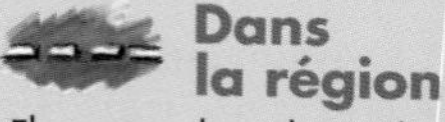

Dans la région

■ Fleurance : bastide ■ Bleu de Lectoure : histoire du pastel

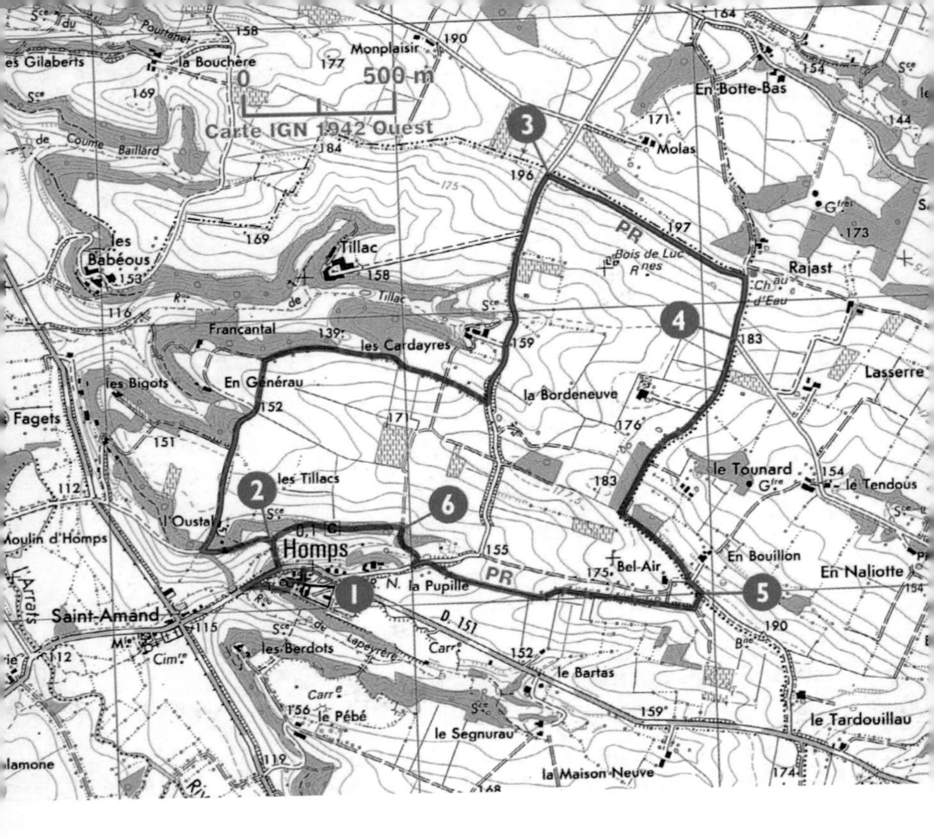

Recette d'ail

Tourrin blanchi : préparation rapide. Cuisson : 45 mn. Mettre d'abord à bouillir 2 litres d'eau. Faire fondre dans la poêle une bonne cuillérée de graisse d'oie (ou d'huile) et y faire dorer, sans trop roussir, une poignée de gousses d'ail. Verser le tout dans l'eau bouillante. Saler et poivrer. Laisser bouillir 15 mn et plus. Au moment de servir, casser 2 œufs frais. Faire tomber les blancs dans le bouillon, délayer. Battre les jaunes avec un peu de vinaigre (mieux, avec du verjus), mélanger le tout. Tremper sur de grandes lames de pain rassis ou des croûtons et laisser tremper, de préférence sous un couvercle.

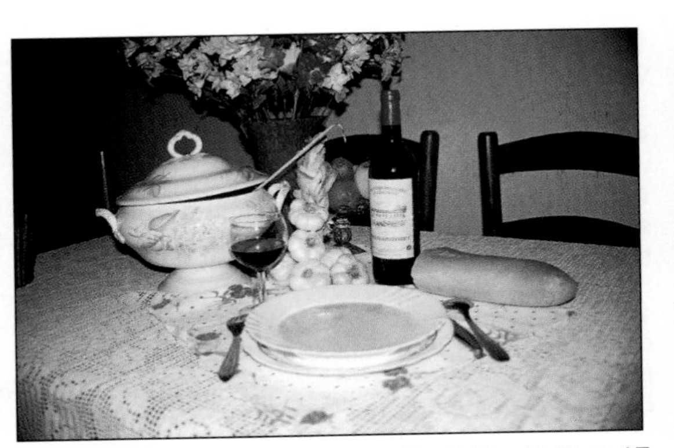

Tourrin blanchi. *Photo J.T.*

Cardayres et Beurriers

Fiche pratique 38

En empruntant les sentiers jadis utilisés pour le commerce entre les différentes vallées, découvrez tout un remarquable patrimoine caché et secret qui vous surprendra, tel un coin de paradis.

Ail. *Dessin N.L.*

❶ Emprunter la ruelle en direction de la tour et la contourner. À 50 m, rejoindre à droite la D 151 *(prudence)* et la remonter à droite sur 120 m. Descendre à gauche vers le lavoir.

❷ Virer à gauche et gagner la maison L'Oustal. Tourner à droite et poursuivre par le chemin. Il passe une carrière, vire à droite en lisière de bois et débouche sur une route. L'emprunter à gauche sur 1 km *(vue sur le château de Tillac).*

❸ Au croisement, prendre à droite le chemin de crête, en direction de Solomiac. Au château d'eau, tourner à droite.

❹ Laisser la route à gauche et poursuivre par le chemin de Lavit (dit des Beurriers). Il s'oriente à gauche et descend à Bel-Air. Après la maison, continuer tout droit sur 100 m.

❺ Prendre à droite le chemin sur 800 m, puis la route à gauche sur 20 m et s'engager sur le chemin à droite.

❻ Au croisement, tourner à gauche et descendre vers le lavoir.

❷ S'élever à gauche, traverser la route et retrouver le village.

2 h
6 Km

197m
152m

Situation Homps, à 10 km au Nord de Mauvezin par les D 654 et D 151

Parking vieux village

Balisage jaune (PR1)

Difficulté particulière

- D 151 dangereuse entre ❶ et ❷

Ne pas oublier

À voir

En chemin

■ Homps : vieux village ■ lavoir ■ château de Tillac (privé) ■ chemin des Beurriers

Dans la région

■ bastides de Cologne, Fleurance, Monfort et Saint-Clar ■ Sarrant : village médiéval ■ Solomiac : bastide et base de loisirs ■ Mauvezin : halle historique

Secrets d'Armagnac

Le vignoble de l'appellation d'origine « Armagnac » strictement délimité par la loi depuis 1909, s'étend pour l'essentiel dans le Gers, mais aussi sur quelques communes des Landes et du Lot-et-Garonne. Il est officiellement divisé en trois régions : le Haut-Armagnac, la Ténarèze et le Bas-Armagnac. Le Haut-Armagnac, à l'est autour d'Auch, Lectoure, Mirande, ne donne que 6% de la production totale alors que le terroir de Ténarèze et surtout de Bas-Armagnac donnent naissance à des eaux-de-vie remarquables (autour de Cazaubon, Eauze, Nogaro, Aignan...). L'armagnac est obtenu par distillation du vin blanc produit sur l'aire d'appellation. La visite du musée de l'Armagnac à Condom et celle d'un chais (on ne parle surtout pas de caves) de vieillissement montre la technique ancestrale nécessaire pour obtenir un bon breuvage.

Vignoble. *Photo J.T.*

Le sentier des châteaux

Fiche pratique 39

3h30
14 Km

181 m
81 m

Situation Condom, à 43 km au Nord-Ouest d'Auch par les N 124 et D 930

Parking près du supermarché quartier Bouquerie au Nord-Ouest du centre ville

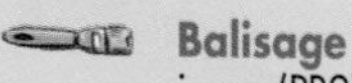

Balisage jaune (PR2)

Du boulevard Saint-Jacques, le chemin de Chotes vous amène sur les hauteurs de la rive gauche de la Baise à la découverte des châteaux du Condomois.

1 Devant le supermarché, prendre la voie communale qui passe sous l'ancienne voie ferrée. Continuer à monter sur le chemin encaissé jusqu'à la ferme Chotes.

2 Poursuivre tout droit en direction de Bordeneuve–de-Chotes. Descendre à droite entre les cultures jusqu'à la route goudronnée *(bien suivre le balisage).*

3 Tourner à gauche, passer devant un ancien moulin à vent restauré et continuer tout droit vers le château de Moussaron. Avant l'entrée, virer à gauche et continuer sur la route jusqu'à la ferme Sempé.

4 Prendre à droite et de suite à gauche vers la ferme Tourné.

5 Tourner à droite dans les allées de vignes, couper la D 110 *(prudence)* et monter en face sur 1 km environ. Au croisement, tourner à droite vers le hameau de Grazimis.

6 Devant l'ancienne école, virer à gauche. Continuer tout droit, dépasser la belle maison Verduzan et poursuivre jusqu'à Maison-Neuve. Avant les bâtiments, tourner à gauche puis à droite et descendre sur le chemin, empierré au début puis en terre, sur 500 m environ. Bifurquer à droite. Le chemin longe le bois et débouche sur une allée de ferme goudronnée.

7 Après le transformateur, longer le bois et prendre à gauche une allée de vignes. Au lieu-dit Lizaris, emprunter le chemin empierré – puis goudronné – sur 600 m. Prendre le chemin herbeux à droite et retrouver, 300 m plus loin, le chemin empierré. Le suivre jusqu'à une voie communale.

8 Tourner à gauche puis tout de suite à droite. Emprunter une sente et remonter vers le vignoble domaine d'Aula. Suivre les allées de vigne jusqu'à la D 110. La traverser *(prudence)*, prendre en face le chemin qui monte vers une cité. À 400 m, prendre à gauche le chemin pour rejoindre le point de départ.

À voir

En chemin

■ moulin à vent de Moussaron ■ château de Moussaron 18e (privé) ■ Capots de l'Osse : lieu de relégation des pestiférés ■ château de Pouypardin (privé) ■ château des Fousseries (privé) ■ hameau de Grasimis et son église ■ vignoble Armagnac

Dans la région

■ Condom : cathédrale, cloître ogival 16e, église Saint-Jacques, musée de l'Armagnac ■ Valence-sur-Baïse : bastide gasconne, vestiges des fortifications ■ ancienne abbaye cistercienne de Flaran 12e ■ Gazaupouy : remparts, église, ancienne chapelle du château

L'agriculture dans le Gers

Photo J.T.

Parmi les cultures annuelles, la Gascogne donne la préférence aux céréales traditionnelles : blé, orge, maïs. Depuis quelques années, des cultures nouvelles occupent de vastes surfaces comme le sorgho, le colza ou le tournesol. On longe aussi quelques champs de lin, soja ou féverolles. Les cultures légumières de pleins champs sont également très développées. La carotte, réputée jadis, n'est plus guère cultivée. Par contre le melon est couramment exploité en plein champ alors que c'était autrefois une production de maraîchers. La culture de l'ail surtout, permet de survivre aux petits agriculteurs de la région. Toutes ces cultures, qui exigent une abondante main-d'œuvre, ont ralenti quelque peu l'exode rural dans les campagnes.

Le chemin des Orchidées

Fiche pratique 40

3 h 30
14 Km

312 m
194 m

A partir de l'église fortifiée, restaurée par Viollet-le-Duc, le chemin s'élève vers les hautes collines de l'Astarac. Vous découvrirez la dissymétrie des vallées, un phénomène géologique encore inexpliqué.

Situation Simorre, à 29 km au Sud-Est d'Auch par les N 21, D 929 et D 129

Parking foirail

Balisage jaune (PR1)

Difficulté particulière

- gué entre 3 et 4

Ne pas oublier

1 Prendre le sentier qui longe le ru, puis la route à droite. Couper la D 12 et continuer tout droit sur 250 m.

2 S'engager sur le chemin de terre à droite. Il traverse un bois de chênes. A la sortie, poursuivre sur une piste. Près de la ferme En-Saubet, descendre la route à gauche sur 200 m.

3 Emprunter à droite le chemin de terre. Il mène à la Lauze. La franchir à gué. Couper la D 283 et continuer en face. S'enfoncer dans le bois d'Aguin, tout droit sur 1 km.

4 A la borne en pierre, prendre le chemin à droite. Il conduit à la ferme Béros. Poursuivre et longer un parc à daims. Emprunter la D 129 à gauche sur 200 m, puis partir à droite. A l'intersection, bifurquer à gauche et rejoindre un carrefour.

5 Aller en face vers la maison, puis s'engager à droite sur le chemin de terre qui descend entre deux haies. Utiliser la D 283 à droite sur 100 m, puis tourner à gauche et franchir le pont sur la Lauze.

6 Emprunter à gauche le chemin qui longe la rivière sur 500 m, puis monter à droite.

7 A la ferme Le Verdier, prendre le chemin à gauche. Il passe devant La Plagne. Continuer par la route qui descend. Suivre la D 12 à droite sur 100 m.

8 S'engager à gauche sur le sentier. Plein Sud, il ramène à Simorre.

Punaise des céréales. *Dessin P.R.*

À voir

En chemin

- Simorre : église fortifiée
- vallée de la Lauze
- orchidées sauvages

Dans la région

- Faget-Abbatial : ancienne abbaye
- Boulaur : monastère

Le Tarn-et-Garonne

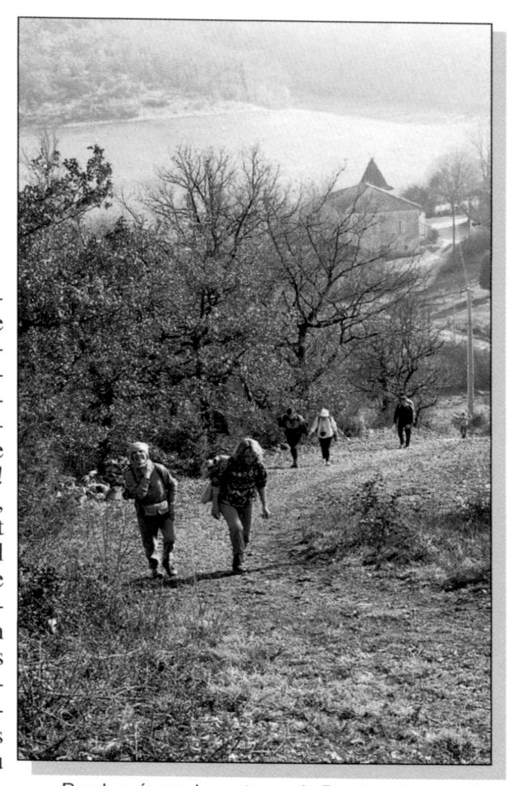
Randonnée sur les coteaux de Boudou. *Photo C.N.*

1808 est l'année de naissance du Tarn-et-Garonne, département à taille humaine, petit par l'étendue, grand par le cœur. Et quel cœur ! Rouge de brique, blanc de pierre, vert d'eau et de forêt. Il bat au rythme d'une vie abondante et tranquille, de festivals en musées, de petits coins frais en fermes-auberges prometteuses... En ce pays de confluences où trônent les bastides, piqueté de chapelles et semé de châteaux, roulent et s'unissent les eaux du Tarn, de l'Aveyron et de la Garonne. Charme et discrétion font l'attrait de paysages tout à tour austères et riants, et d'un patrimoine d'une infinie richesse : fermes, villages perchés, abbayes dont les restes disent l'antique puissance, lavoirs et pigeonniers, églises portant la marque des siècles. Ici, l'horloge du temps se remonte en tous sens, et chacun en a la clef. On glisse des dolmens vers l'art gothique partout répandu, de Beaulieu et Montpezat à Saint-Antonin, Verdun et Castelsarrasin. On grappille l'art roman dans les vallées du Quercy jusqu'à l'apothéose de Moissac. On goûte la Renaissance à Gramont, le Moyen Age à Varen et Bruniquel, le Baroque à Larrazet, le 19e à Nègrepelisse et au Pin. A découvrir encore, Montauban la fière dans sa parure des 17e et 18e siècles. Comme Alice, il faut traverser le miroir du quotidien et se perdre dans ce pays merveilleux où les sens se réjouissent. Osons enfin la paraphrase, Talleyrand la pardonnera bien : quiconque n'a pas visité le Tarn-et-Garonne ne connaît pas la douceur de vivre.

MOISSAC
St-Benoît
St-Nicolas-
St-Pierre
Serre Basse
St-Paul
Fonréal
Boudou
la Pointe
les Grets
Laroquette
la Madeleine Basse
Sérat
Recaté
Couffignal
Escalier
Passelaygue
Marianne
Delbrel
Faret
Pugnal
le Petit Bézy
les Pères
la Cantayre
Viguié
l'Île
les Mottes
Peylus
Pont de Bioule
GARONNE
LA
le Tarn
GR 65 - GRP
PR
N 113
D 4
D 15
D 26
D 72
Cartes IGN 1940 - 2040
1941 - 2041
1 km

Les coteaux, de Moissac à Boudou

A travers vignes et vergers, avec un retour par les berges du canal, ce circuit vous introduit au cœur du pays moissagais. Vous jouirez d'un remarquable panorama sur le confluent du Tarn et de la Garonne.

1 Longer le Tarn dans le sens du courant pour passer derrière le moulin, sous le pont Napoléon. Continuer sur 200 m, puis aller à droite pour rejoindre le canal.

2 Le suivre à gauche jusqu'à l'écluse de l'Espagnette.

3 Franchir l'écluse à droite, puis emprunter la N 113 à droite sur 100 m.

4 Gravir à gauche la côte de Laroquette sur 800 m. Avant la ferme, s'engager à gauche le long de la haie pour aboutir au milieu des vergers. Aller tout droit, puis à droite pour suivre un talus. Continuer en face, puis emprunter la route de crête. Au carrefour, tourner à droite.

5 Après la ferme, prendre le sentier à gauche. Il descend tout droit dans le pré. Utiliser la route à gauche sur 50 m, puis, le long de la haie à droite, gravir la pente raide et atteindre le plateau. Suivre la route à gauche et gagner Boudou (point de vue).

6 Partir vers Malause sur 150 m, puis descendre le chemin des Ecluses à gauche. Prendre la N 113 à gauche sur 50 m, puis la première route à droite. Franchir la voie ferrée et descendre à l'écluse du Petit-Bézy.

7 La passer et suivre le chemin de halage du canal à gauche.

3 Continuer par le chemin de halage.

2 Partir à droite, et par l'itinéraire emprunté à l'aller le long du Tarn, retrouver le parking.

Pic vert. *Dessin P.R.*

Fiche pratique 41

4 h
16 Km

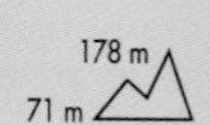

Situation Moissac, à 8 km au Nord de Castelsarrasin par la N 113

Parking esplanade de l'Uvarium

Balisage

1 à 2 jaune et rouge et blanc
2 à 6 blanc-rouge
6 à 3 jaune
3 à 2 blanc-rouge
2 à 1 jaune

Difficultés particulières

■ traversée de la N 113 entre 3 et 4 puis 6 et 7

Ne pas oublier

À voir

En chemin

■ point de vue de Boudou sur le confluent de la Garonne et du Tarn, table d'orientation ■ Moissac : abbatiale Saint-Pierre, haut lieu de l'art roman (tympan, cloître, chapiteaux), musée Marguerite Vidal

Dans la région

■ Auvillar : bourg pittoresque, halle cylindrique, maisons 12e, église gothique Saint-Pierre, table d'orientation, musée « Viel Auvillar » (faïences anciennes)

Le Tarn-et-Garonne, premier département fruitier de Midi-Pyrénées

L'arboriculture fruitière, implantée à partir de 1930, a connu un développement considérable à partir des année 1950. La production annuelle, tous fruits confondus, est d'environ 320000 tonnes, soit 80 % de la récolte de Midi-Pyrénées. En empruntant certains chemins, on traverse une « mer de vergers » et on jouit d'un spectacle exceptionnel au printemps, lors de la floraison des arbres fruitiers. La diversité des terroirs, associée au savoir-faire des arboriculteurs, participent à la production d'une riche palette de fruits de grande qualité. En Tarn-et-Garonne, on peut consommer des fruits toute l'année. A partir de mai, la cerise, de juin à août, la pêche, la prune, la poire, le melon. De septembre à début novembre, le chasselas, la pomme, la poire et encore le melon.

Le chasselas de Moissac

Grappe de Chasselas.
Photo C.N.

Dans le haut Moyen Age, les moines de l'abbaye cultivaient une vigne qui produisait un excellent vin exporté vers Bordeaux par voie fluviale. Au milieu du 19e siècle, le chasselas est introduit comme raisin de table. Avec l'avènement du chemin de fer en 1855 à Moissac, la production du chasselas connaît un important développement. L'appellation d'origine contrôlée, obtenue en 1953, confirme les qualités exceptionnelles du chasselas de Moissac, caractérisé par une grappe souple, un grain rond légèrement doré, riche d'une saveur sucrée et délicatement parfumé. Il est consommé de début septembre à début novembre.
L'incomparable qualité du chasselas de Moissac est le « fruit » d'un terrain propice et d'un savoir-faire ancestral des « chasselatiers ». Le chasselas, en plus du plaisir gustatif qu'il procure, est un aliment diététique recommandé.

Accueil du pèlerin au Moyen Age

Le pèlerin fatigué par une longue marche à travers le Bas-Quercy arrivait à l'étape tant attendue : Moissac. Il était accueilli à l'aumônerie de l'abbaye où il recevait pendant trois jours gîte et couvert, et pour les plus démunis, une aide en nature et en argent. Les malades étaient soignés à l'hôpital Saint-Jacques et ceux présentant des symptômes de maladie contagieuse étaient dirigés vers la maladrerie. Durant son séjour, le pèlerin faisait ses prières à l'église Saint-Pierre, vénérait les reliques, contemplait le tympan et sa vision de l'Apocalypse. Dans le cloître, il méditait en présence des soixante-seize chapiteaux. Avant de quitter Moissac, le pèlerin était reçu par la « Confrérie de Monseigneur Saint-Jacques des pèlerins de Moissac », où on lui accordait aide, conseils et recommandations. Aidé, soigné et réconforté du corps et de l'esprit, le pèlerin reprenait son chemin.

Cloître et clocher de l'abbatiale Saint-Pierre de Moissac. *Photo A.A./A.D.R.*

Le canal latéral à la Garonne

C'est Colbert qui prévoit au 17e siècle de relier la Méditerranée à l'Océan. Le canal du Midi de Sète à Toulouse est le premier réalisé en 1682. Il faut attendre 1856 pour voir ouvrir à la navigation le canal sur la Gironde, latéral à la Garonne de Toulouse à Castets en Dorthe. Le canal connut un trafic relativement important pendant trois quarts de siècle. Les péniches étaient tirées par des bœufs. Aujourd'hui, si le trafic marchand est arrêté, le canal connaît une cure de jouvence grâce à la navigation de plaisance. Les chemins de halage d'antan constituent de paisibles et reposants chemins de randonnée. L'été, les chênes rouges, les frênes, les platanes et les aulnes dispensent une ombre bienfaisante. Les feuilles d'automne offrent, pour le plaisir des yeux, une incomparable palette de couleurs.

Ecluse, à Valence d'Agen. *Photo OTVA*

Circuit du château médiéval

Fiche pratique **42**

3 h 45
15 Km

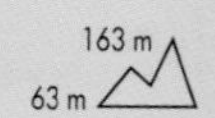

Situation Valence, à 25 km au Nord-Ouest de Castelsarrasin par la N 113

Parking port du canal

Balisage

1 à 5 jaune
5 à 6 jaune-rouge
6 à 1 jaune

Ne pas oublier

2 h 1 h 30

À voir

En chemin

■ Valence : bastide 13e, lavoir, bassin du canal ■ Donzac : musée de la Ruralité ■ Pommevic : église ■ point de vue ■ château-fort (domaine privé) ■ Goudourville : église

Dans la région

■ Moissac : abbatiale Saint-Pierre, haut lieu de l'art roman (tympan, cloître, chapiteaux), musée Saint-Jacques ■ Auvillar : bourg pittoresque, halle cylindrique, maisons 12e, église gothique Saint-Pierre, table d'orientation, musée « Viel Auvillar » (faïences anciennes)

Frêne. *Dessin N.L.*

Après la balade tranquille sur les berges du canal, le sentier vous amènera sans difficulté sur les coteaux du Bas-Quercy qui surplombent les vallées de la Garonne et de la Barguelonne.

1 Du port du canal, suivre les berges vers l'Est. Passer l'écluse de Pommevic et continuer sur 500 m.

2 En vue du village, prendre le large chemin de terre à gauche qui monte à Pommevic. Aller jusqu'aux feux de la N 113, puis emprunter en face la rue piétonne qui rejoint la place de l'Eglise. Poursuivre vers le Nord en longeant le cimetière, puis franchir le passage à niveau.

3 Utiliser la D 96 à droite sur 200 m, puis tourner sur le chemin à gauche. Au bout, virer à droite pour rejoindre le pigeonnier, puis emprunter la route à gauche vers le coteau, sur 1 km. Passer la ferme Martis.

4 Dans le virage, prendre à gauche le sentier qui monte sur 700 m. Tourner à gauche, puis suivre la route à droite sur 50 m *(vue en face sur Saint-Vincent-Lespinasse).*

5 Partir à gauche vers le château d'eau. A la ferme Magret, aller à droite puis à gauche par le petit bois et atteindre l'ancien moulin à vent, dit « moulin à poivre ».

6 Continuer tout droit sur la route jusqu'au croisement. Descendre à droite vers Groulet sur 500 m environ. Avant la ferme, prendre à gauche le sentier qui monte vers le bois et rejoint le château-fort. Passer sous l'ancien pont-levis. Tourner à droite sur le chemin qui contourne le château et qui descend sur la route. Suivre cette route à gauche et passer devant la mairie et l'église.

7 S'engager sur un chemin à droite derrière les peupliers. Poursuivre tout droit par la route sur 200 m. Au carrefour, prendre la route à gauche sur 600 m.

8 Emprunter à gauche un large chemin de terre sur 500 m, puis la route à droite.

3 Franchir le passage à niveau et, par l'itinéraire utilisé à l'aller, retrouver le port de Valence.

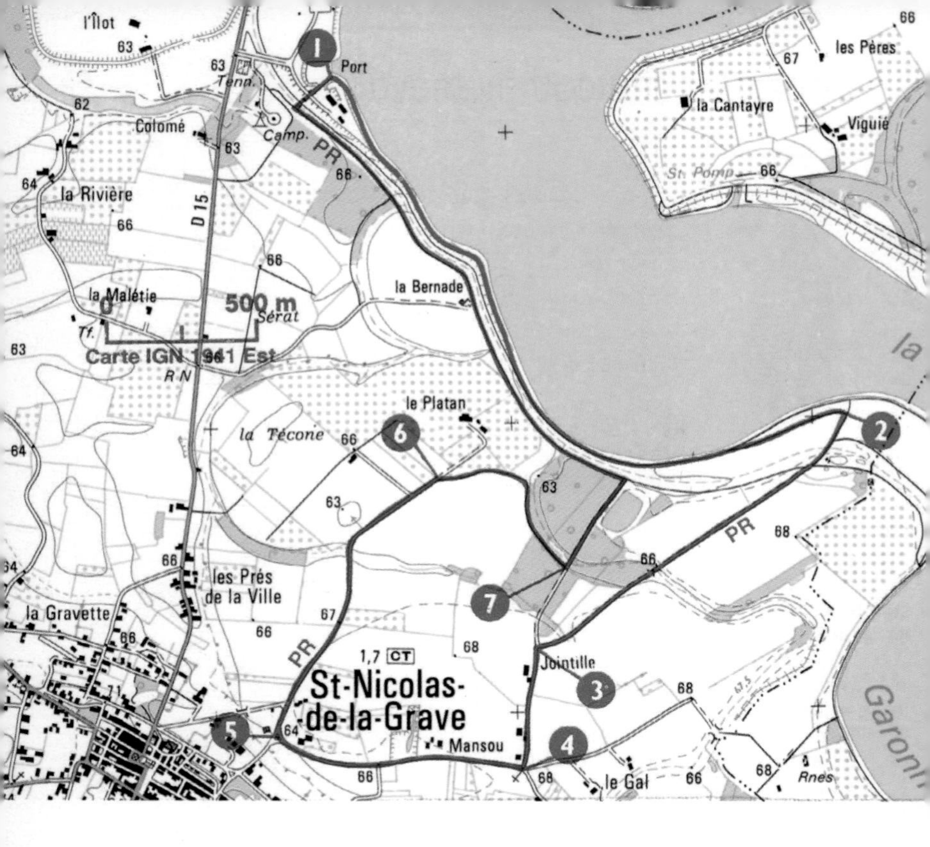

L'observatoire des oiseaux

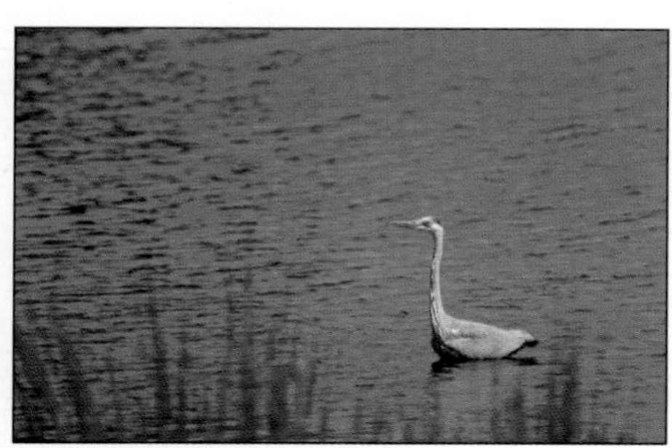
Héron cendré. *Photo N.V.*

Par sa situation géographique sur l'axe des migrations, ses reposoirs et îlots, ses possibilités alimentaires et sa quiétude, le plan d'eau du confluent du Tarn et de la Garonne accueille une grande diversité d'oiseaux : 194 espèces y ont été recensées. C'est surtout un site d'hivernage où l'on peut observer la plupart des oiseaux d'eau d'Europe. Aux passages migratoires de printemps et d'automne, des espèces plus rares y font une courte halte. En été, les îles et les troncs d'arbres échoués permettent la nidification du goéland, du héron cendré et de la sterne pierregarin qui fait l'objet d'une protection. Depuis sa création en 1972, ce plan d'eau subit un envasement naturel s'accompagnant de la naissance de hauts fonds et d'îlots favorables au développement de plantes aquatiques à la base de riches chaînes alimentaires.

L'observatoire aux Oiseaux

3 h
9 Km

68 m
63 m

De cette réserve ornithologique, vous rallierez par les chemins Saint-Nicolas-de-la-Grave, ancienne bastide et patrie d'Antoine Laumet de Lamothe-Cadillac, fondateur de Détroit.

1 Prendre à droite le large chemin bordé de saules, d'aulnes et de peupliers, qui longe les bords du plan d'eau, près du confluent du Tarn et de la Garonne *(panorama sur les 400 hectares du plan d'eau). Atteindre l'observatoire des oiseaux (vue sur la petite île autour de laquelle les oiseaux migrateurs ou sédentaires représentent une grande variété d'espèces : la plus riche de la région Midi-Pyrénées).*

2 Partir à droite pour franchir le petit pont qui passe sur le canal de colature. 50 m plus loin, après les restes d'une ancienne drague, sous les arbres, poursuivre tout droit par une route qui traverse une zone de culture, sur 1 km. Arriver à un carrefour.

3 Se diriger à gauche sur 300 m.

4 Au croisement des quatre routes, emprunter la route à droite vers le village sur 1 km *(vue sur les tours du château et sur le clocher).*

5 Au carrefour des trois routes, prendre la route à droite sur 1 km. Passer devant un parc à droite, puis un grand saule à gauche.

6 200 m avant la ferme Platan, s'engager à droite sur un chemin de terre qui longe une peupleraie.

7 Au milieu des peupliers, emprunter le chemin goudronné à gauche, puis le chemin qui longe le canal de colature, à gauche sur 1,5 km. Il passe devant la ferme La Bernade et ramène à la base de plein air, près du camping. Rejoindre le parking.

Sterne pierregarin.
Dessin P.R.

Situation Saint-Nicolas-de-la-Grave, à 10 km à l'Ouest de Castelsarrasin par les D 12 et D 26

Parking embarcadère de la base nautique (au Nord du village par la D 15)

Balisage jaune

Difficulté particulière

- clé de l'observatoire à demander à la base de loisirs

Ne pas oublier

1 h 30 1 h

À voir

En chemin

- point de vue
- observatoire : hérons, cormorans, grues, canards...

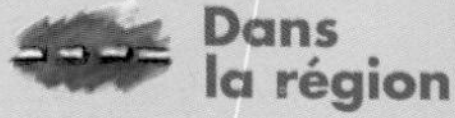

Dans la région

- St-Nicolas-de-la-Grave : ancienne bastide
- Moissac : abbatiale St-Pierre, haut lieu de l'art roman (tympan, cloître, chapiteaux), musée St-Jacques
- Auvillar : bourg pittoresque, halle cylindrique, maisons 12e, église gothique St-Pierre, table d'orientation, musée « Viel Auvillar » (faïences anciennes)

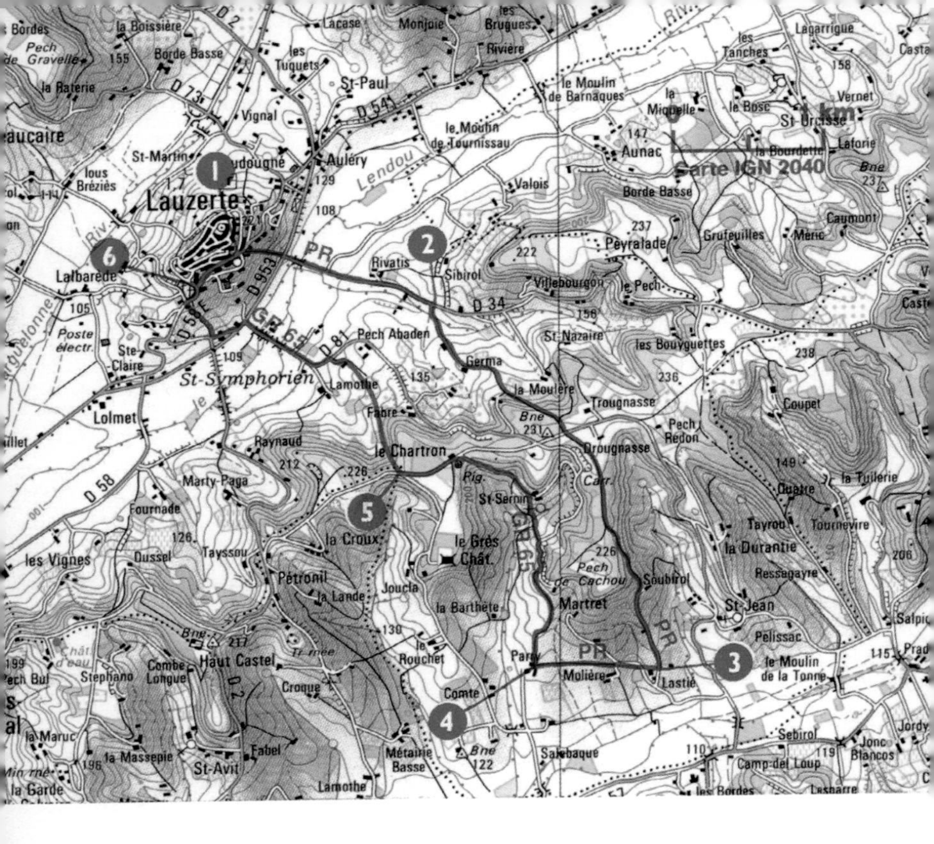

Lauzerte, le jardin du pèlerin

Cet aménagement, totalement inédit, retrace l'histoire et le parcours initiatique du pèlerinage de Saint-Jacques-de-Compostelle, notamment de la *via Podiensis*. Le jardin, espace vert avant tout, se présente comme un jeu de l'oie. Un sentier parsemé de cases numérotées ou de panneaux légendés permet aux joueurs ou promeneurs de se déplacer en suivant des étapes qui illustrent bien le parcours, tant du pèlerinage que de la vie : hospitalité, notion de hasard, joies et peines, épreuves et bonheur, puis, finalement, l'accès « au Paradis ». L'aménagement, qui s'intègre parfaitement à la configuration des lieux, exprime les péripéties d'un itinéraire, géographique, botanique et linguistique, jouant sur les symboliques des plantes, des couleurs, des textes et des matières (pierre, terre, eau, céramique, lave émaillée).

Pigeonnier du Chartron.
Photo B.T./OTL

Le circuit de la chapelle Saint-Sernin

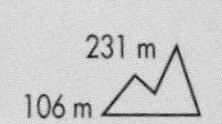

Sur le chemin de Saint-Jacques-de-Compostelle, vous vous promènerez dans les bois de chênes et découvrirez la chapelle de Saint-Sernin-du-Bosc, le magnifique site de la Combe du Miel et le pigeonnier du Chartron.

Chêne pédonculé. *Dessin N.L.*

2h45
11 Km

231 m
106 m

Situation Lauzerte, à 36 km au Nord-Ouest de Montauban par les D 927 et D 2

Parking église des Carmes

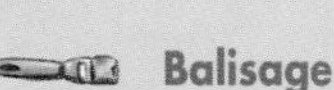

Balisage

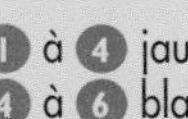

1 à 4 jaune
4 à 6 blanc-rouge

6 à 1 jaune

Ne pas oublier

1 Emprunter à gauche la route au-dessus de l'église des Carmes sur 50 m, puis s'engager à droite sur le chemin de terre qui descend dans la vallée. Couper la D 958 et prendre la D 34 en face vers Cazes-Mondenard sur 850 m.

2 Obliquer à droite vers Germa. Le contourner par la gauche, puis monter sur le plateau. Couper une route *(vue sur la vallée de la Barguelone)*. et poursuivre tout droit sur 1 km, par le chemin qui passe près d'anciennes carrières puis descend. A la première ferme, continuer par la route sur 500 m.

3 Avant une nouvelle ferme, s'engager à droite sur un chemin rectiligne. Aller tout droit par la route, sur 50 m, puis filer tout droit sur 500 m, par un chemin à niveau.

4 Avant la ferme de Parry, prendre le sentier à droite. Il conduit dans le vallon verdoyant de la Combe du Miel, où se nichent la chapelle de Saint-Sernin-du-Bosc et son cimetière. De la chapelle, monter vers le plateau. Au lieu-dit Chartron *(bâtisse ancienne et pigeonnier sur colonnes)*, emprunter la route à gauche sur 500 m.

5 Au croisement de routes, s'engager sur le sentier qui descend à droite à travers bois. Longer une retenue d'eau et prendre la D 81 à gauche. Franchir le pont sur le Lendou, puis suivre la D 953 à gauche sur 50 m. Monter à droite au croisement, puis grimper à droite, par un sentier assez raide et atteindre le cimetière. Le longer à droite.

6 Bifurquer à droite et rejoindre l'église des Carmes.

À voir

En chemin

■ Lauzerte : ancienne sénéchaussée, église des Carmes, église Saint-Barthélémy, place des Couverts, maisons 13e-15e ■ chapelle de Saint-Sernin-du-Bosc ■ pigeonnier du Chartron

Dans la région

■ Cazes-Mondenard : ruines du château de Mondenard ■ Lagarde-en-Calvère : vestiges d'un ancien prieuré de l'abbaye de Moissac

Le Pays de Serre

Cette région est formée de plateaux allongés entre vallées orientées nord-est–sud-est. Des ravins entaillent le plateau en donnant à celui-ci un découpage en forme de dents de scie, d'où le nom de « Serre » (nom de la scie en Occitan). Sur le plateau, de nombreux affleurements de calcaire donnent une autre appellation : « Quercy Blanc ». Les plateaux, parfois arides, sont colonisés par le chêne et, en sous-bois, par les genévriers, les noisetiers et les buis. A flanc de coteau jaillissent de nombreuses sources. Dans les zones où le calcaire s'est infiltré, on exploite le chêne truffier sur les racines duquel se développe la truffe noire. Les sols de la vallée sont fertiles ; outre les prairies, on y cultive les céréales, le maïs, le tournesol et le soja. Les versants ouest conviennent aux cultures fruitières, du prunier et notamment du prunier d'ente qui donne le pruneau d'Agen.

Tournesols. *Photo B.P.*

Circuit des Buis et des Fontaines Fiche pratique 45

4h30
18 Km

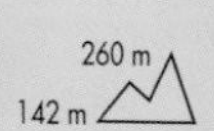

La petite balade comme le grand circuit empruntent de superbes chemins bordés de buis. Les points d'eau sont nombreux. Les sources ont été captées dans des constructions en pierre s'accompagnant de lavoirs.

Situation Touffailles, à 46 km au Nord-Ouest de Montauban par les D 927, D 2, D 953 et D 73

Parking place de la Mairie

Balisage jaune

Ne pas oublier

1 Dans le village, prendre la rue qui monte, puis obliquer à gauche. Emprunter la route à droite sur 200 m.

2 S'engager à gauche sur le chemin qui monte à Lourtal. Traverser la route en direction de La Tuque-de-Saint-Gervais, puis suivre à gauche le chemin blanc en allant toujours à gauche. Gagner un carrefour de deux routes.

► Variante *(circuit de 7 km)* : prendre le chemin blanc à gauche, la route à droite, le sentier bordé de haies à gauche, la route à gauche, à droite puis à gauche, pour rejoindre le repère **9** *(voir tracé en tirets sur la carte)*.

3 Tourner à droite.

4 A La Cadarnière, aller à gauche. Emprunter la route à gauche sur 50 m, puis le chemin à droite. Il conduit à Lapeyrouse. Continuer vers Roc-del-Bosc.

5 A la bifurcation, prendre le chemin à droite et franchir le ruisseau. Partir à gauche pour le longer, puis le repasser à gauche et continuer à longer le vallon d'Aurignac. Emprunter la route à gauche sur 1,5 km, le long du vallon de Moisseguel.

6 S'engager sur le deuxième chemin à droite. Il monte aux ruines de Lastours, puis oblique au Sud-Est. Bifurquer à gauche, couper une route et passer Fouyssines. Prendre la route à droite sur 300 m, puis se diriger à gauche vers Roudayrou.

7 Dans le virage, suivre le chemin à gauche. A la croisée des chemins, descendre tout droit et franchir le ruisseau de Bordemoulis. Le chemin remonte à gauche. Aller à droite sur 400 m, puis obliquer à gauche. Emprunter la route à gauche sur 1 km.

8 S'engager à gauche sur un sentier, puis prendre la route à droite. Passer le réservoir et rejoindre une route.

9 Aller en face. Le sentier ramène au village.

À voir

En chemin

- site du château de Moissaguel (qui connut ses heures de gloire pendant la guerre de Cent Ans)
- fontaines, lavoirs et chapelles

Dans la région

- Lauzerte : ancienne sénéchaussée, église des Carmes, église Saint-Barthélémy, place des Couverts, maisons 13e-15e
- Lacour : église 12e-16e
- Saint-Etienne-de-Castanède : église base romane
- Touffailles : château 15e-17e, ruines du château de Massaguel

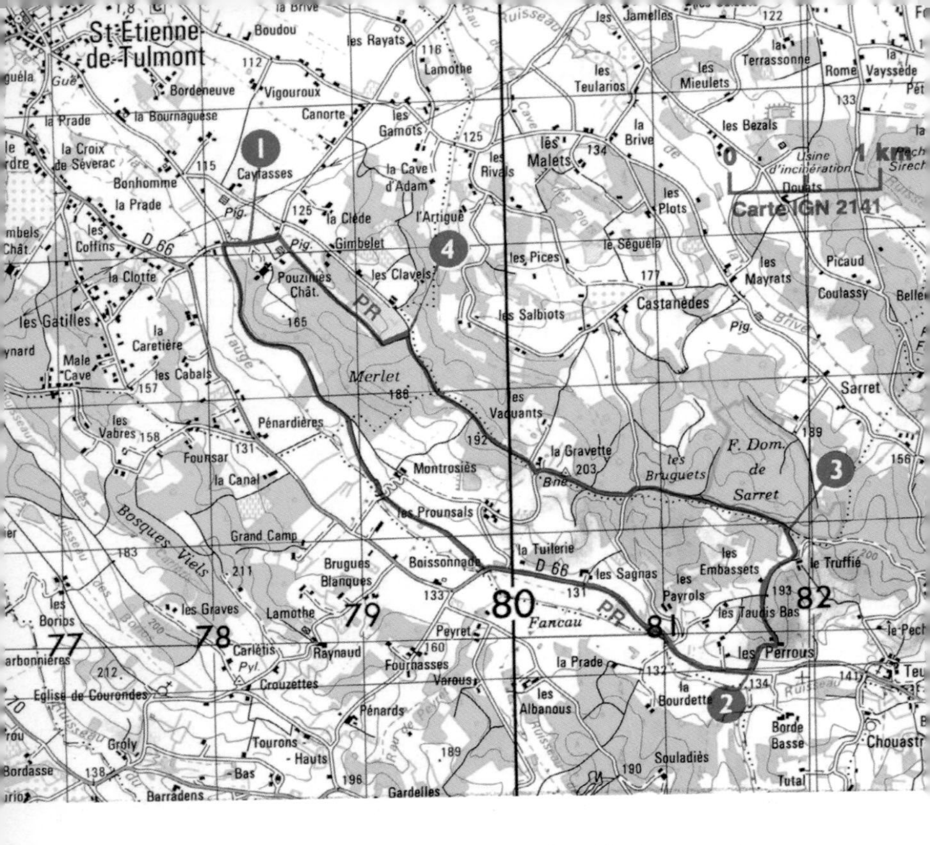

Saint-Etienne-de-Tulmont

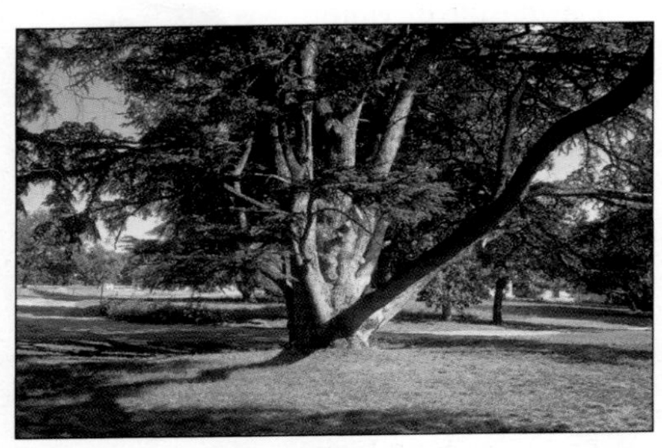
Cèdre, à l'entrée du parc. *Photo B.P.*

Saint-Etienne-de-Tulmont fait partie d'un curieux groupe de bastides fondées dans les années 1270 par le vicomte Bertrand de Bruniquel. Motivé sans doute par des raisons économiques, il créa en fait des paires de bastides. Le temps ayant fait son œuvre, assez rapidement du reste, un seul village de chaque couple survécut. Saint-Etienne eut raison de Tauge, trop proche, dont seul le toponyme demeure aujourd'hui. Quant à «Tulmont», ce nom désignait au Moyen Age la «gigantesque forêt» qui s'étendait des gorges de l'Aveyron jusqu'au confluent du Tarn et de l'Aveyron. Défrichée aux 12e et 13e siècles, elle subsiste encore sur de vastes parcelles boisées, riches d'une flore variée allant du chêne majestueux au cèpe parfumé.

Circuit de Pouziniès

Fiche pratique 46

2h45
11 Km

218 m
117 m

Situation Saint-Etienne de Tulmont, à 7 km au Nord-Est de Montauban par la D 115

Parking parking du C.A.T (à 2 km au Sud-Est du bourg)

Balisage jaune

Difficulté particulière

- traversée d'un domaine privé (pique-nique, feu et cueillette interdits)

Ne pas oublier

1 h 30 — 1 h

À voir

En chemin

- forêt domaniale de Sarret

Dans la région

- Montauban : ancienne bastide, musée Ingres, pont Vieux 14e, église fortifiée Saint-Jacques, cathédrale Notre-Dame
- Montricoux : donjon carré 13e, maisons à colombages, musée Marcel Lenoir
- gorges de l'Aveyron
- Bioule : château 14e-16e

Au départ d'un centre équestre, partez pour une petite balade en pleine nature, riche d'une flore variée, à travers les champs cultivés et la forêt domaniale composée de chênes majestueux, de pins et de châtaigniers.

1 Face au château de Pouziniès, prendre la route à droite, puis à gauche le petit chemin de terre qui longe le domaine en lisière du bois. Continuer à travers champs jusqu'à une maison. La laisser sur la droite. Poursuivre par la D 66 à gauche sur 2 km jusqu'au lieu-dit Les Perrous (inscription sur containers).

2 S'engager à gauche sur le chemin empierré qui devient un sentier en sous-bois. Il gagne une clairière. Longer la ferme du Truffié (chevaux) et parcourir la prairie jusqu'au chemin qui traverse la forêt domaniale de Sarret *(forêt de 50 hectares composée de chênes, pins, châtaigniers...).*

3 L'emprunter à gauche. Au carrefour, continuer tout droit sur la route et arriver à La Gravette. Poursuivre sur le chemin empierré à travers les bois de chênes.

4 A la lisière du bois, tourner à gauche et franchir le portillon pour entrer dans un domaine privé.

► Sur toute la traversée du domaine privé : camping, pique-nique, feux et cueillettes interdits.

Aller jusqu'au bassin, puis virer à droite et prendre le chemin de terre bordé de peupliers qui descend au domaine de Pouziniès. Retrouver le parking.

Ecureuil roux. *Dessin P.R.*

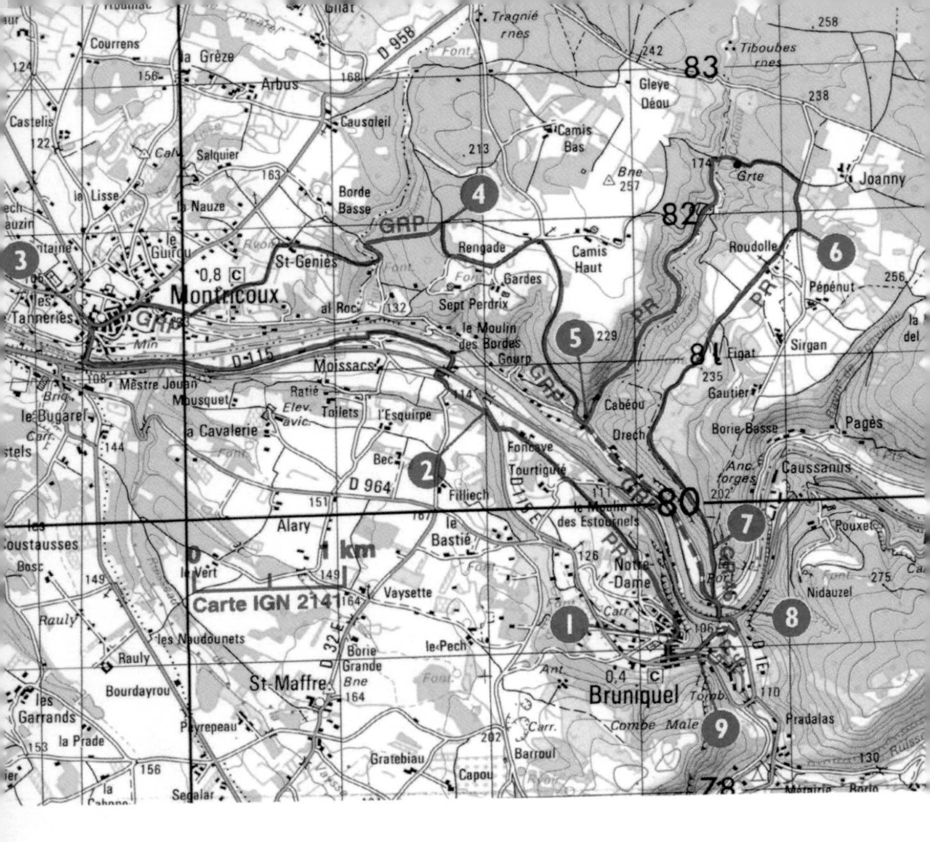

Le village aux deux châteaux

Point de départ de cette promenade, Bruniquel, le village aux deux châteaux, conserve le souvenir de Romy Schneider et de Philippe Noiret, qui tournèrent ici certaines scènes – les plus dures – du film *Le vieux fusil* de Robert Enrico. Mais c'est avant tout un site d'une grande beauté, où le charme médiéval des petites rues répond à la taille des châteaux posés sur le bord même d'une admirable et vertigineuse falaise de 90 mètres. Plus bas, au-dessus des berges de l'Aveyron, quatre abris sous roche, lieux d'habitats préhistoriques datant de plus de 10 000 ans avant J.-C., ont révélé de très beaux objets d'art paléolithique. Le village, mis en valeur par les habitants et la municipalité, a déjà été couronné comme l'un des « plus beaux villages de France ».

La tour de l'Horloge, à Bruniquel. *Photo B.P.*

Entre Bruniquel et Montricoux

Aller et retour en surplomb au-dessus des berges de l'Aveyron entre deux villages médiévaux, pour découvrir un vallon ombragé et sauvage, où un ruisseau a sculpté dans la calcite son petit lit.

1 Monter au château, partir à gauche et traverser jardin et parc. Prendre le sentier au bord de la vallée, puis le chemin carrossable à droite et descendre. Couper la route et continuer tout droit. Emprunter la D 115E à droite.

2 S'engager sur le premier chemin à gauche. Descendre sur la route à droite vers le tunnel. Passer ce tunnel, et retrouver la rive de l'Aveyron. Continuer à gauche vers le Moulin des Bordes. Poursuivre le chemin ombragé jusqu'au pont de Montricoux, puis franchir le pont à droite et entrer dans Montricoux.

3 Emprunter la rue principale, puis la D 958 vers Saint-Antonin sur 50 m. A la croix, prendre la route à droite, puis un chemin goudronné à gauche. Tourner à droite vers la ferme Saint-Geniès. Traverser la cour (passage privé). S'engager en face sur le chemin herbeux qui descend. A la fontaine d'Embarre, tourner à gauche, puis, au croisement, à droite et monter vers le plateau.

4 Prendre à droite le chemin carrossable, puis la route à gauche. Au transformateur, partir à droite, puis descendre vers Cabéou sur la route qui longe l'Aveyron.

► Variante : continuer par la route pour rejoindre le repère **8** *(balisage jaune-rouge)*.

5 Partir à gauche. Le sentier remonte le vallon sur 4 km, en franchissant deux fois le cours d'eau. Descendre à droite le large chemin caillouteux jusqu'au lavoir, puis monter sur la falaise. Continuer, puis emprunter la route à droite sur 500 m.

6 Prendre le chemin à droite, passer un calvaire puis les fermes de Roudolle et de Figat. Poursuivre sur le chemin plus étroit qui débouche dans la vallée. Partir à gauche et gagner une intersection.

7 Dévaler la pente à droite.

8 Aller tout droit, franchir l'Aveyron, puis la Vère et arriver au lavoir.

9 Monter au village et retrouver le parking.

Fiche pratique 47

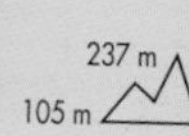

Situation Bruniquel, à 28 km à l'Est de Montauban par la D 115

Parking promenade du Ravelin

Balisage

1 à **3** jaune
3 à **5** jaune-rouge
5 à **7** jaune
7 à **9** jaune-rouge
9 à **1** jaune

Difficulté particulière

■ chemin du Cabéou inondé par fortes pluies entre **5** et **6**

Ne pas oublier

À voir

En chemin

■ Bruniquel : bourg pittoresque, châteaux (« castel biel » 13e-19e et « castel djoubé » 15e-18e), vestiges de l'enceinte ■ Montricoux : donjon carré 13e, maisons à colombages, musée Marcel Lenoir ■ lavoir

Dans la région

■ gorges de l'Aveyron ■ forêt domaniale de la Grésigne ■ Puycelci : remparts ■ Penne : château-fort ruiné

Saint-Antonin-Noble-Val

Située aux confins du Quercy, du Rouergue et de l'Albigeois, Saint-Antonin est une des plus vieilles cités de la région, un véritable musée à ciel ouvert, qui retrace sept siècles d'architecture. Ses vieilles demeures enchevêtrées le long de ruelles étroites, son beffroi, un des plus beaux de France, restauré par Viollet Le Duc, sa halle, sont autant de vestiges moyenâgeux qui méritent une visite. Au sud, les hautes falaises blanches du roc d'Anglars, au nord-est le roc Deymié, et à l'ouest la colline de Pech-Dax, autant de sommets traversés par des sentiers dominant Saint-Antonin et qui donnent un aperçu sur la vieille ville et les vallées verdoyantes de l'Aveyron et de la Bonnette.

Champ de coquelicots dans la vallée de la Bonnette.
Photo B.P.

Le circuit de Brousses

aucon pèlerin.
Dessin P.R.

Ce circuit emprunte l'ancien chemin d'accès aux villages de Vielfour et de Brousses par le plateau. Vous rencontrerez des sources, des pigeonniers et des maisons restaurées.

1 Prendre la D 19, à gauche du tunnel sur 50 m, puis tourner à droite et passer au-dessus du tunnel. Parcourir 150 m, puis s'engager sur le sentier à gauche. Il grimpe et passe à côté de la Vierge *(point de vue sur la vieille ville)*. Emprunter la route à droite et atteindre un croisement.

► Accès au point de vue d'Anglars, en montant à gauche sur le plateau *(5 km aller-retour)*.

2 Bifurquer à droite et suivre la route jusqu'à l'entrée d'une chasse privée.

3 Au niveau du croisement, s'engager sur le sentier à gauche. Il longe une route, puis croise trois sentiers, dont le dernier est à hauteur d'une maison en pierre sur la gauche. Continuer sur un chemin carrossable qui, après quelques lacets, rejoint la D 115b.

4 Gagner Brousses. Au milieu du village, tourner à gauche entre les maisons et rejoindre au Sud la D 115b. La suivre à gauche.

5 Emprunter à gauche la D 115 et s'engager sous le tunnel vers Saint-Antonin en restant sur le trottoir étroit *(prudence)*. A la sortie, s'engager à droite sur le sentier qui monte sur 50 m et atteint une bifurcation.

► Variante par le haut : gravir l'escalier de Cristal *(passage un peu aérien, main courante)*, tourner à gauche et suivre la route touristique, puis descendre à Vielfour, au repère **7**.

6 Suivre le sentier ombragé et escarpé qui surplombe l'Aveyron et rejoint Vielfour.

7 Traverser le hameau, puis monter sur le plateau par un sentier. Le parcourir sur 1 km.

8 Au niveau de la ferme de Petit-Jean, descendre. Couper la D 115 et emprunter à droite la route en contre-bas qui ramène au parking.

341 m
123 m

Situation Saint-Antonin-Noble-Val, à 52 km au Nord-Est de Montauban par la D 115

Parking allée des platanes (rive gauche de l'Aveyron)

Balisage
- 1 à 4 jaune
- 4 à 5 blanc-rouge
- 5 à 7 jaune
- 7 à 1 blanc-rouge

Difficultés particulières

■ tunnel le long de la D 115 entre 5 et 6 ■ passage aérien à l'escalier de Cristal au début de la variante

Ne pas oublier

À voir

En chemin

■ source ■ lavoir, pigeonnier ■ maison à colombages ■ point de vue sur le cirque de Bône

Dans la région

■ Saint-Antonin-Noble-Val : ancien hôtel de ville 12e, quartier médiéval ■ gorges de l'Aveyron ■ vallée de la Bonnette ■ Caylus : ruines du château-fort 14e, halles, église fortifiée

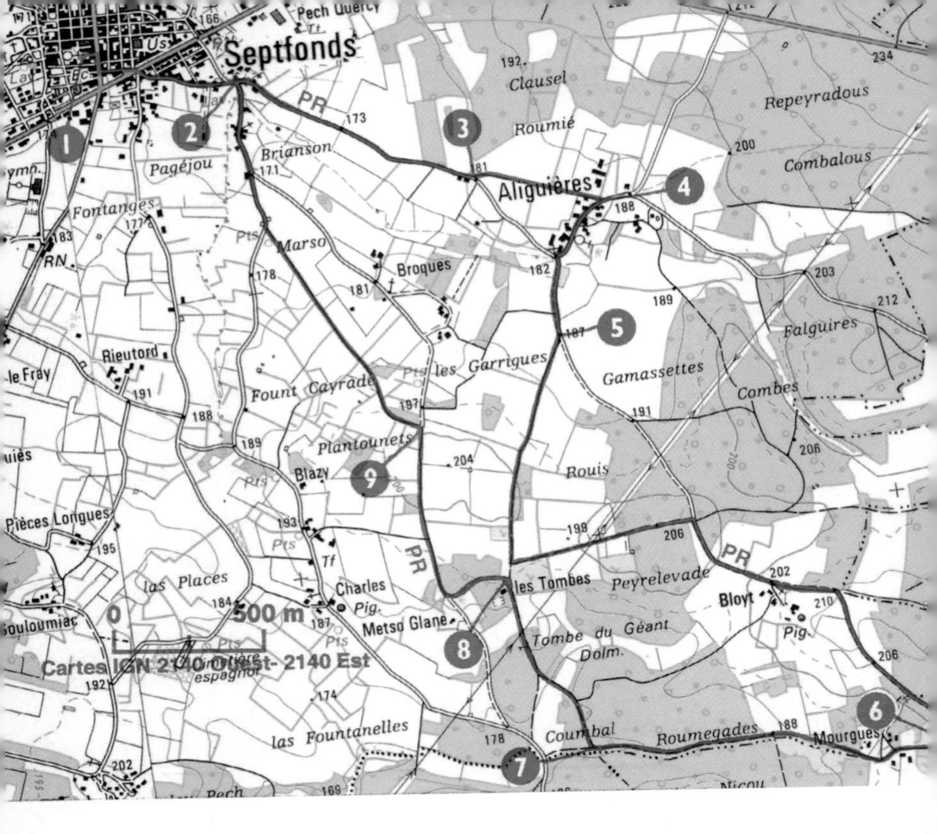

Septfonds

Faisant partie du patrimoine historique de cette balade, la Tombe du Géant, dolmen en parfait état datant du deuxième millénaire avant notre ère, fait partie des quinze dolmens répertoriés sur la commune de Septfonds. Bastide exemplaire de l'administration royale en 1271, Septfonds, dont le nom viendrait des sept fontaines alimentant les ruisseaux du Daudou et des Alliguières, a vu sa population tripler à la fin du 19e siècle. Près de deux mille ouvriers, pour l'essentiel des femmes, travaillaient dans une trentaine de fabriques de chapeaux. En l'an 2000, les chapeliers de Septfonds, associés à ceux de Causade, un village voisin, expédient toujours leurs créations dans toute la France et exportent dans le monde entier.

Le dolmen de la Tombe du Géant. *Photo B.P.*

Circuit de la Tombe du Géant

Tout au long de cette randonnée, vous découvrirez un patrimoine local très ancien : pigeonnier, lavoir, dolmen, chemins bordés de murettes de pierres sèches derrière lesquelles commence la végétation du causse.

3 h
10 Km

206 m
166 m

Situation Septfonds, à 29 km au Nord-Est de Montauban par les N 20 et D 926

Parking terrain de pétanque

Balisage jaune

Difficulté particulière

- passage privé à Mourgues

1 h 30 1 h

❶ Se diriger vers l'église. A la place de la Mairie, prendre à droite le cours Sadi-Carnot, puis la rue Victor-Hugo à gauche. Traverser la D 926 et emprunter à gauche le boulevard de la Fontaine.

❷ Au carrefour, continuer tout droit vers Aliguières sur 850 m.

❸ S'engager sur le chemin de terre à gauche, face à la maison en pierre restaurée.

❹ Dans le hameau, tourner à droite et se diriger vers Bloyt.

❺ Prendre à droite un chemin de terre sur 750 m. Au milieu des champs, avant la maison, virer à gauche et continuer sur 600 m. Emprunter la route à droite et gagner Bloyt *(deux pigeonniers)*. Au petit calvaire en pierre, poursuivre par le chemin entre terre et buis, puis mieux marqué sur 750 m.

❻ Partir sur le deuxième chemin à droite vers Mourgues. Passer *discrètement* devant les maisons *(passage privé)* pour se faufiler sur un petit sentier bordé de murettes et d'arbres *(à l'intersection avec le chemin de Doumerc-à-Bloyt, vue sur le pigeonnier de Bloyt)*. Le sentier s'encaisse dans le bois. A gauche, il est jalonné de murettes.

❼ Au panneau *les 3 communes*, tourner à droite. Laisser le chemin de Bloyt-à-Caussade pour descendre, puis remonter vers la Tombe du Géant. Poursuivre sur 200 m.

❽ A la petite maison, prendre à gauche le chemin bordé d'une murette. A l'intersection, aller à droite et continuer par le chemin au milieu des champs, sur 650 m.

❾ Ne pas descendre vers la ferme de Broques, mais partir à gauche dans les bois. Après un virage et des ruines, emprunter la route à droite qui ramène au carrefour.

❷ Par l'itinéraire emprunté à l'aller, retrouver le parking.

À voir

En chemin

- maisons du Quercy
- lavoir
- Bloyt : deux pigeonniers
- pompe à chapelets
- Tombe du Géant: dolmen (sépulture collective de 2500 à 1700 avant J.-C.)

Dans la région

- Caussade : église (clocher octogonal en brique rose), quartier ancien
- gorges de l'Aveyron

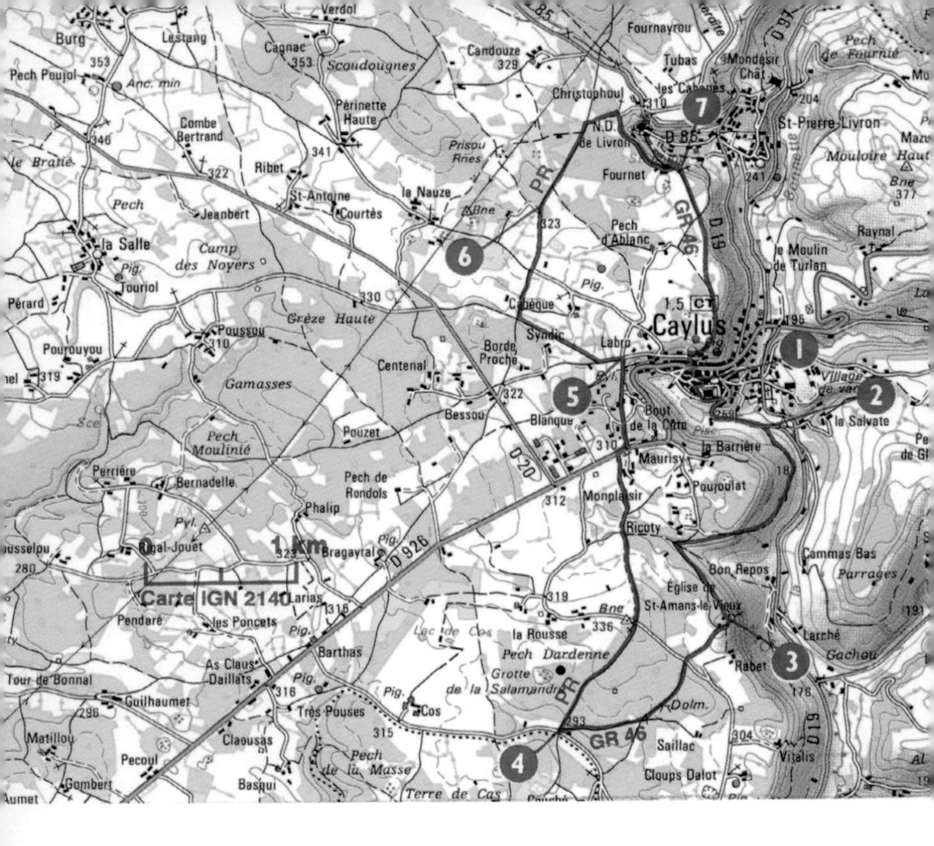

Caylus

Le sentier GR® 46 serpente en Quercy, sur le causse de Limogne, bordé par la vallée de la Bonnette. Pelouses sèches à orchidées, bois de chênes pubescents et de genévriers, petit patrimoine vernaculaire, composent son paysage. Sur la rive opposée, c'est le Terrefort, le début du Rouergue. Là, le paysage change : bocages et vallons verdoyants s'opposent à l'aridité du causse. Trait d'union ente ces deux pays, la vallée de la Bonnette alimentait vingt-huit moulins à eau jusqu'au début du 20e siècle. Placé au cœur de cette vallée, perché sur son éperon rocheux, le village médiéval de Caylus a longtemps régné sur cette zone frontalière. Son patrimoine architectural remarquable (église, château, halles, maisons) rappelle sa magnificence passée.

La maison des Loups. *Photo B.P.*

La Côte gelée et le Pech d'Abland

Fiche pratique **50**

3h
11 Km

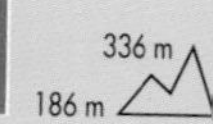

Ce circuit autour de Caylus est riche en patrimoine historique. Ancienne voie romaine, croix de pierre, dolmen, grotte, autant de vestiges qui agrémenteront votre balade dans une nature variée.

Orchis pyramidal.
Dessin N.L.

Situation Caylus, à 44 km au Nord-Est de Montauban par les N 20 et D 926

Parking place de la Halle

Balisage

1 à 4 blanc-rouge
4 à 7 jaune
7 à 1 blanc-rouge

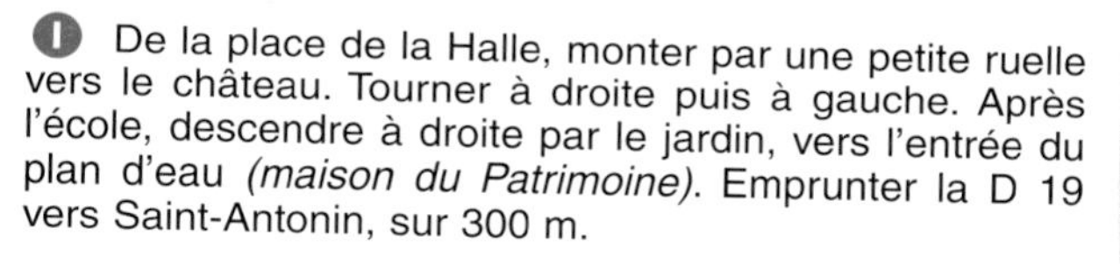

1 De la place de la Halle, monter par une petite ruelle vers le château. Tourner à droite puis à gauche. Après l'école, descendre à droite par le jardin, vers l'entrée du plan d'eau *(maison du Patrimoine)*. Emprunter la D 19 vers Saint-Antonin, sur 300 m.

2 S'engager sur le sentier qui monte à droite. Passer devant une maison en ruine. Au croisement, aller à gauche, puis prendre à gauche le sentier qui monte en pente douce. A la fourche, bifurquer à gauche sur le sentier qui conduit à la chapelle de Saint-Amans-le-Vieux.

3 Suivre le sentier à gauche qui, par une boucle, ramène un peu plus loin sur un chemin carrossable. Couper la route et continuer sur le chemin en face. Etroit au début, il s'élargit peu à peu. Au niveau d'une croix posée sur la dalle d'un dolmen, le sentier oblique à droite.

4 Au transformateur, virer à droite sur un chemin carrossable qui parcourt le plateau. Couper la route et poursuivre tout droit. Emprunter la D 926 à droite sur 100 m, puis aller à gauche sur 600 m *(à droite, croix en bois et point de vue sur Caylus)*.

5 Se diriger à gauche sur 300 m, bifurquer à droite et gagner une croisée de chemins. Tourner à droite et continuer au Nord. Le chemin devient carrossable sur 300 m.

6 Aller à droite, par une voie rectiligne, sur 800 m. A la fourche, bifurquer à droite. A la croix, prendre la route à droite. Passer la ferme de Fournet et arriver à une croix.

► Accès au sanctuaire de Notre-Dame-de-Livron (grotte) situé à 300 m, en descendant à gauche *(balisage blanc-rouge)*.

7 Aller à droite. Le chemin longe la crête. Dévaler un raidillon herbeux, puis retrouver Caylus.

Ne pas oublier

2 h

À voir

En chemin

■ Caylus : halles, église fortifiée, maison du Patrimoine ■ chapelle de Saint-Amans-le-Vieux ■ dolmen ■ sanctuaire et grotte de Notre-Dame-de-Livron

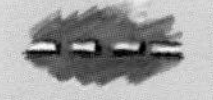

Dans la région

■ Lacapelle-Livron : ancienne commanderie de l'ordre de Malte ■ Loze : église fortifiée 15e ■ château de Saint-Projet ■ château de Cas

1500 kilomètres de parcours
à la rencontre des paysages tarnais

50 sentiers d'intérêt départemental en boucle choisis chacun pour leur attrait paysager et leur spécificité géographique (présentés dans le guide «Le Tarn à pied» Editions FFRP)

12 itinéraires linéaires (GR, GR de pays...) véritables traverses paysagères

42 kilomètres de Voie Verte entre Albi et Castres (ancienne voie ferrée)

TARN CONSEIL GENERAL

FFRandonnée Comité départemental Tarn

Le Tarn éclats de

Photos Donatien Rousseau

EDITO

Découvrir le Tarn...

Ici, quelques kilomètres suffisent pour changer d'univers...

Du vignoble gaillacois aux chênaies de Grésigne, des sommets des Monts de Lacaune aux coteaux du pays de Cocagne, des rocs du Sidobre aux hêtraies de la Montagne Noire, le Tarn présente l'assemblage subtil d'une mosaïque de paysages...

Les schistes, le granite, les grès ou le calcaire imprègnent les terroirs façonnés par les hommes -éleveurs, vignerons, forestiers ... Ils habillent fermes et châteaux, pigeonniers et bastides de ces pierres qui racontent une terre chargée d'histoire.

Les cours d'eau courent vers l'ouest rejoindre l'Atlantique mais le vent du Sud porte loin vers le Nord les effluves méditerranéennes.

Ici, chaudes ambiances de garrigues, pelouses caussenardes, là, brumes attardées au creux de profondes vallées ou sur les landes des sommets... Orchidées et fougères, rapaces et alouettes... L'empreinte d'un héron, la trace d'un grand cerf ...

Imprégnés de ruralité comme de tradition industrielle, les paysages tarnais portent en eux l'histoire plurielle des hommes.. Actifs et généreux, ils offrent mille richesses au détour de leurs chemins et ces horizons paisibles qui invitent à la sérénité, à l'affectivité indispensable à un rapport plus vrai à la nature... à l'émotion.

Thierry CARCENAC
Député du Tarn
Président du Conseil général

Jean-Marie FABRE
Président du Comité
Départemental du Tourisme

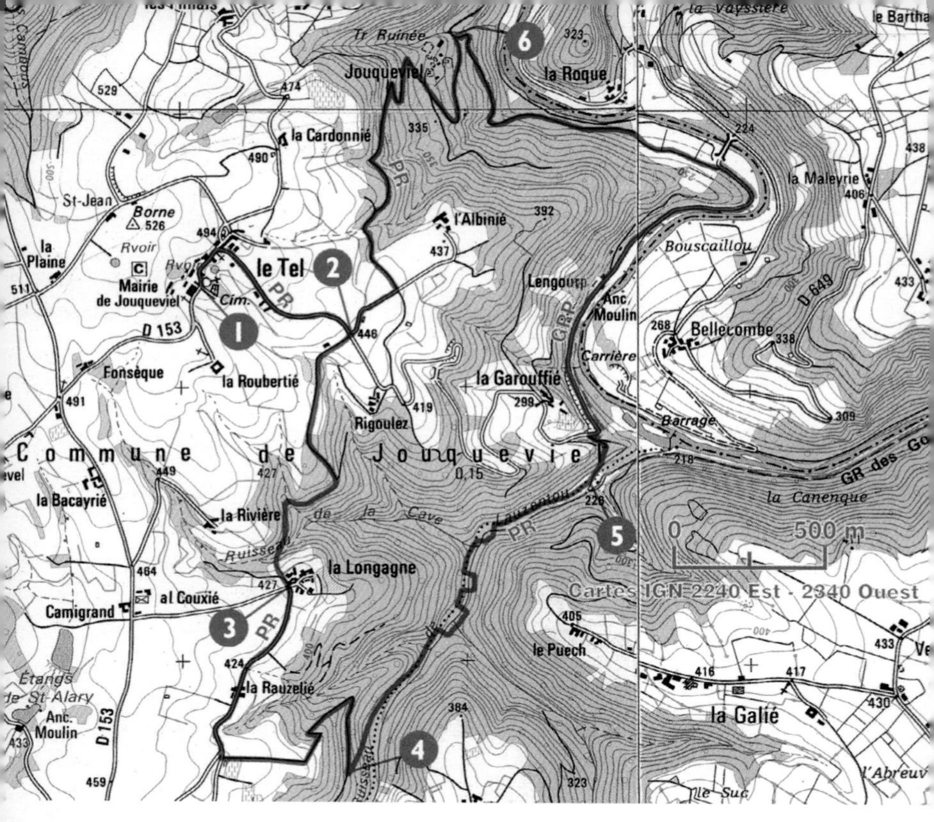

La vallée-conservatoire

Frontière sauvage creusée entre Albigeois et Rouergue, la vallée du Viaur constitue un vrai conservatoire naturel ; une flore et une faune riches profitent de ses espaces isolés entre de grands versants parfois escarpés. Ce paysage au caractère sauvage masque cependant un lieu chargé d'histoire ; les pierres des vieux ponts, tours, gués, moulins, racontent et témoignent d'une économie et de la vie des hommes dans la vallée. Aujourd'hui révolue, l'activité humaine la mieux adaptée fut celle des moulins à eau. Plusieurs d'entre eux sont encore présents aux abords de la rivière Viaur. Certains sont en ruines, d'autres sont devenus des résidences qui attestent de la richesse patrimoniale d'une vallée où chacun peut à loisirs observer, écouter, s'imprégner de nature et d'histoire.

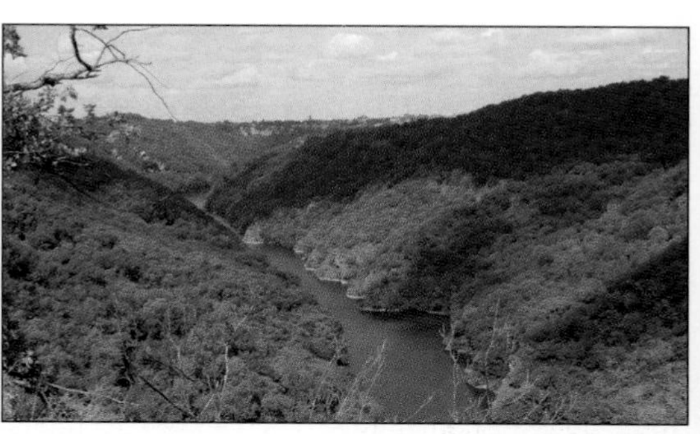

Vallée du Viaur. *Photo B.L./Comité 81.*

Jouqueviel-le-Tel

51

490 m
220 m

Situation Le Tel, à 17 km au Nord de Carmaux

Parking devant l'église du Tel

Balisage

1 à 5 jaune
5 à 6 jaune-rouge
5 à 1 jaune

Ne pas oublier

Truite fario. *Dessin P.R.*

« Il n'est pas en France de courant plus fidèle aux gneiss et aux micaschistes. Le Viaur tourne autour des promontoires de roches dures, caps hautains, rugueux, pittoresques... Vallon par l'étroitesse, gorge par la profondeur et souvent sa sauvagerie, sa vallée est partout à l'abri des vents... »

Onésime Reclus, géographe du XIXe siècle.

1 Devant l'église du Tel, prendre la D 153 à gauche. A la patte d'oie, tourner à droite en direction du site de Jouqueviel.

2 A la patte d'oie de Jouqueviel-le-Château, s'engager dans le chemin creux à droite. Passer la chicane. Suivre le chemin creux en face, en contrebas d'un large chemin.

3 A la Longagne, continuer tout droit sur le goudron. A l'intersection du Haut-Bosc, prendre le chemin de gauche au coin d'une grange. Longer le pré, le sentier s'enfonce dans la vallée jusqu au ruisseau du Lauzentou que l'on franchit.

4 Descendre le long du cours d'eau en passant les gués jusqu'à ce que la vallée s'élargisse.

5 Prendre à gauche un large chemin *(GR® de Pays des Gorges du Viaur)*. Tourner à droite sur le goudron. Longer le Viaur. Environ 40 m avant le pont, quitter la route pour le chemin à gauche. Monter tout droit.

6 A la patte d'oie, tourner à gauche. A l'intersection suivante, continuer tout droit. Puis au carrefour, poursuivre à gauche sur le même chemin. En haut de côte, bifurquer à gauche. Prendre la petite route à droite.

2 Regagner l'église du Tel par l'itinéraire pris à l'aller.

À voir

En chemin

- vue sur les ruines du château de Jouqueviel
- Jouqueviel : haut lieu de résistance lors de la seconde guerre mondiale
- découverte de la vallée sauvage du Viaur

Dans la région

- Tanus : viaduc du Viaur ferroviaire, église romane de Las Planques, fresque (17e siècle) ■ Pampelonne : ruines du château de Thuriès.
- Carmaux : musée du Verre
- Cap'Découverte, pôle multi-loisirs

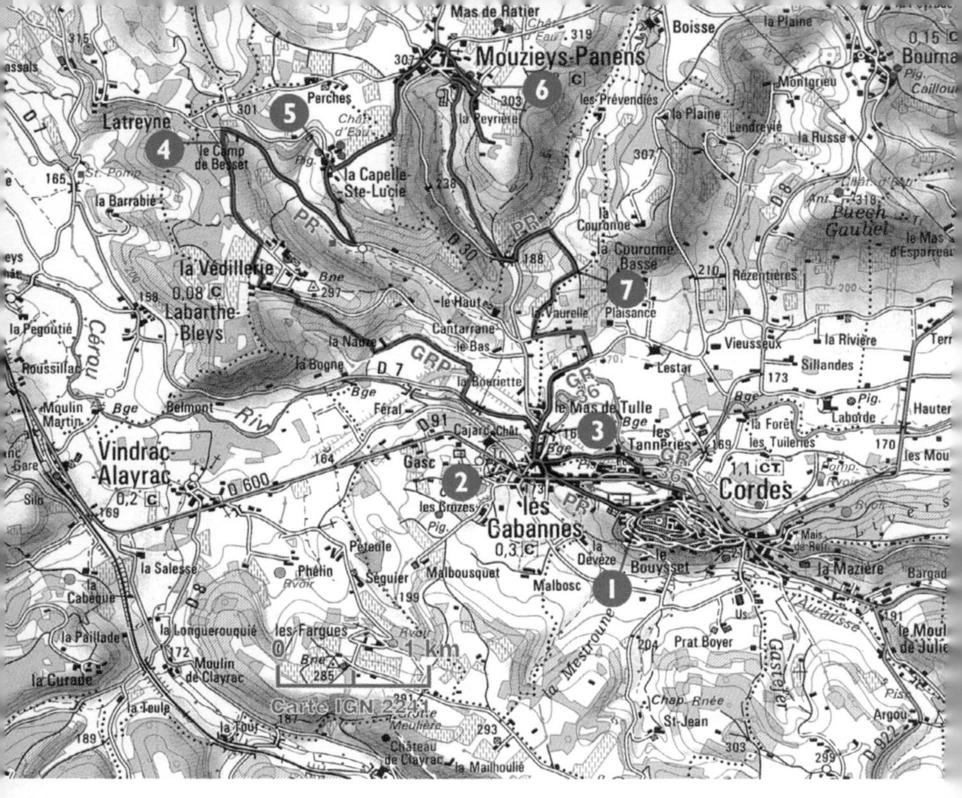

Trésor pour gastronomes

Ici, la variété de truffe que l'on trouve le plus fréquemment en est la reine, la *tuber mélanosporum*, « mélano » pour les habitués.
Un œil aiguisé va pouvoir repérer les sites susceptibles de fournir ce trésor, mais c'est avec un chien, un cochon ou… une mouche que les propriétaires de chênes truffiers pourront procéder à la récolte durant les mois d'hiver.
Cette dernière a beaucoup décliné au cours des dernières décennies, mais le dynamisme de quelques passionnés fait que de plus en plus d'arbres, ayant les racines « traitées » (mycorhizées), sont plantés pour le développement de ce mets précieux, recherché des gourmets.

Cordes-sur-Ciel. *Photo C.P./Comité 81.*

La Capelle-Sainte-Lucie

Fiche pratique 52

Dans le pays des bastides albigeoises, le sentier ondule entre vallons et plateau de calcaire dolomite, appelé localement le « garissou », roche longtemps exploitée par la population pour la construction de l'habitat.

1 Dos à la porte fortifiée des Ormeaux, prendre sur la droite, la rue Notre-Dame en direction du bas de la cité. Puis, emprunter à gauche la rue de La Peyrade, qui passe devant le cimetière et mène directement au village des Cabannes.

2 À la place Saint-Félix, emprunter le pont du Cérou à droite, et continuer sur 250 m environ.

3 Prendre à gauche la route D 7 qui longe la rivière, puis emprunter à droite un chemin à travers champs. Après la Nauze *(lieu-dit marqué par une ancienne ferme)*, monter à droite jusqu'au hameau de la Védillerie. Prendre le chemin à travers vignes pour rejoindre la route, et poursuivre à gauche sur 600 m environ.

4 Aller à droite sur le sentier bordé de murettes de pierres. Prendre la route qui descend dans le vallon jusqu'à l'église ruinée de Sainte-Lucie. Dos à l'église, prendre en face le petit chemin en direction de La Capelle-Sainte-Lucie.

5 Dans le village, prendre la route à droite. Au carrefour, continuer à droite jusqu'au centre du village de Mouzieys-Panens. Sur la place de la Chapelle, poursuivre tout droit en empruntant l'ancien chemin de ronde bordant le château.

► Après le château *(qui abrite la mairie)*, près du pigeonnier, possibilité de prendre, le chemin qui mène à un point de vue. Revenir ensuite sur ses pas *(cul de sac)*.

6 Rejoindre l'église, au bas du village, en suivant le chemin goudronné qui longe le lavoir. Au virage, prendre le chemin enherbé. Emprunter la route à gauche. Peu après, à l'intersection suivante, tourner à nouveau à gauche. Plus de 300 m plus loin, partir à droite et poursuivre sur le chemin entre les champs.

7 Au carrefour, emprunter le GR® 36 à droite pour retrouver les Cabannes.

3 Rejoindre le point de départ.

4 h
12,5 Km

315 m
162 m

Situation Cordes-sur-Ciel, à 22 km au Nord-Ouest d'Albi par la D 600.

Parking place Yves-Brayer

Balisage

1 à 2 jaune
2 à 3 blanc-rouge
3 à 4 jaune-rouge
4 à 7 jaune
7 à 1 blanc-rouge

Ne pas oublier

À voir

En chemin

■ Cordes-sur-Ciel : cité médiévale fortifiée du 13e, maisons gothiques du 13e et 14e, halle du 14e, chapelle de la Capelette, église Saint-Michel, musée Yves-Brayer, musée Portal ■ Les Cabannes ■ Mouzieys-Panens : château, église Saint-Michel ■ point de vue sur la bastide de Cordes-sur-Ciel et le pays cordais

Dans la région

■ Salles-sur-Cérou : village médiéval, église Saint-Sauveur, donjon
■ Monestiés : village médiéval, église Saint-Pierre, chapelle Saint-Jacques avec Mise au Tombeau, musée « Bajén – Vega » ■ Vallée du Cérou ■ Cap'Découverte, pôle multi loisirs

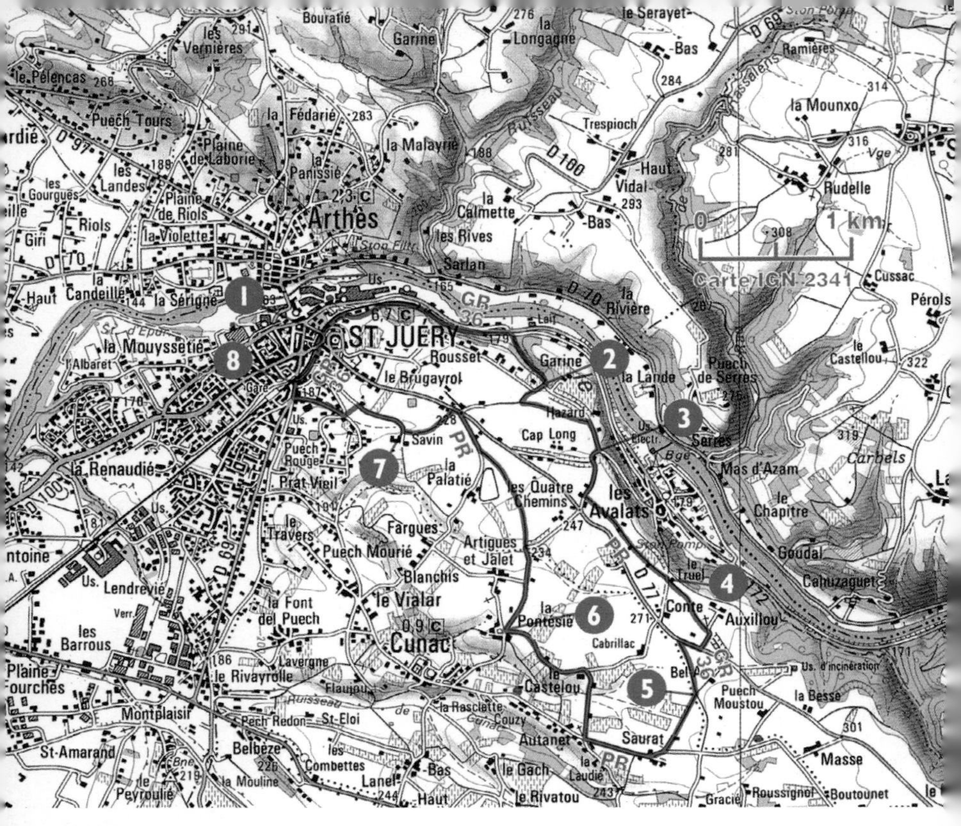

L'eau et l'industrie

Le Saut du Sabo. *Photo C.P./Comité 81.*

Au saut du Tarn, les dernières barres rocheuses de la vallée luttent contre les eaux tumultueuses du tarn. Ce duel de titans a toujours marqué les esprits ; mais l'esprit des hommes a su aussi le mettre à profit…

La légende raconte qu'un jeune Saint-Juérien allait voir sa promise à Arthès en sautant de rochers en rochers. La main perfide d'un Arthésien jaloux aurait semé des cailloux ronds sur ces rochers, et le jeune amoureux roula dans le précipice et se noya.

Très tôt, les chutes d'eau furent utilisées pour mouvoir divers moulins, puis des martinets à cuivre.

Plus tard, la découverte de mines de fer vers Alban et la proximité des mines de charbon de Carmaux vont entraîner la création d'usines pour la fonte du fer et la fabrication d'outils.

Les Chemins de Bellevue

Fiche pratique 53

Le Tarn achève ici sa rude traversée du massif ancien, il prend ses aises dans les tendres terrains d'Aquitaine. Les hauteurs du plateau de Cunac sont le témoin privilégié de ce moment charnière, où les terres du Ségala cèdent le pas à une large plaine ouverte dans les collines tarnaises.

1 Du parking *(panneau de départ)*, prendre le GR® 36, direction Les Avalats, Ambialet. Au croisement, franchir les petits ponts de chemin de fer, et continuer tout droit sur environ 1 km. Le chemin ombragé longe la D 172 par le haut. À la sortie, se diriger tout droit le long de la route.

2 Monter à droite sur un chemin de terre. À l'embranchement, au lieu-dit Rousset, prendre la route à droite sur 75 m. Au virage, continuer tout droit sur le chemin caillouteux. À l'intersection, bifurquer à gauche sur le sentier à travers près. A l'Hazard, s'engager sur la route à droite.

3 Au carrefour, aller à droite *(bien suivre le balisage jaune)*. Suivre la route sur 350 m environ, et emprunter le chemin herbeux à gauche.

4 Au calvaire, prendre la route à droite sur plus de 100 m, puis tourner à nouveau à droite pour longer une autre route *(prudence)*. Tourner à gauche sur le chemin.

5 A la patte d'oie, aller à droite, et continuer tout droit. Au calvaire, tourner à droite et longer le vignoble. Continuer tout droit. Emprunter le sentier caillouteux.

6 Au lieu-dit La Pontésié, prendre à droite. Au virage, emprunter le chemin de terre. Au carrefour, tourner à droite. Au panneau « cédez le passage », tourner à gauche *(route à grande circulation, prudence)*. Continuer sur près de 100 m. Prendre à gauche le chemin enherbé passant à travers champs.

7 A l'intersection, virer à droite sur le chemin goudronné pour gagner un lotissement. Descendre à gauche sur une allée bordée de chênes. Au carrefour, s'engager dans la rue Côte-des-Bries.

8 Devant la place Marie-Curie, prendre l'avenue Germain-Tequi. Tourner à droite pour regagner le parking de la Mairie par le GR® 36.

3 h
11 Km

277 m
187 m

Situation Saint-Juéry, à 5 km au Nord-Est d'Albi

Parking derrière la mairie (espace Jean-Lautier)

Balisage

1 à 3 blanc-rouge
3 à 4 jaune
4 à 5 blanc-rouge
5 à 8 jaune
8 à 1 blanc-rouge

À voir

En chemin

■ vue sur la vallée du Tarn ■ miellerie ■ Les Avalats

Dans la région

■ Saint-Juéry : musée du « Saut de Sabo » ■ Albi : ville d'Art et d'Histoire, cathédrale Sainte-Cécile, musée Toulouse-Lautrec, Pont Vieux, Palais de la Berbie ■ Cagnac-les-Mines : église Notre-Dame-de-la-Drêche ■ Cap'Découverte : pôle multi-loisirs

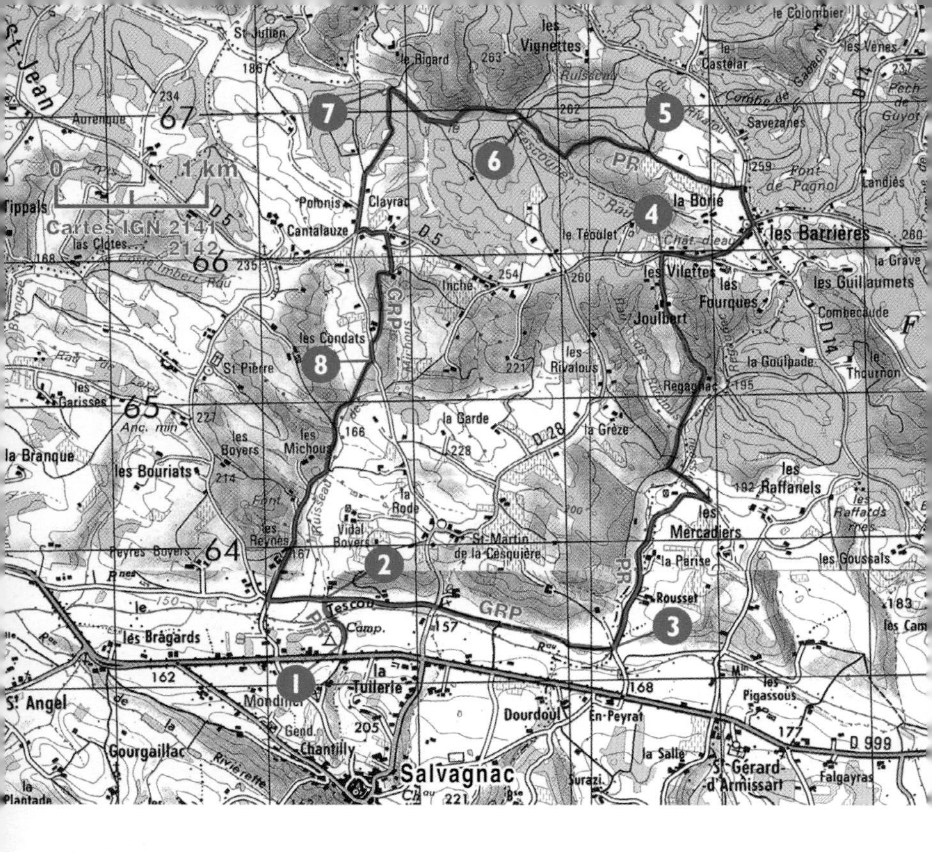

Du champ au fournil

Situé au cœur des Bastides Albigeoises, dans une région de collines et de coteaux ensoleillés, le Pays Salvagnacois offre aux randonneurs des paysages harmonieux alliant les bois aux espaces agricoles. Parmi les terres cultivées, la préférence est donnée aux céréales traditionnelles dont le blé. Implanté sur les coteaux du Tarn, il donne aux meuniers une farine pure permettant la fabrication du « meilleur morceau du pain », en occitan *Lo Cantèl* ; recette basée sur des pratiques artisanales donnant un pain tendre, croustillant à la mie crème et fondante.

Les gourmands pourront se régaler de ce pain, fruit du travail d'agriculteurs, meuniers et artisans boulangers ; l'image d'une simplicité retrouvée, tout simplement.

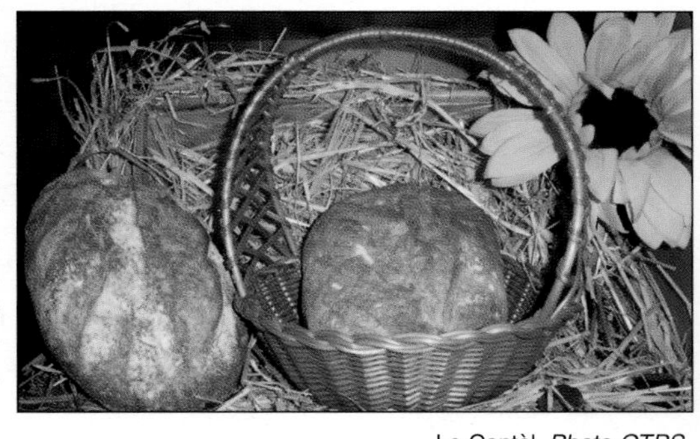

Lo Cantèl. *Photo OTPS.*

Les Hauts de Maladène

Fiche pratique 54

3 h 30
14 km

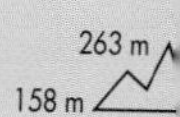

Situation Salvagnac, Les Sourigous, à 18 km à l'Ouest de Gaillac, D 999

Parking au camping

Balisage

1 à 2 jaune
2 à 3 jaune-rouge
3 à 7 jaune
7 à 2 jaune-rouge

Ne pas oublier

Quittant les rives du Tescou, les chemins épousent la courbe de lourdes collines dessinées de larges parcelles agricoles. Plus loin, ils côtoient les fermes de pierre et de terre cuite, entre vignes et bosquets ; plus haut, sur les hauteurs de Sivens, ils deviennent sentiers forestiers.

Blé.
Dessin N.L.

1 Longer les peupliers. A l'intersection, traverser la passerelle et continuer tout droit sur le chemin enherbé sur 150 m.

2 Tourner à droite sur la route. Au carrefour *(calvaire)*, continuer tout droit sur le chemin herbeux passant entre les champs.

3 Aller sur la route à gauche. Au lieu-dit La Tounario, prendre à droite, puis descendre à gauche sur le chemin de terre. A l'intersection, prendre à droite.

4 Emprunter la route à droite pour arriver aux Barrières. Après le château d'eau, tourner à gauche sur la route. Emprunter le chemin gravillonné à gauche.

5 Au croisement des chemins, prendre le sentier en sous-bois sur la gauche.

6 Au carrefour, continuer tout droit, puis tourner à gauche sur le sentier qui longe une peupleraie.

7 Tourner de nouveau à gauche. À l'intersection, monter tout droit. A la route, prendre à gauche sur 350 m environ. Bifurquer à gauche. Après le virage, descendre à droite en direction des « Camalets ». Tourner à droite et continuer tout droit. Obliquer à droite sur la route sur 50 m environ.

8 Descendre à nouveau à droite sur le chemin. Prendre la route à gauche. Au carrefour, tourner à gauche.

2 Prendre à droite pour rejoindre le point de départ.

À voir

En chemin

■ Salvagnac : église Notre-Dame, tours de l'ancien château du 15e ■ panorama ■ forêt de châtaigniers

Dans la région

■ Puycelsi : église (14e), fortifications (11e et 12e), maisons médiévales, verger conservatoire ■ Rabastens : église Notre-Dame-du-Bourg (13e et 14e), tour du Châpître, musée du Pays Rabastinois, maisons à colombages et hôtels particuliers ■ Lisle-sur-Tarn : bastide du 13e, portes fortifiees, musée Raymond Lafage ■ Gaillac : abbatiale Saint-Michel 13e, orgues historiques, château du 17e, musée des Beaux-Arts, Muséum d'histoire naturelle

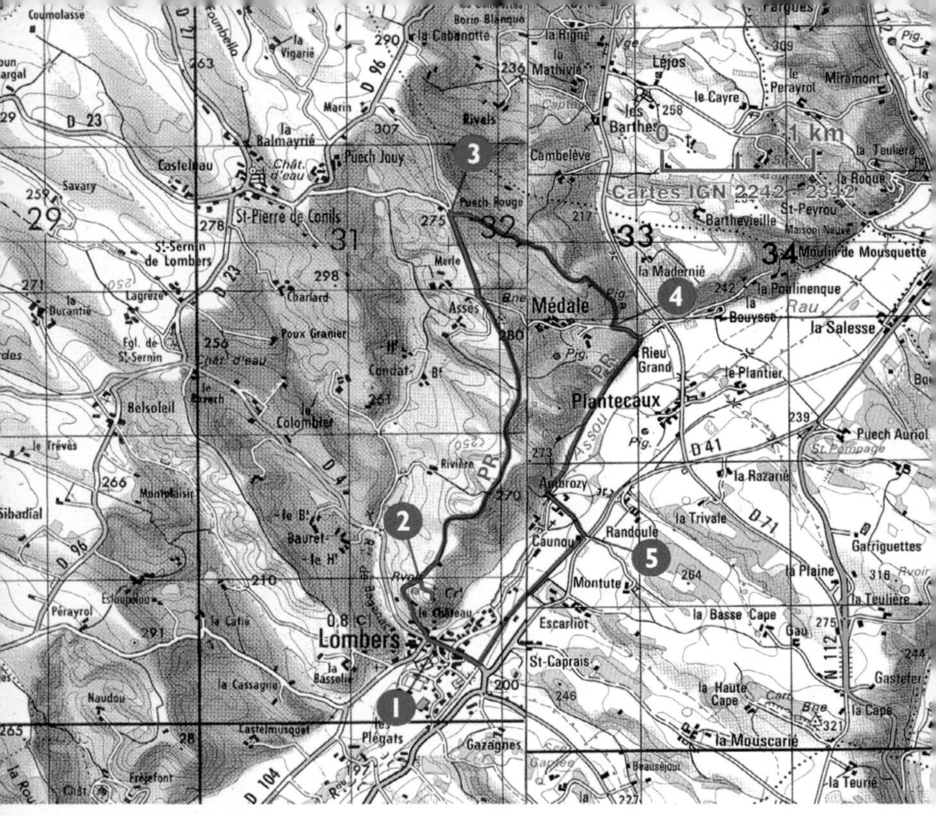

Que de pigeonniers !

Lombers. *Photo B.L./Comité 81.*

Dans le département du Tarn, on dénombre plus de 1 700 pigeonniers qui marquent fortement le paysage rural. À l'occasion de promenades, randonnées il n'est pas surprenant de découvrir au milieu de champs, dans des cours de fermes, des pigeonniers ronds, carrés, à arcades… Leur implantation était liée à la culture du pastel, du chanvre et de la vigne. Ils étaient également un support d'extériorisation de la richesse du propriétaire d'où la création de beaux ouvrages.

La commune de Lombers, traversée par une voie romaine, en compte plus de vingt représentant au moins trois types d'architecture. A vous de les découvrir ! L'écomusée du pigeon, situé sur la commune, devrait pouvoir vous aider dans cette recherche.

Le sentier des Romains

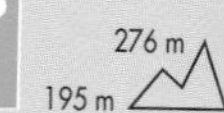

276 m
195 m

Situation Lombers, à 17 km au sud d'Albi par la N 112 puis la D 41

Parking place de la Mairie

Balisage jaune

Ne pas oublier

Au dessus de la plaine de l'Assou, les collines de Lombers dressent leur relief de cuestas (plateaux à double pente asymétrique) festonnées de buttes où se mêlent landes et pelouses méditerranéennes. A l'arrière, fermes, pigeonniers, cultures et bosquets habillent généreusement les coteaux creusés de combes et de vallons.

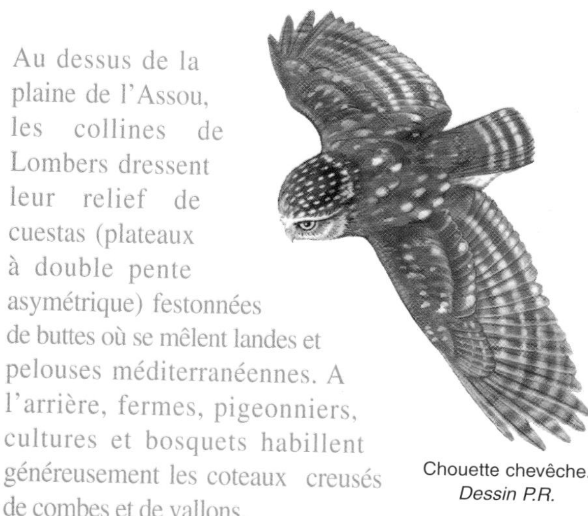

Chouette chevêche.
Dessin P.R.

1 De la place de la mairie, emprunter le pont au-dessus de l'Assou et s'engager dans la deuxième rue *(chemin de Corbin)* sur la droite. Monter au dessus du village. Après les dernières habitations, continuer sur 300 m environ.

2 Prendre sur la droite les escaliers qui mènent au belvédère *(où se dressait à l'époque gallo-romaine une puissante forteresse qui dominait le village)*. Revenir sur le chemin. Celui-ci monte progressivement (*vues sur un paysage de collines*). Suivre ce chemin principal en crête jusqu'à la première intersection goudronnée. Prendre la route en face sur 500 m environ.

3 S'engager sur le chemin de droite indiquant Puech-Rouge. Suivre ce dernier qui, au bout d'1 km, descend à travers champs pour passer à proximité d'un pigeonnier.

4 Prendre la route à gauche, puis à droite direction Rieu-Grand. Continuer jusqu'au moulin d'Ambrozy. Traverser le ruisseau et le hameau d'Ambrozy par la route qui mène vers la route départementale.

5 Juste avant la D 41, prendre la voie verte sur la droite *(ancienne voie de chemin de fer)*. Emprunter la route à droite pour revenir au village.

À voir

En chemin

- voie romaine
- pigeonnier
- moulin
- voie verte
- paysages de collines

Dans la région

- Bastide de Réalmont : place centrale entourée de couverts, église Notre-Dame-du-Taur
- Lac de la Bancalié
- Lautrec : collégiale Saint-Rémy (15e), halles(13e), puits, porte de Caussade (12e), moulin à vent de la Salette

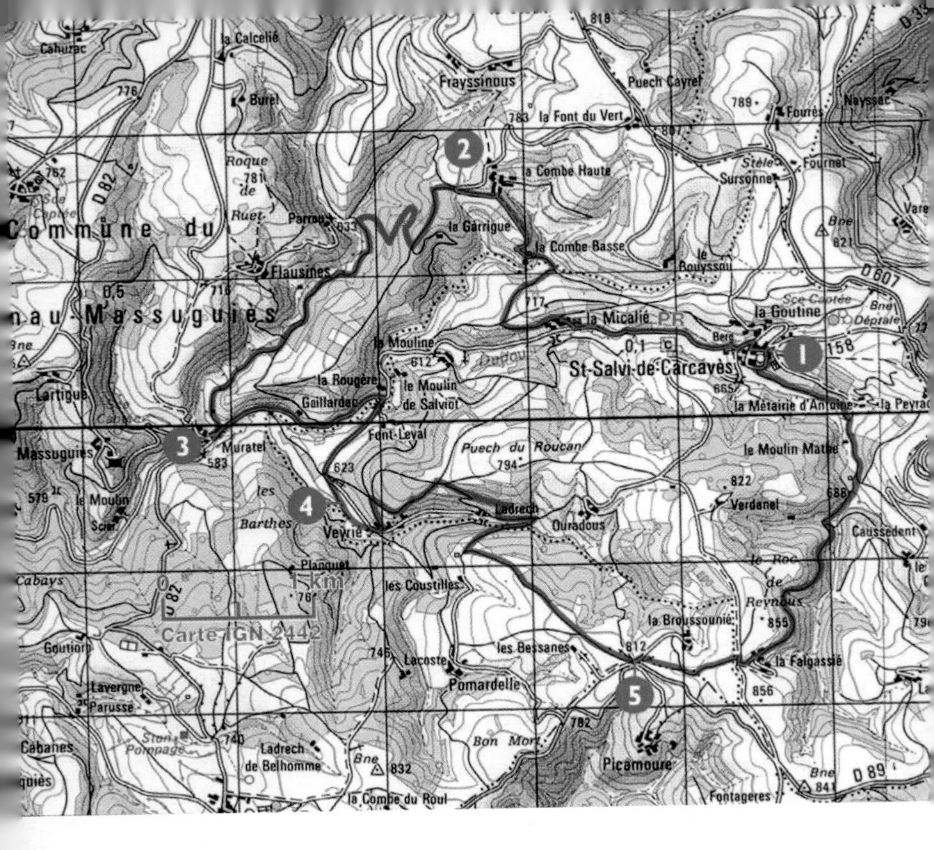

Rude symbiose

La rudesse climatique des monts d'Alban et de la haute vallée du Dadou a contraint l'habitant à rechercher la protection des sites naturels. L'église de Saint-Salvi-de-Carcavès se rencogne ainsi derrière un imposant rocher qui lui épargne les vents dominants. Sa posture illustre une démarche générale qui nourrit une impression montagnarde là où l'on vit aux environs de 600 à 800 m d'altitude. Les maisons sont, en effet, de par leur conception et leur agencement, cousines des logis de plus haute altitude. Pays rude pour hommes rudes, la haute vallée du Dadou dessine u paysage sans concession où, malgr une ouverture récente aux commun cations de la vie « moderne », l seconds savent encore se fondre da le premier pour mieux l'exploiter.

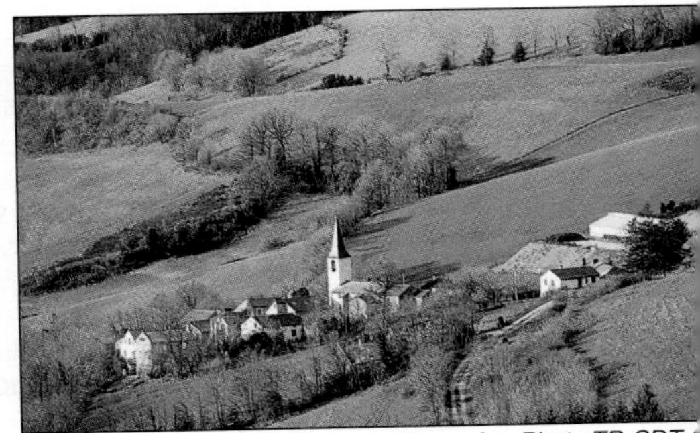
Saint-Salvi-de-Carcavès. *Photo TP-CDT*

Saint-Salvi-de-Carcavès

56

5 h
17,5 Km

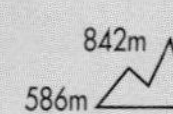

Au creux d'une vallée, appuyés à flanc de versants ou postés sur les hauteurs, fermes et hameaux sont partout présents. Des chemins creux, en balcon ou en crête irriguent les terroirs et relient les foyers.

1 Descendre dans le village par la ruelle à droite. Près de la maison des Associations, prendre à droite. Continuer à descendre par la route. Laisser une voie sur la gauche. À 1 km, monter à la ferme de La Micalié. Continuer par le large chemin. En haut, prendre à gauche du hangar. Franchir le ruisseau et atteindre La Combe-Basse. Suivre la route sur 1 km.

2 Dans le virage, prendre à gauche. Au carrefour de pistes, suivre celle de droite, puis à quelques mètres, virer à droite en sous-bois. Dans un virage, laisser la piste de gauche. Plus bas, s'engager entre deux rangées d'épicéas pour rejoindre le chemin en fond de vallée. Partir vers la gauche dans la zone de pâturages et franchir quatre passe-clôtures.

3 Sur la route devant Muratel, aller à gauche. À la patte d'oie de Gaillardac, tout droit. Prendre la première route de droite direction Font-Leval. À la patte d'oie de Font-Leval, poursuivre tout droit. Au croisement dans le virage, descendre à droite.

4 À la patte d'oie devant le ruisseau, monter à gauche. Escalier abrupt à droite. Suivre le chemin en contrebas. Sur la route, partir à droite. Devant Veyrié, monter à gauche. Sur le chemin, à droite. Au croisement de pistes 40 m après, prendre à droite. En haut de côte, franchir deux passe-clôtures. Aux deux premières pattes d'oie, tout droit; 15 m après la deuxième, piquer à droite dans la pente. À gauche en fond de vallon. Devant la prairie, virer en épingle à droite. Suivre le ruisseau. Franchir le pont. Refermer la clôture. Monter tout droit. 30 m après le haut de côte, tourner à gauche. Longer et refermer la clôture. À la patte d'oie, prendre à gauche.

5 Au croisement routier, traverser vers la haie en face. Au croisement, prendre à droite ; 25 m après, à gauche; 30 m ensuite, encore à gauche. Aller tout droit au-dessus de La Falgassié. Dans le virage, virer à gauche. À la patte d'oie, tourner à droite. Au croisement en fond de vallon, faire un droite-gauche. Poursuivre tout droit.

Situation Saint-Salvi-de-Carcavès, à 20 km au Nord-Ouest de Lacaune par les D 622, D 607 et D 158

Parking
entrée du village

Balisage
jaune

Ne pas oublier

En chemin

- Saint-Salvi-de-Carcavès
- haute vallée du Dadou
- panoramas
- petit patrimoine

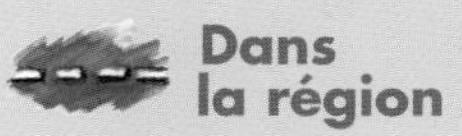

Dans la région

- village de Masnau
- panorama de Roquecezière
- Lacaze : château médiéval (reconstruit au 16e) et église de Camalières
- Viane : fontaine de Recoules, panorama du rocher, base de loisirs de La Rabaudié

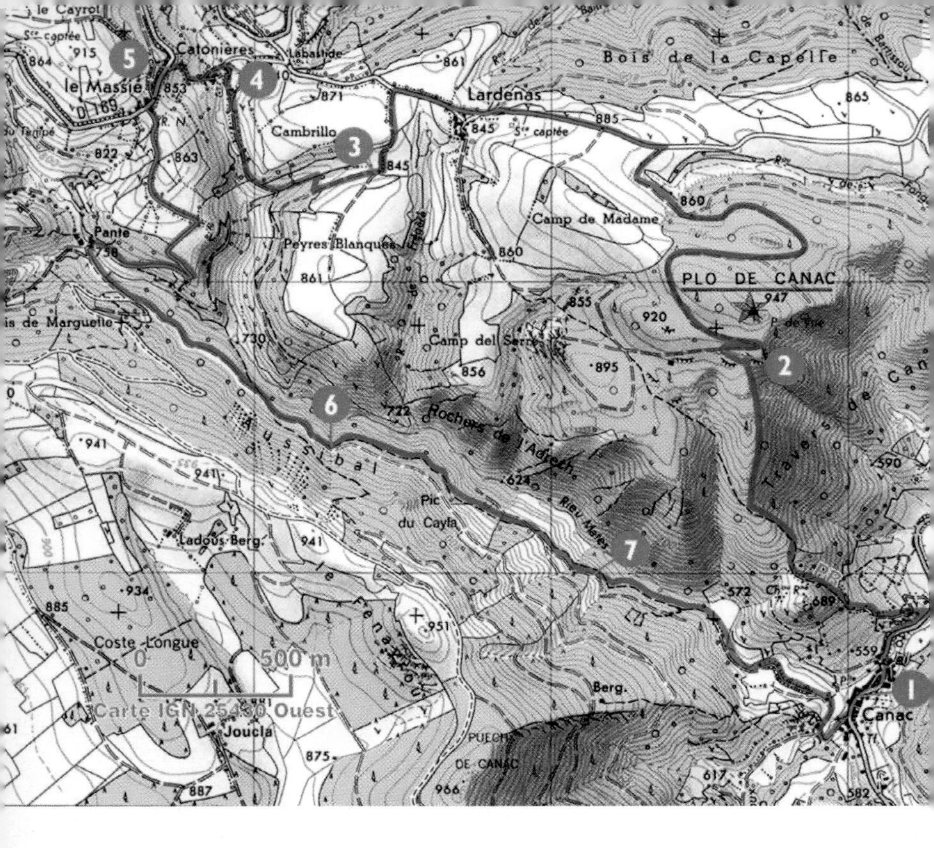

Énigmatiques statues-menhirs

Statue menhir. *Photo DR-CG 81.*

Souvenirs du Néolithique (- 2 500 ans), d'intrigantes statues-menhirs jalonnent la partie orientale des monts de Lacaune. Façonnées par martelage avec un galet de pierre dure ou taillées en bas-relief par un piquetage en profondeur de la pierre, les mieux conservées d'entre elles portent les attributs sociaux de la masculinité ou de la féminité. Avec les menhirs, les cavernes peintes ou sculptées du Paléolithique supérieur (- 12 000 ans), ces statues-menhirs figurent parmi les rares manifestations artistiques subsistant des époques très lointaines. Leurs études n'apportent toujours pas de réponse(s) définitive(s). Énigmatiques et silencieuses, elles nous rappellent avec à propos et une simple élégance la dimension de nos incertitudes.

Le Plo de Canac

4 h
12 Km

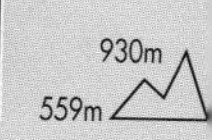

De la vallée escarpée du Dourdou, le sentier escalade les pentes pierreuses piquetées de buis jusqu'à atteindre le «Plo» où dans un dernier soubresaut, les hautes terres Tarnaises et leur bise mordante cèdent le pas aux maquis méditerranéens et leurs tièdes effluves.

1 De la placette centrale, descendre la route. Franchir la rivière. À hauteur de l'église, monter le sentier à gauche. Sur le chemin, aller à gauche. Au premier châtaignier, prendre à gauche. Avancer tout droit ; 30 m après, se glisser à gauche entre deux monticules. Suivre le raidillon. Sur le plat, poursuivre à main droite.

2 Sur la piste, partir à droite et prendre le virage en épingle. À la route, tourner à gauche. À Lardenas, continuer tout droit sur le goudron ; 200 m après, bifurquer sur le chemin à gauche.

3 À la patte d'oie, prendre à droite ; 80 m plus loin, plonger à droite en lisière de bois. À mi-pente, trouver le sentier à gauche entre les arbres. Refermer la clôture. En bas, virer en épingle à droite. Sur la plate-forme en herbe, partir à gauche. Aller en face sur le sentier. Poursuivre tout droit.

4 À Catonières, prendre à droite sur le goudron ; 30 m après, virer à gauche derrière le dernier bâtiment. Traverser le ruisseau. Monter tout droit.

5 Tourner à gauche sur la D 169. Traverser le hameau du Massié. À la sortie, tourner sur la première route à gauche jusque Pante. Passer le ruisseau devant la maison, puis prendre à gauche le sentier qui monte dans le bois. À la patte d'oie, descendre à gauche. Continuer tout droit.

6 À la sortie d'une courbe à gauche, plonger à gauche vers un sentier en contrebas. Le prendre à droite. Sur la piste, aller à droite. À la patte d'oie, 25 m après, suivre le chemin à gauche.

7 100 m plus loin, quitter le chemin pour descendre à gauche. Pente abrupte en zigzag sur environ 60 m. En bas, tourner sur le sentier à droite. Progresser tout droit. Sur le large chemin sous une ruine, tourner à gauche. Remonter vers Canac.

Situation Canac, a l' Est-Nord-Est de Castres, 10 km après Murat-sur-Vèbre par la D 922 vers Saint-Gervais-sur-Mare, puis la D 162 (**PNR du Haut-Languedoc**)

Parking dans Canac

Balisage jaune

Difficulté particulière

■ 1 à 2 rude montée vers le plo
■ brouillard fréquent

Ne pas oublier

À voir

En chemin

■ crêtes et Plo de Canac (947 m) ■ ruines du château de Canac ■ panoramas sur les vallées du Rieu-Mates et du Dourdou ■ hameau de Catonières

Dans la région

■ circuit des statues menhirs et des ardoisières ■ lac du Laouzas ■ Boissezon-de-Masviel : tour ■ Murat-sur-Vèbre : église (14e)

Rouvre ou pédonculé ?

Identifier un arbre n'est pas toujours aisé. Quand il s'agit du chêne, l'affaire se corse volontiers. Notamment lorsqu'on s'aventure dans certains détails. Tels ceux qui permettent de distinguer le chêne sessile (rouvre) du chêne pédonculé. Un véritable test de connaissances…

Amateur de terrains humides, le chêne pédonculé dispose d'un pétiole de feuille très court voire inexistant. Le bas de chaque feuille forme des angles caractéristiques. Enfin, ses glands sont portés par un long pédoncule. Préférant les sols meubles et peu humides, le chêne rouvre possède un long pétiole de feuille. Le bas de celle-ci est sans angle. Quant aux glands, ils poussent directement sur la branche, sans aucun pédoncule. En fait, le contraire l'un de l'autre !

Le chêne. *Photo DR-CG 81.*

Circuit boisé de La Capelle

Fiche pratique **58**

352m
144m

Situation Damiatte, à 24 km à l' Ouest de Castres direction Lavaur par la D 112

Parking parking sur la D 84 direction Graulhet

Balisage jaune

Ne pas oublier

Sur les coteaux boisés qui dominent la plaine de l'Agoût, les chemins de terre gravitent au cœur de forêts accueillantes toutes emplies des échos d'une vie animale riche et variée.

1 Suivre la D 84 direction Graulhet. Le passage à niveau franchi, prendre le chemin à gauche. Longer la voie ferrée. Au second passage à niveau, prendre à droite sur la route. À La Cahuzière, traverser la D 49.

2 Traverser la route, direction La Capelle ; 70 m après le mazet de droite, s'engager sur un chemin en sous-bois à droite. Poursuivre tout droit. Aller à droite sur le goudron vers Le Bourias. Au croisement, aller à gauche. 350 plus loin, prendre le chemin à gauche. Continuer toujours tout droit.

3 Devant En Gontier, prendre le chemin à droite. À la première patte d'oie 150 m après, avancer tout droit. Aux deux pattes d'oie suivantes, prendre à gauche. Sur la route en bas de côte, aller à droite sur le goudron, poursuivre tout droit et prendre à gauche direction La Bouriasse ; 30 m devant La Bouriasse, prendre le chemin à gauche. 200 m plus bas, aller à droite. Continuer tout droit.

4 À la route en haut de côte, prendre à droite et suivre tout droit. Passer devant Bel Air. À la patte d'oie, choisir à gauche. Virer dans le premier chemin à droite. À la première patte d'oie, descendre à droite. À la deuxième, partir à gauche sur une piste ; 50 m après, s'engager sur le sentier à gauche. Déboucher sur une très large piste.

5 Sur la route, tourner à gauche. Traverser la D 84, puis En Auriol. À la première patte d'oie et aux suivantes, continuer toujours tout droit. À la route, partir à droite. Tourner dans le premier chemin à gauche direction Le Riou. À la patte d'oie après les ruines du Riou, avancer et monter tout droit. Longer En Pendarel.

6 À la patte d'oie (281 m), prendre à droite. Poursuivre tout droit sur la piste empierrée. Traverser la petite route. Sur la D 49, tourner à droite. 150 m plus loin, à gauche direction La Roussié. À la première patte d'oie, choisir à droite. Traverser Bauzele et poursuivre sur un chemin. Sur la D 84, tourner à gauche.

En chemin

■ village de Damiatte ■ bois de La Capelle ■ pigeonnier de La Brunier ■ église de La Capelle

Dans la région

■ château de Magrin (12e – 16e) : musée sur l'épopée historique du Pastel ■ vallée de l'Agoût (Vielmur-sur-Agoût, Guitalens, Serviès, Saint-Paul-Cap-de-Joux) ■ Lavaur : cathédrale Saint-Alain (12e et 16e), église des Cordeliers (13e – 16e), tour des rondes ■ Graulhet : centre important de mégisserie et maroquinerie, quartier médiéval de Panessac, pont du Moyen Âge, maison des métiers du Cuir ■ Lautrec : collégiale Saint-Rémy (15e), halles (13e), puits, porte de Caussade (12e), moulin à vent de la Salette

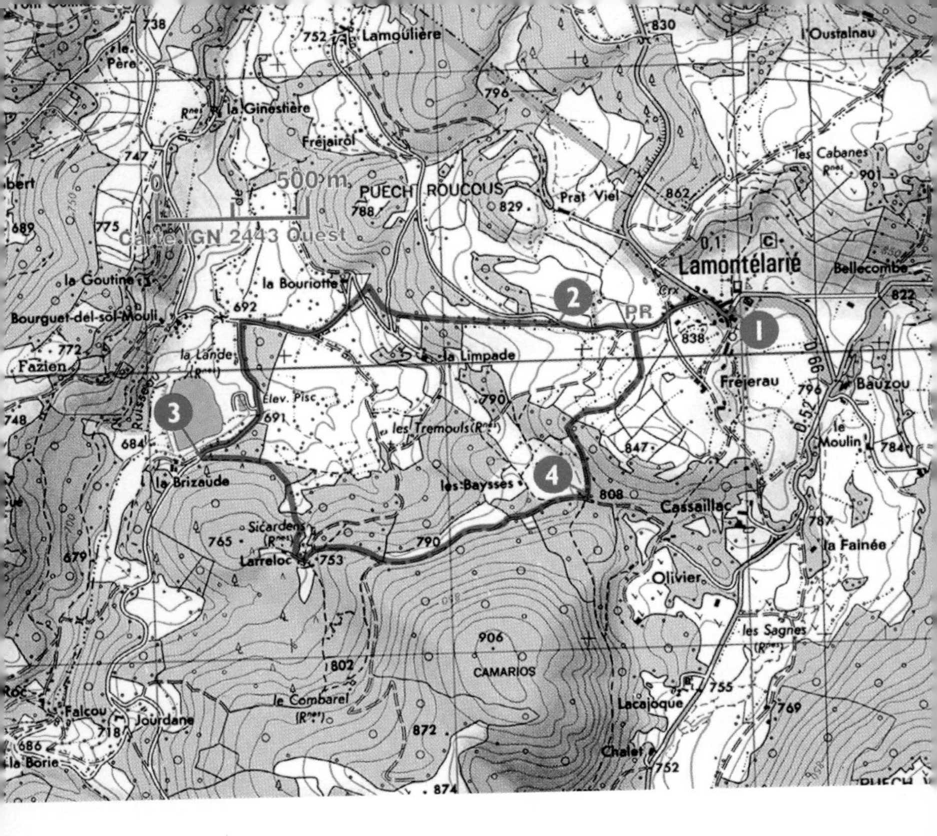

Les pierres se souviennent

Ruines de Sicardens. *Photo PU-CG 81.*

Se faufiler parmi les ruines du hameau de Sicardens, c'est peut-être s'introduire en plein désarroi. Celui que savent exprimer les pierres, témoins longtemps vibrants des difficultés et des émois du lieu. Poser ses mains sur un mur écroulé, fermer les yeux, tendre les oreilles… Et l'on croise seize à dix-huit familles qui vivent là au milieu du 19e siècle dans des habitations aux toits de genêts et au sol battu. Ces familles sont pauvres et mendient aux alentours. Les hommes louent leurs bras. Ce sont les brassiers. En 1870, la pauvreté invite le malheur à sa maigre table. Une épidémie de charbon extermine la population de Sicardens. Rares sont les survivants dont le dernier expire en 1902. Séquences de vie, souvenirs de pierres…

Sicardens

Fiche pratique **59**

Au détour du sentier, sous la voûte des arbres, les ruines d'une maison, puis d'une autre... Des ruelles encadrées de murs moussus, les restes d'un four à pain... Sicardens s'est endormi, un jour. Mais quelle émouvante mémoire de la pierre !

ésange noire.
essin *P.R.*

Situation Lamontélarié, à l'Est de Castres, à 18 km après Brassac par les D 62 et D 52 **(PNR du Haut-Languedoc)**

Parking devant la mairie

Balisage jaune

❶ Du parking de la mairie, remonter la rue principale. À la sortie, tourner à gauche direction Frejeraud. Au croisement, continuer tout droit.

❷ Descendre le troisième chemin à gauche. Poursuivre tout droit. Traverser deux fois une petite route. À la troisième fois, partir à gauche sur le goudron. À la première patte d'oie, aller à gauche. Longer la pisciculture de La Brizaude.

❸ Monter le chemin à gauche. Devant Sicardens *(ruines)*, s'engager sur le premier sentier à gauche. Zigzag en forêt. À Larreloc, virer à gauche sur goudron. À la patte d'oie, choisir le chemin à gauche et continuer tout droit.

❹ Au croisement marqué d'un calvaire, tourner à gauche, puis progresser toujours tout droit. Sur la route, prendre à droite. Rejoindre la mairie

À voir

En chemin

■ hameau de Sicardens ■ hêtraies ■ zones humides (sagnes) ■ village de Lamontélarié

Dans la région

■ roc du Montalet (1259m) ■ lac du Laouzas : base de loisirs, musée des Arts et Traditions populaires de Rieu-Montagné ■ Brassac : châteaux et vieux pont (11e) ■ Lacaune : château de Calmels (18e), maison de la charcuterie, musée du vieux Lacaune, église (17e), fontaine des pisseurs (15e), filature Ramond (19e)

Sagne. *Photo PU-CG 81.*

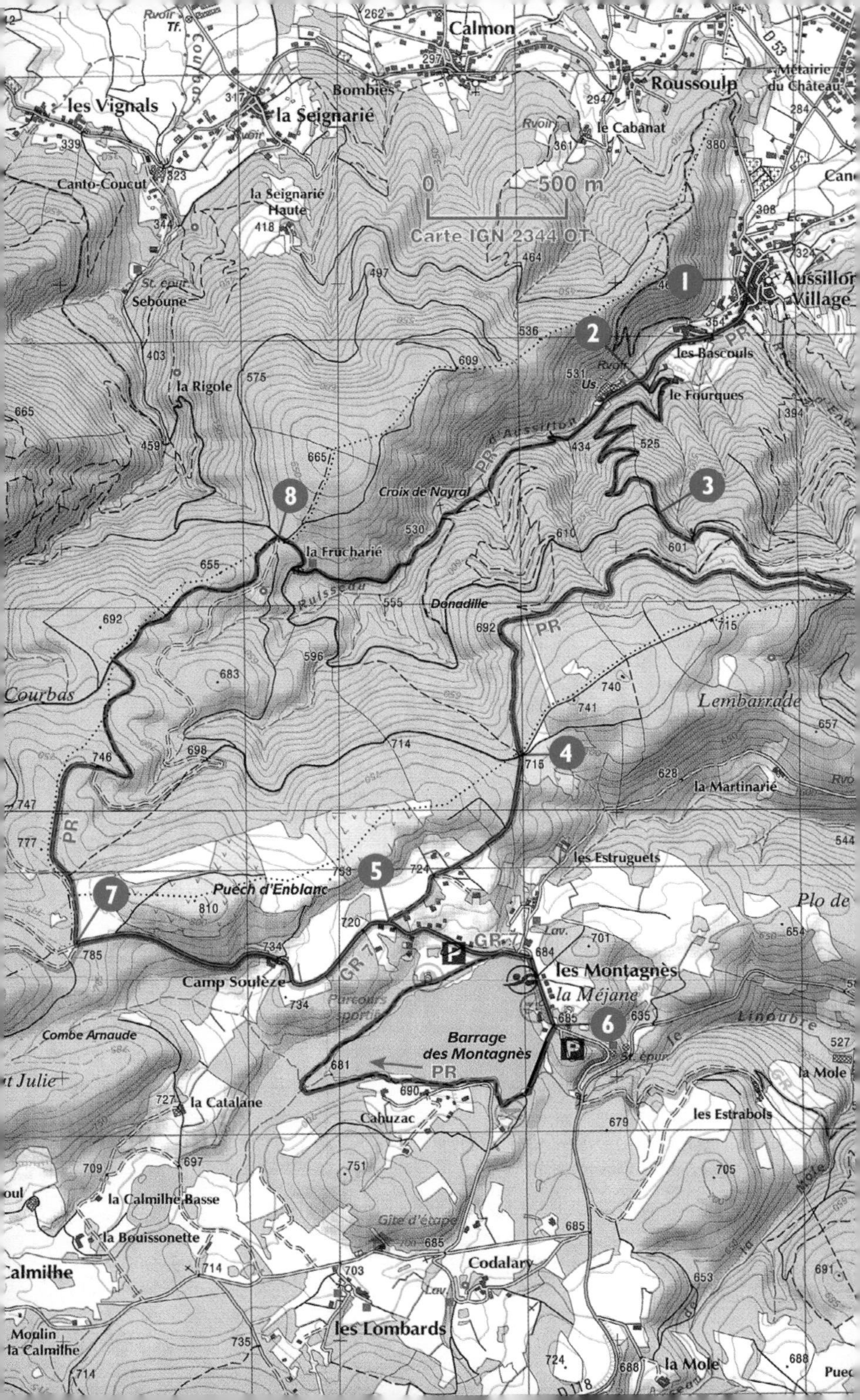

Calmon
Roussoulp
Métairie du Château
les Vignals
la Seignarié
Bombiès
le Cabanat
Canto-Coucut
la Seignarié Haute
0
500 m
Carte IGN 2344 OT
Seboune
Aussillon Village
1
2
les Bascouls
le Fourques
la Rigole
PR d'Aussillon
Croix de Nayral
3
8
la Frucharié
Ruisseau
Donadille
PR
Courbas
Lembarrade
4
la Martinarié
PR
les Estruguets
5
7
Puech d'Enblanc
Plo de
GR 7
Camp Soulèze
les Montagnès
la Méjane
Parcours sportif
6
Barrage des Montagnès
PR
Combe Arnaude
la Mole
la Catalane
Cahuzac
les Estrabols
la Calmilhe Basse
la Bouissonette
Gîte d'étape
Codalary
Calmilhe
les Lombards
Moulin la Calmilhe
la Mole
D 118
D 53

Le Puech d'Enblanc

Fiche pratique 60

Depuis le village, la profonde vallée du ruisseau d'Aussillon entaille le versant imposant de la Montagne noire. Le sentier invite à la découverte de peuplements forestiers faussement homogènes. Plus haut, s'ouvrent les clairières champêtres des hauteurs du Montagnès.

1 Du parking, monter dans le village, et, à la placette, prendre le passage sur la droite. Emprunter les escaliers et s'engager à droite dans la rue. Au Bascoul, prendre tout droit la route qui monte.

2 S'engager sur la piste à gauche. Passer devant le Fourques et continuer sur cette piste qui monte en lacets.

3 A la piste forestière, prendre à gauche. Au prochain carrefour, poursuivre par la piste qui monte (*panoramas sur Mazamet, Aussillon et le Pic de Nore*). Prendre le virage en épingle sur la droite et continuer sur cette piste principale.

4 Au grand carrefour, suivre la piste en face qui, plus loin, devient une route.

5 Au carrefour, emprunter la route qui descend à gauche pour longer le lac jusqu'au grand parking situé à côté de la retenue.

6 Faire le tour du lac en commençant par contourner le barrage ; puis reprendre la route (GR® 7) à gauche qui monte progressivement.

5 Poursuivre jusqu'au carrefour de pistes du Puech d'Enblanc.

7 Quitter le GR® pour emprunter la piste de droite sur 300 m environ. Prendre à nouveau à droite. Au carrefour suivant, suivre le chemin en face. Descendre progressivement jusqu'au carrefour de la Frucharié.

8 S'engager sur la deuxième piste à droite. Descendre jusqu'au hameau en ruine de la Frucharié. Le traverser en tournant à gauche entre les maisons. L'itinéraire emprunte maintenant un petit sentier qui franchit et longe un ruisseau. À la croix de Nayral, continuer à descendre sur la voie principale qui mène près du ruisseau *(barrage et ancienne usine de délainage)*. Au bout du chemin, prendre la route qui mène à Aussillon-Village.

4h15
15 Km

785 m
324 m

Situation Aussillon-Village (à 2 km de Mazamet), à 25 km au Sud-Est de Castres par la D 621

Parking au dessus de la salle des fêtes du Devès

Balisage

1 à 5 jaune
5 à 6 blanc-rouge
6 à 5 auncun
5 à 7 blanc-rouge
7 à 1 jaune

Difficulté particulière

■ entre 8 et 2, sentier glissant par temps de pluie

Ne pas oublier

À voir

En chemin

■ village médiéval d'Aussillon-Village (porte, reste de remparts, vieilles maisons) ■ panoramas sur Mazamet et le Pic de Nore, le lac des Montagnès, le hameau en ruine de la Frucharié, la croix de Nayral

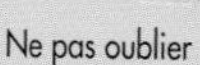

Dans la région

■ Hautpoul : village médiéval (ancien refuge cathare) : vestige du château et menhir des Prats, musée du Bois et du Jouet ■ Pic de Nore (1210 m) : table d'orientation

Roi des forêts, roi de la poêle

Ici vit à l'automne un roi éphémère : le bolet de Bordeaux, roi des champignons ! Le plus recherché, le plus apprécié... Le moindre curieux le reconnaît à dix mètres. Légèrement teintée de vineux sous la cuticule, sa chair est globalement blanche et le demeure. Bien ferme au début, elle devient un peu molle avec l'âge. Son parfum est délicat et sa saveur merveilleuse. Le bolet de Bordeaux ou bolet comestible ou encore cèpe, possède une belle collection de surnoms et beaucoup de qualités. Il a un grand nombre d'amateurs, ne serait-ce que les larves des insectes qui s'y développent à une vitesse prodigieuse les jours orageux...

Pour le dénicher sur le plateau d'Anglès (avant d'autres amateurs car la compétition est âpre), regarder principalement sous les conifères, surtout les épicéas. Il affectionne aussi les zones claires et aérées, les bords de chemins, les clairières, les bordures et les lisières de chênaies. Et si la cueillette est bonne, voilà un champignon qui se déguste cru, cuit, grillé, farci... Les recettes sont nombreuses.

Cèpe de Bordeaux.
Photo N.V.

L'eau de la montagne...

Situé à 685 m d'altitude, le barrage des Montagnès fut inauguré le 29 juillet 1934 par Albert Sarrault, alors ministre de l'Intérieur. Réalisé par la société Chabal & Cie, cet ouvrage, d'une capacité de 1 280 000 m^3, servait à son origine à l'alimentation en eau potable des villes de Mazamet et Aussillon, situées 450 m plus bas. À compter de 1990, sa mission d'alimentation est abandonnée ; il devient alors une base de loisirs où l'on peut pratiquer la baignade, la balade et la pêche. Un parcours de santé, des aires de pique-niques permettent d'y passer d'agréables moments en plein cœur de la Montagne noire.

Le lac des Montagnès. *Photo B.L./CDRP 81.*

Anémone sylvie. *Photo N.V.*

Aveyron, le pays des grands espaces

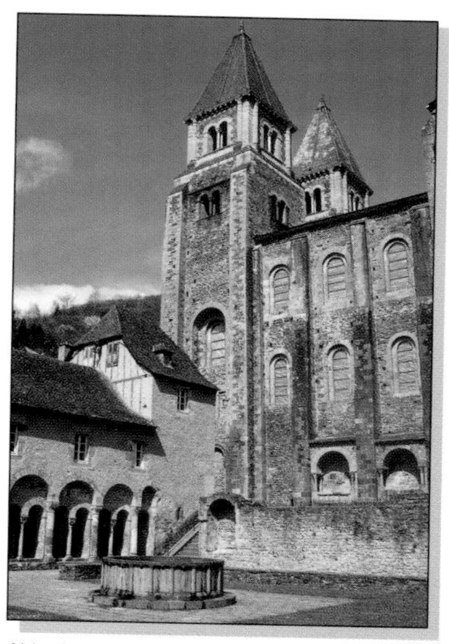

Abbatiale Sainte-Foy, à Conques. *Photo R.C.*

C'est tout vert, c'est tout rond. Avec l'accent qui « roule », c'est l'Aveyron. Demain, vous partez vers le soleil. Arrêtez-vous à midi moins le quart. Au carrefour de l'Auvergne, du Sud-Ouest et du Languedoc. Juste avant la foule du bord de mer. Là, prenez tout l'espace, prenez tout le temps. Les grands espaces et le temps de vivre. Oubliez le grand bleu pour le grand vert. Au-delà des modes qui se démodent, découvrez l'Aveyron ; au-dessus des courants, retrouvez l'émotion des sensations vraies. Dépensez-vous, marchez, regardez, écoutez.
Avec des kilomètres de découvertes à vous offrir, des monuments d'histoires à vous raconter, l'Aveyron vous laisse un authentique goût de vivre. Le promeneur va découvrir un pays d'usages et de coutumes que l'on reconnaît par son hospitalité et son attachement aux traditions. En Aveyron la randonnée est au rang d'honneur. La riche histoire géologique a donné à cette région un relief des plus insolites : plateaux, gorges, larges vallées, falaises et montagnes, mais aussi sources, ruisseaux, cascades et lacs. Chaque chemin révèle un à un les vestiges du patrimoine aveyronnais. Depuis les burons de l'Aubrac jusqu'au clocher de Rodez en passant par le trou de Bozouls, l'abbatiale de Conques, les bastides de l'ouest, ou encore les vallées du Lot et du Tarn, sans oublier le Larzac mégalithique, l'émotion est garantie. En Aveyron, le randonneur retrouvera le goût des choses simples et ira à la rencontre de gens authentiques.

Un chemin caussenard. *Photo J.-C.D.*

0
1 km
Carte IGN 2538
Roc Guiral
Puech du Serre
les Brasses
le Vialatelle
Aulos
Boralde
Poujade
Croix du Triadou
D 987
GR 65
Aubrac
le Royal Anc. Sanat.
Rigambal-Bas
le Pesquier-Haut
le Pesquier-Bas Buron
Fontanilles-Haut
D. 219
Anc. Digue
FORÊT
Grandilhoc
DOMANIALE
D'AUBRAC
D. 533
Maye Nove
Castel Vieil
Prat Fangous
le Roc
la Borie Noire
le Moulin
GR 6A
le Puech du Pommier
Cammejane Buron
Croix de la Vayssé
la Bésalière
la Vergne
Belvezet
les Touzes
la Bardière
la Borie de Brassenq
Madril
Garibal
Servières
le Suquet
Renjard
Greffeuille
la Boriette
St-Chély-d'Aubrac
GR 6
Sérone
Frayssinoue
Verminière
les Enfrux
Mas Nouvel
Sinhourcet
Monterbosc
la Picade
Campuels
Roc de Campuels
Ston de ski de Brameloup
Téleskis
Tournecoupe
la Roque
le Pont de Fer
le Martinet
Vergne-Grande
Mais. Forest. des Rajals
les Clamens
Tabournels
Aubiac
le Recours
Tercouduris
la Borie du Gasc
Jalasau
Pistes de Ski
Sce de Brameloup
Mousseaux

Au cœur de l'Aubrac

Cerf. *Dessin P.R.*

Au cœur des hautes terres, le plateau de l'Aubrac profile ses horizons à l'infini. Forêts et pâturages se partagent l'espace. Au fil des drailles et des estives, l'Aubrac exhale sa grandeur et sa magnificence.

1312 m
792 m

Situation Saint-Chély-d'Aubrac, à 50 km au Nord-Est de Rodez par les D 988, D 920, D 987 et D 19

Parking place du village

Balisage blanc-rouge

Difficulté particulière

■ terrain parfois boueux et gué entre 2 et 3

Ne pas oublier

1 Du centre de Saint-Chély, prendre la direction d'Aubrac sur 100 m, puis bifurquer sur la route de l'Adrech à gauche, passer devant la gendarmerie et continuer par la route sur 2 km.

2 Au virage en épingle, partir à droite et gagner Belvezet. Contourner le promontoire basaltique, emprunter un chemin caladé, puis un large chemin d'exploitation à droite. Franchir le ruisseau à gué. Traverser une clairière puis un bosquet et continuer. Prendre la D 987 *(route des Crêtes)* à droite vers l'Aubrac.

3 Emprunter la D 533 vers Saint-Chély sur 100 m, puis s'engager à gauche sur la draille. Descendre vers le ravin d'Aubrac, le franchir sur une passerelle, et continuer pour atteindre la Boralde de Saint Chély. La longer sur 300 m, puis la traverser.

4 Se diriger à droite pour monter vers la forêt domaniale en passant devant la croix de la Vaysse.

5 Au carrefour, continuer tout droit en direction des Enfrux, par la voie romaine. Sortir du bois de Monterbosc *(panorama)*. Traverser Les Enfrux *(point d'eau)* et descendre vers la ferme de Verminière en traversant une pâture.

6 S'engager à gauche sur le chemin qui descend à Saint-Chély. Franchir le vieux pont sur la Boralde *(petit pèlerin sculpté sur le socle de la croix)*, puis remonter vers le bourg en passant devant l'école. Emprunter les rues de la Tour et du Tralfour, bordées de vieilles demeures, pour retrouver le point de départ.

À voir

En chemin

■ Aubrac : tour des Anglais, maison des Gardes, église Notre-Dame, jardin botanique, la Maison de l'Aubrac ■ Saint-Chely-d'Aubrac : pont gothique classé au patrimoine mondial de l'UNESCO, église 14e

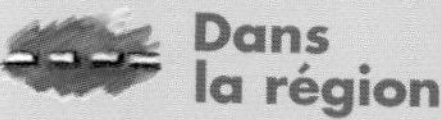

Dans la région

■ burons de Canuc et de Calmejane ■ Bonnefon-d'Aubrac : tour-grenier 15e, église Sainte-Blaise ■ Salgues : église romane (chœur et chapelle gothiques)

La transhumance sur l'Aubrac

En passant la Boralde. *Photo F.R.*

L'Aubrac, vaste plateau basaltique, est le royaume des pâturages en été et du ski de fond en hiver. Il s'étend sur trois départements : Aveyron, Cantal, Lozère et sur trois régions : Auvergne, Languedoc-Roussillon et Midi-Pyrénées. La transhumance remonte au 12e siècle. Les moines qui vivaient à la Dômerie ne se contentaient pas de protéger les pèlerins, ils défrichaient le plateau. Sur l'emplacement de l'ancienne forêt défrichée s'étendaient et s'étendent encore des pâturages appelés « montagnes ». Une complémentarité s'instaura. Dans la vallée, les abbés achetèrent des domaines et pendant les travaux de l'été, ils conduisaient leurs troupeaux sur les pâturages de l'Aubrac en suivant de larges chemins appelés « drayo » ou « drailles ». Cette pratique se généralisa et l'on vit, au 18e siècle, de grands propriétaires du Causse louer des pâturages sur la montagne. Les vaches y restaient de mai à octobre. Tandis que la transhumance se mettait en place sous l'impulsion des moines, l'économie fromagère se développait, et, dès la deuxième moitié du 18e siècle, des fourmes furent fabriquées dans les burons. Ceux-ci, bâtiments austères, sont construits en basalte et couverts de lauzes, édifiés au cœur de la montagne, appuyés contre un versant abrité. L'économie pastorale connut son apogée au début du 20e siècle.

La transhumance. Photo F.R.

Son déclin s'accéléra après 1940. Le buron a perdu sa vocation d'élevage. De la saint Urbain (25 mai) à la saint Géraud (13 octobre), depuis des siècles, les troupeaux des vallées et du Causse transhument vers ces montagnes d'estive. Aujourd'hui, les troupeaux suivent la route et c'est l'occasion d'une grande fête qui a lieu vers le 25 mai. Ce jour-là, les attelages, les troupeaux et même les chiens portent de magnifiques bouquets ou pompons aux couleurs vives. L'industrie maîtresse de l'Aubrac est encore la fabrication du fromage. Aujourd'hui, la tome pour l'aligot et le fromage « Laguiole » sont fabriqués par la coopérative Jeune Montagne qui bénéficie de l'A.O.C. « Laguiole ».

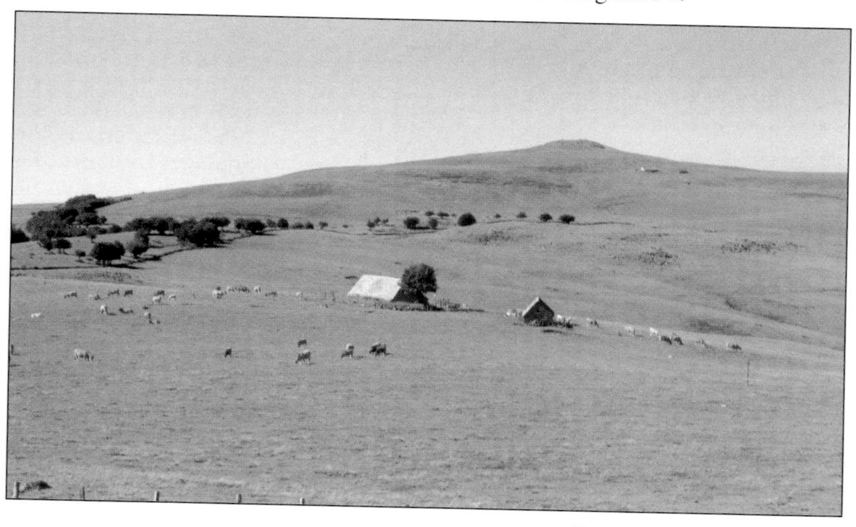

Paysage de l'Aubrac. *Photo F.R.*

Conques

L'abbatiale Sainte-Foy, fut construite aux 11e et 12e siècles. Son plan (nef à bas-côtés et tribunes, transept et déambulatoire) se retrouve dans les grandes basiliques romanes comme celle de Saint-Sernin à Toulouse. Au siècle dernier, Prosper Mérimée, fut à l'origine de la restauration de Conques, tombée peu à peu dans l'oubli. Le tympan est consacré au thème du Jugement dernier. Il se présente miraculeusement intact avec ses 124 personnages. En 1987, le peintre Pierre Soulages, a conçu des vitraux qui assurent, en la modulant, une transmission diffuse de la lumière naturelle et une continuité parfaite entre murs et fenêtres. L'ensemble de vitraux concerne 95 baies et 9 meurtrières (soit 250 m^2). Il a nécessité l'emploi de 13 200 kg de verre et 4 000 kg de plomb.

Statue reliquaire de sainte Foy.
Photo CEACM/C.

Sur le Chemin de Saint-Jacques

2h30
7 Km

552 m
280 m

Situation Conques, à 15 km à l'Est de Decazeville par les D 590 et D 232

Parking D 901 (faubourg, en bordure du Dourdou)

Balisage

1 à 2 blanc-rouge
2 à 4 jaune
4 à 1 blanc-rouge

Difficulté particulière

■ descente raide entre 4 et 2

Le nom de Conques aurait été donné par Louis Le Pieux à cause de son site en forme de coquille. Cet austère paysage où affleurent les rochers de schiste contraste avec le rougier de Marcillac, tout proche.

1 Gagner le pont des Pèlerins, franchir le Dourdou et emprunter la D 232.

2 Poursuivre sur la route et dépasser le deuxième lacet de 80 m.

3 S'engager sur le sentier à droite. Il monte sur la crête à travers bois *(vue sur Conques ; remarquer l'homogénéité des constructions : maisons en grès, schiste ou calcaire, toitures couvertes de lauzes)*. Au niveau du premier hangar, aller à gauche *(bien refermer la barrière de bois)*. Laisser Les Angles sur la gauche, puis continuer sur la route. Passer près du hameau d'Aujols, puis arriver à un croisement de routes et de chemins.

4 Obliquer deux fois à gauche à travers bruyères et genêts et descendre à la chapelle Sainte-Foy *(construite, selon la légende à l'emplacement où le moine, portant les reliques de sainte Foy depuis Agen, tomba épuisé. La sainte lui apparaissant en songe, lui aurait demandé s'il souhaitait boire du vin pour un jour ou de l'eau pour toujours. Le moine opta pour l'eau et frappa le rocher avec son bâton. Depuis ce jour, coule une source dont les eaux seraient bénéfiques pour les yeux)*.

5 Poursuivre la descente par le sentier.

► Variante : emprunter la piste forestière qui rejoint la D 232 *(points de vue sur la vallée et sur Conques)*, puis descendre par la route au pont des Pèlerins.

2 Continuer à descendre par la D 232 et rejoindre le pont des Pèlerins.

1 Monter vers Conques par la rue Charlemagne pour découvrir le bourg et son abbatiale.

6 Revenir au parking par la rue Charlemagne.

Châtaignes et rameau de châtaignier en fleurs. *Dessin N.L.*

À voir

En chemin

■ pont des Pèlerins ■ point de vue ■ chapelle Sainte-Foy ■ Conques : abbatiale (portail), trésor, rues pittoresques

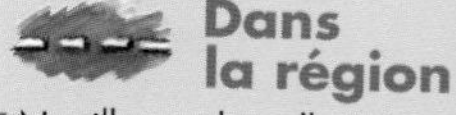

Dans la région

■ Noailhac : chapelle Saint-Roch ■ Grand-Vabre : site de la Vinzelle ■ Saint-Cyprien : moulin des Sanhes ■ Senergues : château, forêt domaniale

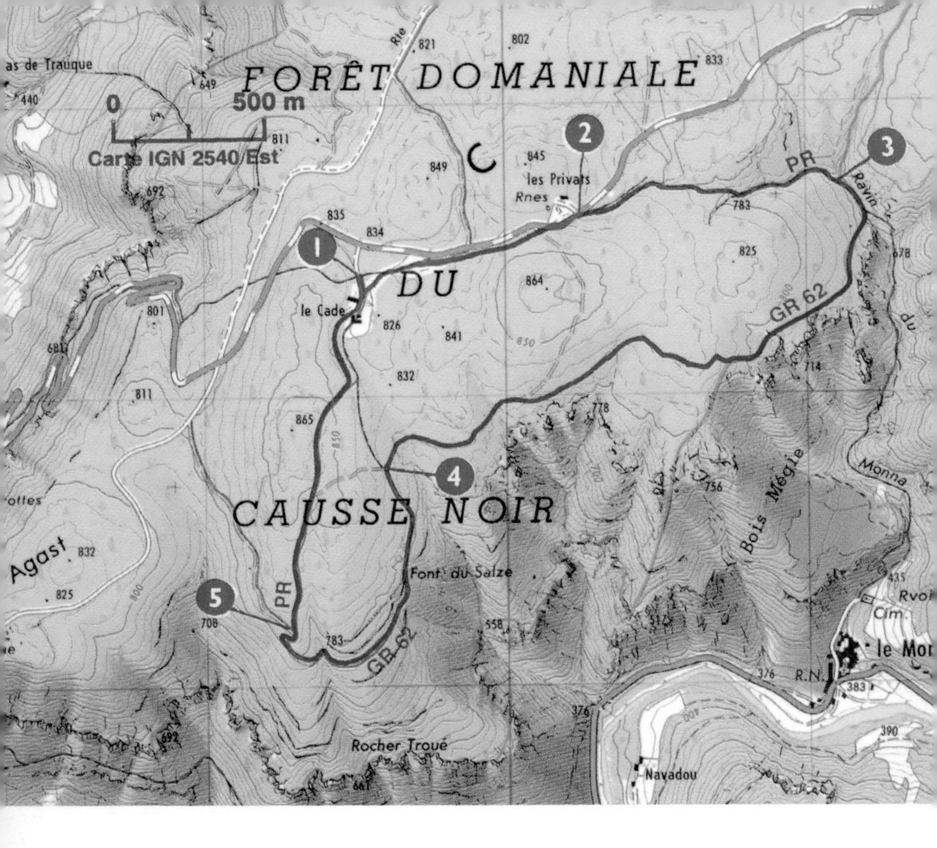

Formation des causses

Les causses ont commencé à se former sur le vieux socle hercynien du Massif Central.

Au Secondaire (il y a 200 millions d'années), le Massif Central, s'affaisse dans la région des grands causses. La mer y pénètre et dépose des marnes, des calcaires (formés de coquillages et de squelettes de poissons) et des dolomies. A la fin du Secondaire, un soulèvement se produit et les causses émergent.

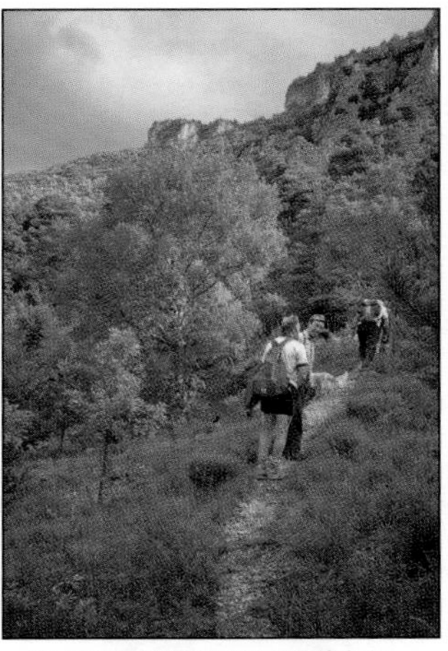

En montant vers les corniches.
Photo J.-C.D.

Au Tertiaire (il y a 60 millions d'années), sous l'effet du plissement alpin les plaques calcaires se disloquent. Les eaux de ruissellement empruntent alors les lignes de cassure. Au Quaternaire (voici 2 millions d'années), les eaux usent le Causse, creusent des gorges, sculptent des ruiniformes, s'infiltrent et créent grottes et résurgences. C'est à cette époque qu'apparaît l'homme.

Les corniches de la Dourbie

Fiche pratique 63

En suivant les falaises du Causse Noir, dominez une nature imposante : canyons vertigineux et avens ciselés dans la roche.

❶ Prendre le chemin de la ferme sur quelques mètres, puis s'engager à gauche sur un sentier qui entre dans des plantations de pins noirs. Il reste parallèle à la route. Arriver à une piste forestière barrée, puis longer la droite de la route sur 150 m.

❷ Obliquer à droite sur un sentier qui s'enfonce dans les bois. Gagner une intersection.

❸ Tourner à droite et monter. Continuer en laissant à gauche le sentier des Ânes qui descend vers Le Monna *(vues sur le Larzac en face et la vallée de la Dourbie)*. Plus loin, ignorer à gauche un sentier balisé en jaune qui mène aussi au Monna. Poursuivre sur les corniches, puis emprunter une large piste à gauche.

❹ Laisser à droite un sentier balisé en jaune qui revient à la ferme du Cade, quitter le chemin et partir à gauche pour rejoindre la Font de Salze *(source du Saule)* et continuer en corniche. Ignorer à gauche le chemin qui descend vers Massebiau.

❺ A la fourche, quitter le GR et prendre à droite le chemin qui monte à travers bois et ramène à la ferme du Cade.

Vautour fauve. *Dessin P.R.*

3 h • 8 Km

860 m / 678 m

Situation Millau, à 81 km au Sud-Est de Rodez par les N 88 et N 9

Parking ferme du Cade (à 7 km au Nord-Est de Millau par la D 110)

Balisage

❶ à ❸ jaune
❸ à ❺ blanc-rouge
❺ à ❶ jaune

Difficulté particulière

■ quelques pentes raides entre ❶ et ❹

Ne pas oublier

À voir

En chemin

■ causse Noir ■ vues sur les gorges de la Dourbie

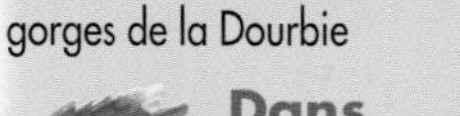

Dans la région

■ ruiniformes de Montpellier-le-Vieux ■ Millau : église Notre-Dame, tour du Beffroi, vieille ville, musées, site archéologique de la Graufesenque

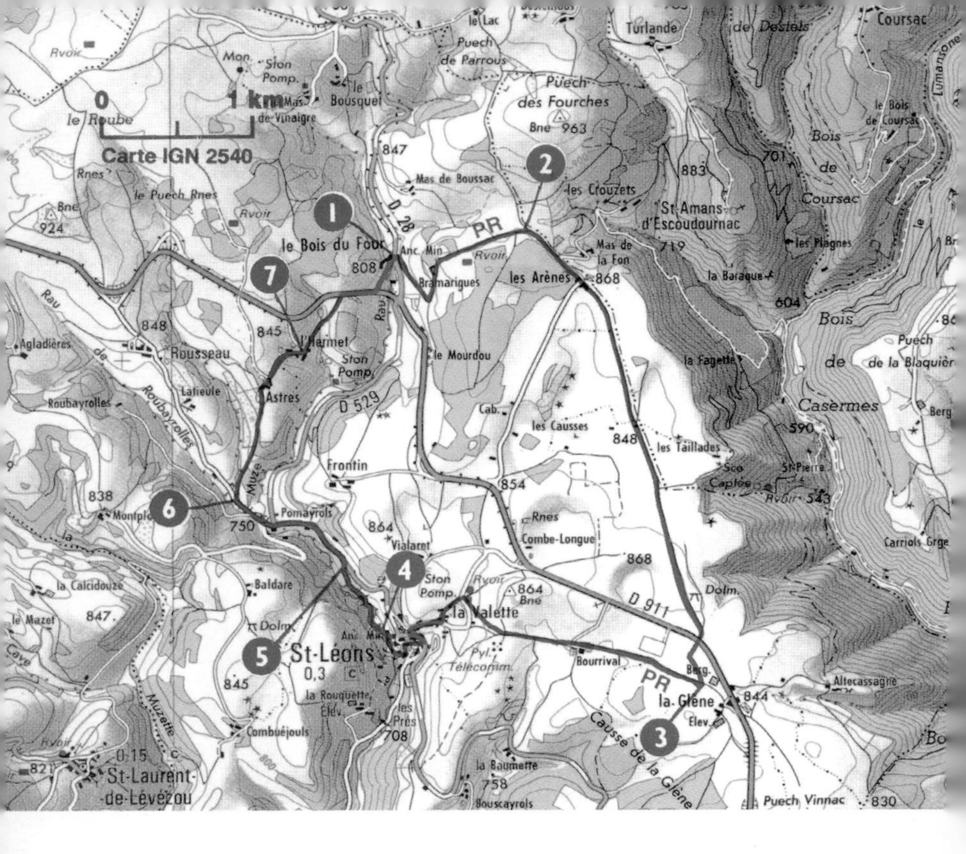

Qui était Jean Henri Fabre ?

Statue de Jean-Henri Fabre. *Photo A.JHF.*

Au cœur de l'Aveyron, à Saint-Léons, pays natal du célèbre entomologiste Jean-Henri Fabre, a été édifié un véritable palais pour les insectes : Micropolis. Sur une surface couverte de 2 400 m², cette cité offre onze espaces d'expositions permanentes, chacun dévolu à un thème entomologique précis. De vivariums en reconstitutions spectaculaires, on chemine dans un véritable centre de découverte des insectes. Grâce à des technologies les plus modernes, le visiteur peut observer de près le comportement fascinant du petit peuple des insectes dans son milieu naturel. Il peut aussi participer à d'étonnantes expériences mettant en présence l'homme, l'insecte et la plante. Micropolis est un véritable lieu magique pour assister au défilé de mille couples d'insectes.

Au pays de Micropolis

Fiche pratique **64**

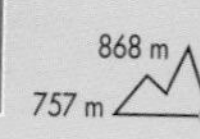

Situation Saint-Léons, à 20 km au Nord-Ouest de Millau par la D 911

Parking hameau du Bois-du-Four (D 911), devant l'office de tourisme

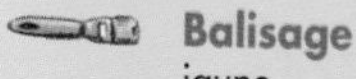

Balisage jaune

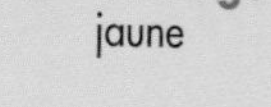

Ne pas oublier

A une altitude voisine de 1 000 m, le Lévézou n'a nullement l'aspect d'une chaîne montagneuse. C'est un haut plateau, habillé de bois (hêtres et résineux) coupant le vert des prairies.

Abeille. *Dessin P.R.*

❶ Face à l'hôtel-restaurant, suivre la D 28 vers Vézins, puis s'engager sur un chemin à droite qui monte à Bramarigues.

❷ Au lieu-dit Rayade, emprunter à droite l'ancienne voie jusqu'aux Arènes *(croix de 1833 ; à la ferme, point d'eau potable)*. Continuer par un chemin d'exploitation qui traverse le causse *(dolmen à gauche)*. A l'entrée de La Glène, couper la D 911. Aller en face en longeant les bâtiments d'exploitation, sur 200 m, puis se diriger à gauche le long des bâtiments, sur 250 m.

❸ Virer en épingle à droite et suivre le chemin qui conduit à Bourival *(croix de 1822)*. Le chemin monte, descend vers Saint-Léons, coupe une route et atteint le centre du village. A la croix en fer forgé, prendre à gauche un sentier qui conduit au château et au musée J.-H.- Fabre. De là, descendre les escaliers pour arriver à la fontaine. Partir à droite vers la place *(ancienne halle, sarcophage)* et descendre pour atteindre la Muze ; la longer par la route à droite *(ne pas la franchir)*.

❹ Passer sur un pont de pierre *(à gauche, ancienne meule de moulin en forme de table en pierre)*, et poursuivre par un sentier à droite. Emprunter un autre petit pont et poursuivre jusqu'à la D 529.

❺ Emprunter la D 529 à gauche. Au premier carrefour, prendre la route à gauche en direction du Rousseau, puis franchir le pont sur la Muze. Poursuivre sur 100 m environ.

❻ S'engager sur le chemin à droite. Il monte à Astres *(croix de 1814)*. A l'entrée du hameau, bifurquer à droite, puis gagner L'Hermet par la route.

❼ Prendre à droite un sentier qui passe devant les maisons *(croix de 1888)*, puis tourner à gauche sur un autre sentier. Emprunter la D 911 à droite, puis aller à gauche pour retrouver Le Bois-du-Four.

À voir

En chemin

■ Bramarigues : croix de 1867, croix de bois 17e ■ dolmen « lo tombal del gigant » ■ Saint-Léons : musée J.-H.-Fabre (visite en juillet et août), halle aux grains, cadran solaire, croix, sarcophage, Micropolis : cité des insectes

Dans la région

■ Vézins-de-Lévézou : château (musée de peinture) ■ églises romanes de Saint-Amans, Saint-Etienne et Saint-Agnan

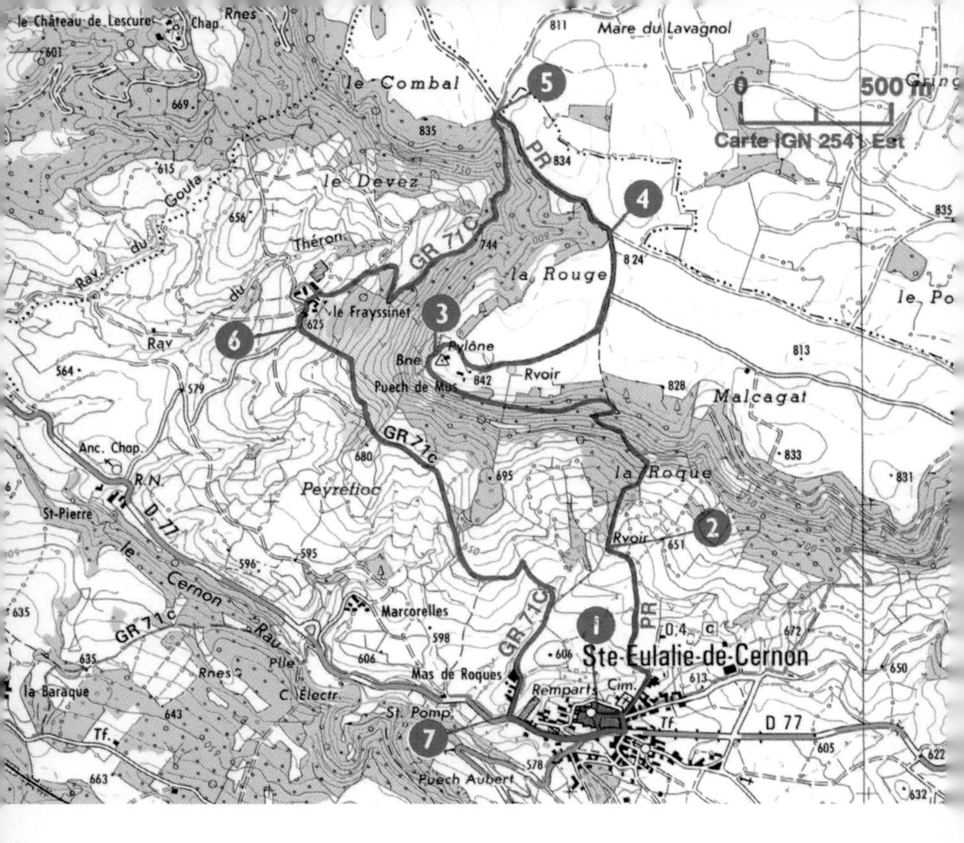

Templiers et Hospitaliers

La nécessité de secourir et d'héberger les pèlerins se rendant au tombeau du Christ a conduit à la création de l'ordre des Hospitaliers vers 1114 puis à celui du Temple en 1118. Les Templiers s'installent sur le Larzac au milieu du 12e siècle puis, pendant les 150 années qui suivent, la commanderie de Sainte-Eulalie occupe une grande partie du Larzac. Les chevaliers du Temple regroupent les populations éparses autour de la Couvertoirade et de la Cavalerie. En 1312, l'ordre du Temple est supprimé par le pape. Ses biens sont transmis aux chevaliers de Saint-Jean-de-Jérusalem. Pendant la guerre de Cent ans, les Hospitaliers fortifient ces sites, qui seront pris par les huguenots au 16e siècle. Le siècle suivant fut prospère et l'on bâtit des hôtels encore en état aujourd'hui.

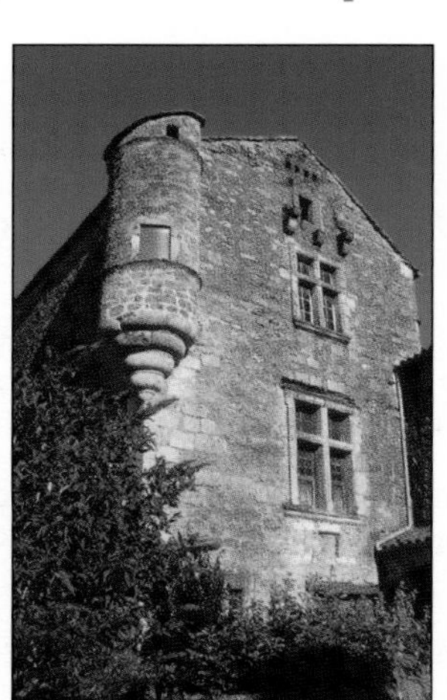

La commanderie de Sainte-Eulalie.
Photo J.-C.D.

Larzac - Templier et Hospitalier

Fiche pratique **65**

Au pied des falaises du Larzac, un village chargé d'histoire au cœur du pays templier et hospitalier, et au départ de la commanderie la mieux conservée de France : Sainte-Eulalie.

Ophrys abeille. *Dessin N.L.*

❶ De la place du Sacré-Cœur, rejoindre l'entrée principale du village et tourner à gauche vers le cimetière. Le laisser à gauche et continuer sur la petite route qui se prolonge à gauche par un chemin caillouteux.

❷ En cours de montée, quitter à droite le chemin pour suivre un sentier assez raide qui serpente à travers les chênes et les buis *(bien suivre le balisage)*. Déboucher dans une pâture, passer en contrebas de la ferme et la contourner pour gagner le relais de télévision et le site archéologique du Puech du Mus *(vue sur la vallée du Cernon)*.

► Un petit détour permet de découvrir les fouilles.

❸ Rejoindre la ferme, puis emprunter le chemin de terre qui passe près du réservoir. Obliquer au Nord et continuer sur le large chemin d'exploitation.

❹ Emprunter à gauche le chemin bordé de champs et arriver à une intersection.

❺ Prendre à gauche le chemin caillouteux qui descend à la ferme du Frayssinet *(goûter à la ferme)*, puis continuer par la route sur 200 m.

❻ Monter à gauche par le chemin de terre vers un petit col, puis descendre par le chemin d'exploitation jusqu'au Mas de Roques.

❼ Emprunter à gauche la D 77 qui ramène à Sainte-Eulalie-de-Cernon.

2h50
8 Km

842 m
578 m

Situation Sainte-Eulalie-de-Cernon, à 24 km au Sud-Est de Millau par les N 9, D 277 et D 77

Parking à proximité du cimetière

Balisage

❶ à ❺ jaune
❺ à ❼ blanc-rouge
❼ à ❶ jaune

Difficulté particulière

■ montée un peu raide entre ❷ et ❸

À voir

En chemin

■ Sainte-Eulalie-de-Cernon : église et commanderie ■ site archéologique du Puech de Mus ■ ferme du Frayssinet (visite et goûter possible)

Dans la région

■ source du Cernon en amont de Sainte-Eulalie
■ La Cavalerie : site fortifié 15e par les Hospitaliers
■ L'Hospitalet-du-Larzac : église 19e, Vierge en bois16e

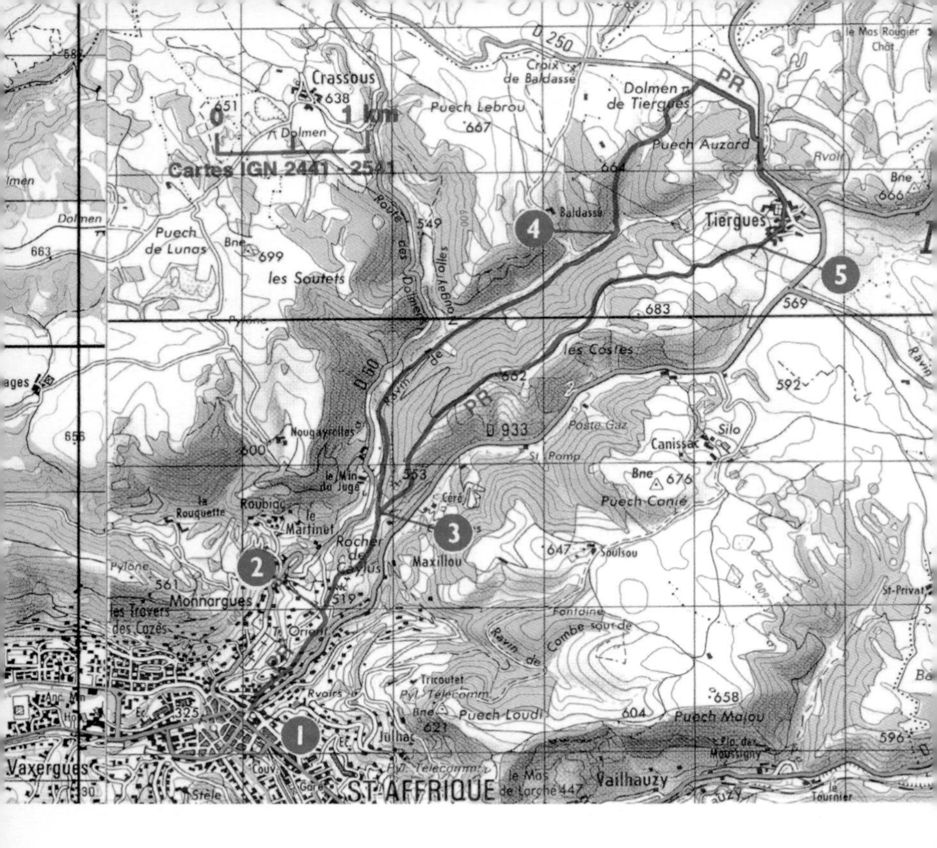

Roquefort et son fromage

Connu et apprécié depuis l'Antiquité, le roquefort doit sa célébrité au site qui lui a donné naissance, le Combalou, impressionnante masse rocheuse sur les flancs de laquelle s'étire la cité de Roquefort. Grâce à des failles appelées « fleurines », des courants d'air frais et humide maintiennent une température et une hygrométrie constantes, permettant le développement d'une flore microscopique spéciale : le pénicillium roquefortis . Là se trouve l'origine de la robe « tachetée » de ce fromage si renommé depuis longtemps. C'est en visitant ses caves que l'on apprend tous les détails le concernant, et, après avoir dégusté « le roi des fromages », on peut découvrir la beauté majestueuse du site en parcourant le sentier des Echelles (balade de 2 h).

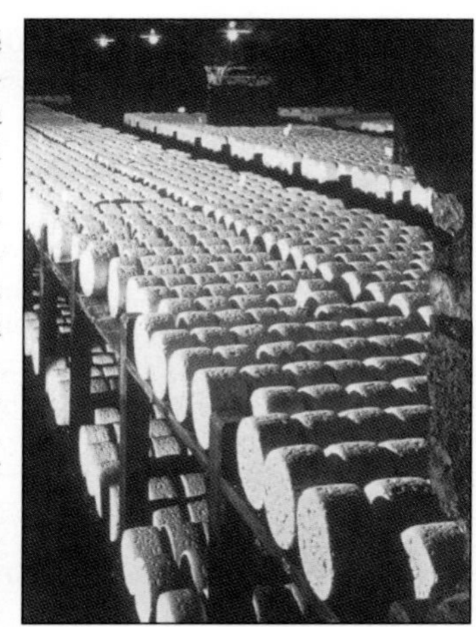

La lente macération commence….
Photo R.S.

Au pays de Roquefort

Fiche pratique 66

Brebis. *Dessin P.R.*

Deux vestiges du passé très chers aux Saint-Affricains : le dolmen de Tiergues classé monument historique et le rocher et son sentier botanique sur lequel était édifié jadis le château des comtes de Caylus.

4 h
13 Km

662 m
325 m

Situation Saint-Affrique, à 31 km au Sud-Ouest de Millau par les D 992 et D 999

Parking office du tourisme

Balisage jaune

Difficulté particulière

■ prudence pour monter au rocher de Caylus entre ② et ③

❶ De la place Painlevé, prendre la D 993 sur 100 m, puis passer sous le porche à gauche et continuer sur le chemin. Emprunter la route à droite qui monte. A l'entrée du lacet, s'engager tout droit sur le sentier et poursuivre sur le chemin plus large qui mène à la route.

❷ Utiliser à droite le chemin empierré qui contourne le rocher de Caylus.

► Possibilité de parcourir le sentier botanique en 1 h.

A l'Est du rocher, prendre le sentier qui s'élève peu à peu et surplombe la D 993 à droite.

❸ A la fourche, bifurquer à gauche sur le sentier du vallon parallèle à la D 50. Longer le ravin et le ruisseau de Nougayrolles, par le chemin ombragé et laisser à droite le chemin d'exploitation qui grimpe vers la crête. Après la bergerie, le chemin s'élargit et atteint une intersection.

❹ Monter à gauche par le sentier dans le bois et déboucher sur le plateau près du dolmen de Tiergues. Après le dolmen, emprunter la D 250 à droite et gagner Tiergues. Prendre la rue à droite le long du cimetière et traverser le village.

❺ Après les dernières maisons, au carrefour de la croix, s'engager sur le chemin en face bordé de murs et de haies. Utiliser une longue bouissière (chemin bordé de buis) qui se termine sur la crête de la colline *(vue sur Caylus et Saint-Affrique)*. Continuer sur la crête à travers pelouses et bosquets, longer une plantation de cèdres, puis descendre vers le rocher de Caylus en passant à gauche d'une falaise.

❸ Reprendre l'itinéraire suivi à l'aller pour retrouver le point de départ.

À voir

En chemin

■ Saint-Affrique : pont Vieux 14e, église néogothique 19e ■ rocher de Caylus ■ sentier botanique ■ dolmen de Tiergues

Dans la région

■ Roquefort : caves et musée archéologique ■ Vabre : ancien évêché, église gothique (résidence d'été des évêques de 1317 à 1790) ■ Valhauzy : village pittoresque, église et château ■ Saint-Izaire : château 16e

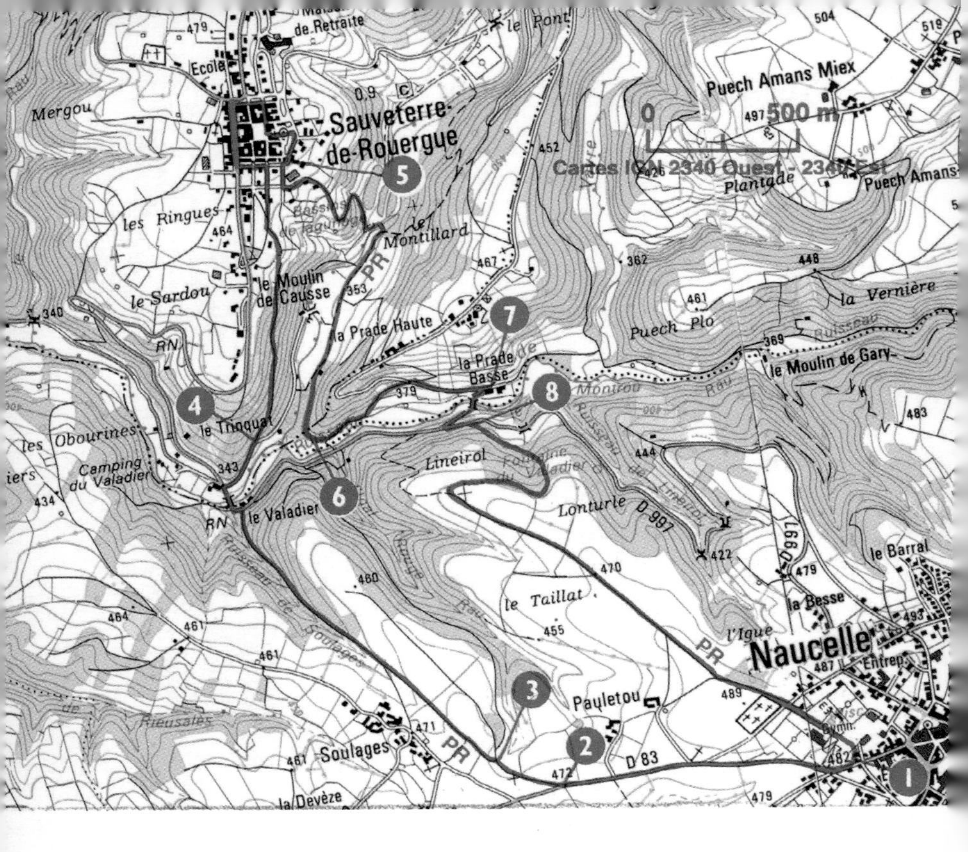

Bastides et sauvetés

Après des siècles marqués par les invasions, le Ségala s'ouvrit aux nouveautés médiévales. La seigneurie prit la relève du domaine gallo-romain. La féodalité entraîna la floraison de nombreux châteaux construits sur les pitons surplombant les rivières (Castelpers, Jalenques, Villelongue...). Face à la féodalité, l'Eglise entreprit une contre-offensive. A partir du 12e siècle, les institutions monastiques se multiplièrent, en opposition au pouvoir royal. Ainsi, des sauvetés fondées par les Cisterciens, les Hospitaliers et les Templiers s'implantèrent en Ségala. Au 13e siècle, sous couvert du roi, de nombreuses bastides furent fondées, souvent en accord avec les propriétaires des terres, ceux-ci s'associant avec les églises et les établissements monastiques. C'est ainsi que Sauveterre fut bâtie en 1281.

Un pont ancien. *Photo J.-M.M.*

Entre Sauveté et Bastide

Fiche pratique **67**

3 h
11 Km

489 m
343 m

Ce circuit au pays des Cent-Vallées offre un paysage contrasté aux pentes boisées, aux gorges profondes où serpentent de moulin en moulin, le Viaur, le Lézert et leurs affluents.

1 Emprunter la D 83 vers Villelongue sur 1,2 km, en laissant à droite les deux fermes de Pauletou.

2 Prendre à droite le chemin empierré de Côté-Vieille sur 300 m.

3 Bifurquer à gauche. Laisser à gauche le hameau de Soulages et continuer. Le chemin descend et arrive au moulin du Valadier. Tourner à gauche, franchir le pont sur le Lézert à droite, puis emprunter la route à droite sur 300 m.

4 S'engager à gauche sur le chemin. Il conduit à Sauveterre-de-Rouergue.

Bastide royale fondée en 1281 par le sénéchal du Rouergue pour asseoir l'autorité du roi. La ville grandit assez rapidement et les différents pouvoirs lui apportèrent une aide importante : privilèges dès 1284, baillage paroissé en 1330. Chef-lieu de baillage sous l'Ancien Régime, puis chef-lieu de district pendant la période révolutionnaire, cette bastide connut les premiers signes du déclin économique au 19e siècle.

5 Du Tour-de-Ville *(ancien emplacement des fossés)*, passer devant la salle des fêtes et prendre à gauche le chemin qui longe le bâtiment, côté Sud. Descendre par un chemin creux en forte pente au lieu-dit Le Montillard. Franchir le ruisseau par une passerelle, tourner à droite et le longer en rive gauche jusqu'au confluent avec un autre ruisseau, le Vayre.

6 Tourner à gauche, longer le Vayre, puis s'en écarter sur 200 m. Emprunter la route sur 200 m.

7 A la ferme de la Prade, partir à droite et franchir le ruisseau. Prendre la D 997 à gauche sur 100 m.

8 S'engager à droite sur le chemin qui conduit sur le plateau. Il ramène à Naucelle, du côté de la piscine, près de la halle polyvalente.

Situation Naucelle, à 36 km au Sud-Ouest de Rodez par les N 88 et D 997

Parking près de la halle polyvalente

Balisage jaune

Difficulté particulière

- parfois boueux entre 4 et 5

2 h 1 h 30

À voir

En chemin

- Naucelle : porte des Anglais 15e, église Saint-Martin, rue du Four
- bastide de Sauveterre

Dans la région

- château du Bosc (enfance de Toulouse-Lautrec)
- Cabanès : église 14e
- Saint-Clair-de-Verdun : chapelle pré-romane
- Villelongue : musée de la Résistance

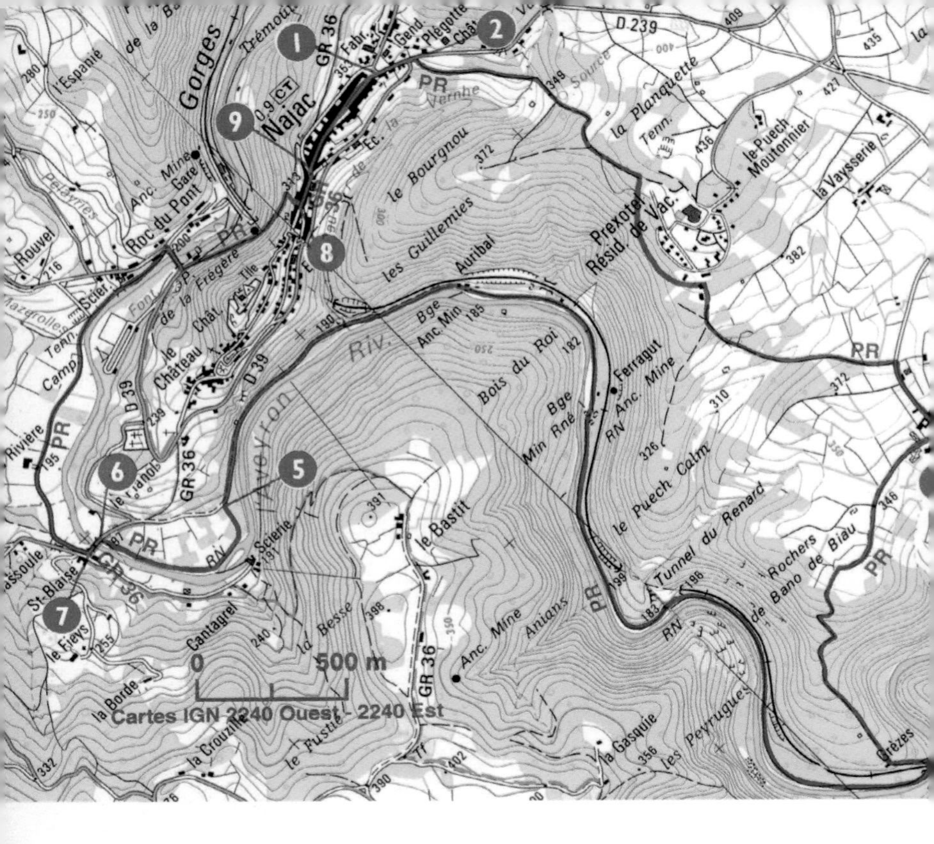

Najac, « village fortifié »

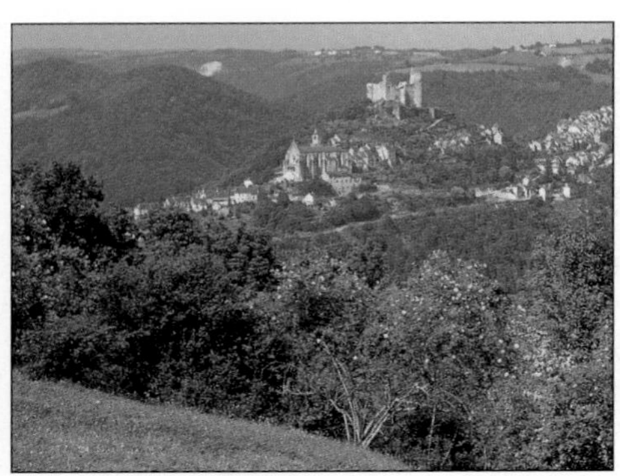
Najac, vue du sommet du bois du Roi. *Photo M.A.*

La position stratégique de verrou du Rouergue vaut à Najac une histoire mouvementée. Si l'hérésie gagna en son temps, le village, méritait-elle l'agressivité, la violence pratiquée par Simon de Montfort ? La forteresse fut réparée et agrandie en 1253, afin de maîtriser la population hostile au rattachement du Rouergue à la naissante couronne royale. Le château, forteresse inexpugnable, campé sur la colline abrupte qui enveloppe un grand méandre de l'Aveyron, domine le village. Il a été la clef de voûte de ce pays dont on se disputa longtemps la possession. L'église, construction austère du 13e siècle, d'une grande sobriété, fut la première église paroissiale gothique du Rouergue. C'est un bel exemple de l'art ogival méridional.

Un beau village : Najac

Fiche pratique **68**

S'allongeant sur une crête surplombant la rivière, le bourg de Najac, avec son château et ses vieilles demeures, bénéficie du label « Villes et Pays d'Art et d'Histoire ».

❶ De la place du Faubourg, descendre la D 39 sur 200 m. Passer le carrefour et continuer tout droit sur 100 m.

❷ Bifurquer à droite et poursuivre par un large sentier vers la résidence Val-Vacances *(vues sur le château-fort, l'église gothique et la vallée)*. Le chemin passe sous le village. Au dernier bungalow, prendre un autre sentier *(au sud du village)*. Continuer tout droit, descendre dans une combe, remonter et emprunter la route à droite qui conduit à Cassagnes *(maisons anciennes et rénovées, lavoir typique)*.

❸ Au calvaire, s'engager à droite sur un large chemin. Il descend vers les gorges de l'Aveyron. Au cours de la descente, virer en épingle à gauche, puis rejoindre la vallée au pont du chemin de fer *(ligne Capdenac-Toulouse construite en 1862 : sur 16 km, on compte 13 ponts et 13 tunnels)*.

❹ Passer sous le pont et suivre un chemin ombragé qui longe l'Aveyron *(anciens moulins du Ferragut, usine électrique jusqu'en 1936, et de l'Auribal)*. Continuer au pied de la grande muraille du chemin de fer, puis de hauts rochers *(anciennes mines gallo-romaines de cuivre et de plomb)*. La vallée s'élargit avec en face l'ancien moulin de Cantagrel *(chante-grillon)* reconverti en usine électrique.

❺ Après un petit bosquet de sapins, bifurquer à gauche. Rejoindre la rivière et la longer jusqu'au pont en dos d'âne de Saint-Blaise.

❻ Franchir le pont.

❼ Prendre à droite le chemin qui suit l'Aveyron jusqu'à la base de loisirs. Longer la piscine par la droite et aboutir au pont de la Frégère. Franchir le pont à droite et monter à gauche par l'ancienne côte médiévale qui grimpe vers le bourg. En vue des premières maisons, obliquer à droite et arriver dans le bourg, face à la maison des Gouverneurs *(chapelle et hôpital des moines d'Aubrac)*.

❽ De la place St-Barthélémy, monter la rue principale *(fontaine monolithe de 1344, Barriou, Bastide et arcades)*.

❾ Rejoindre la place du Faubourg.

3 h 45
12,5 Km

353 m
185 m

Situation Najac, à 22 km au Sud de Villefranche-de-Rouergue par les D 47 et D 39

Parking place du Faubourg

Balisage

❶ à ❻ jaune
❻ à ❼ blanc-rouge
❼ à ❽ jaune
❽ à ❾ blanc-rouge
❾ à ❶ jaune

Difficulté particulière

■ montée raide avant ❽

Ne pas oublier

2 h 45 2 h

À voir

En chemin

■ Cassagnes : anciennes maisons ■ pont Saint-Blaise de 1274 ■ Najac : village fortifié, château, fontaines, arcades, église

Dans la région

■ château rénové de Mazerolles 13e et de Sanvensa 13e ■ ancien village fortifié de Lunac ■ gorges de l'Aveyron

De la mine aux thermes

Dès l'époque romaine, Cransac est connue pour ses sources aux vertus bienfaisantes. Au cours des siècles, la cité thermale étend son influence grâce à ses eaux minérales mais aussi grâce à un phénomène étonnant, « la Montagne qui brûle ». Des collines environnantes, s'échappent des gaz secs et chauds, chargés de principes rares, qui sont employés en étuves pour le traitement des rhumatismes. La station thermale connaît son âge d'or au 18e siècle L'exploitation des mines viendra mettre un terme à cette période faste. Après la fermeture des mines, dans les années soixante, Cransac redécouvre le thermalisme. Tout est à refaire, mais la montagne souffle toujours son haleine de vie et Cransac retrouve ses droits et de « ville noire » est devenue une « ville verte » et thermale.

Aubin : le mineur. *Phot Y.E.*

De la Mine aux Thermes

Fiche pratique **69**

Situation Cransac, à 7 km au Sud-Est de Decazeville par les D 22 et D 11

Parking place de la Mairie (devant l'office de tourisme)

Balisage jaune

1 h 30   1 h

Surprenante balade autour de Cransac et d'Aubin. Ici, les paysages actuels racontent une histoire : celle du combat incessant de l'eau et du feu (sources thermales et charbon) dans les entrailles de la terre.

1 Passer devant le centre de secours, traverser le parc thermal *(ancien site minier)* et longer la salle d'accueil *(bâtiment en briques qui abritait la machinerie du puits n°1)*. Continuer vers les courts de tennis, puis suivre l'avenue jusqu'aux feux.

2 Partir à gauche vers la gare, passer sous la voie ferrée, puis longer l'usine Coger. Laisser à gauche la route de la zone artisanale pour, plus loin, dépasser une maison dans un virage à gauche. Poursuivre sur 150 m.

3 S'engager à droite sur un sentier qui mène à Lavergne. Au bout, prendre le chemin en pente et aboutir sous le hameau de Lavergne. Tourner à gauche.

4 Partir à droite d'une cabane, puis emprunter la route à droite. Elle conduit à une ferme au sommet de la colline. Continuer sur 300 m.

5 Dans la descente, s'engager à gauche sur un chemin. Gagner Le Bac, puis poursuivre tout droit vers Les Courtines. Descendre, emprunter la D 5 à droite et passer sous le viaduc. Prendre la première rue à gauche vers l'église, puis revenir vers le centre-ville et le musée de la Mine. Enfiler l'une des rues qui longe la mairie et, par les rues Brassat et Alary, atteindre l'escalier de la chapelle et du calvaire qui dominent le bourg *(leur construction remonte aux premiers siècles de notre ère)*.

6 Au calvaire, s'engager sur le sentier qui mène à La Peyrade. Au carrefour, continuer tout droit puis arriver à un croisement de trois chemins.

7 Prendre à gauche le chemin plat. Longer l'arboretum et poursuivre, après l'étang, sur un large chemin. A la route, monter à droite jusqu'au croisement, puis obliquer à gauche.

8 Entrer à droite dans la forêt de la Vaysse. Au croisement avec un sentier, continuer tout droit, puis emprunter le sentier et la route qui descend vers les thermes. Rejoindre Cransac par la route.

À voir

En chemin

■ Cransac : établissement thermal, anciens bâtiments de mines rénovés, salle de l'Envol (histoire de la ville en maquettes) ■ Aubin : musée de la Mine, église Notre-Dame (pierre d'« oustel » 11e), fort

Dans la région

■ Combes : église moderne (fresques) ■ Decazeville : site de la Découverte, musée géologique, église Notre-Dame, chemin de croix ■ Firmi : Puy de Wolf

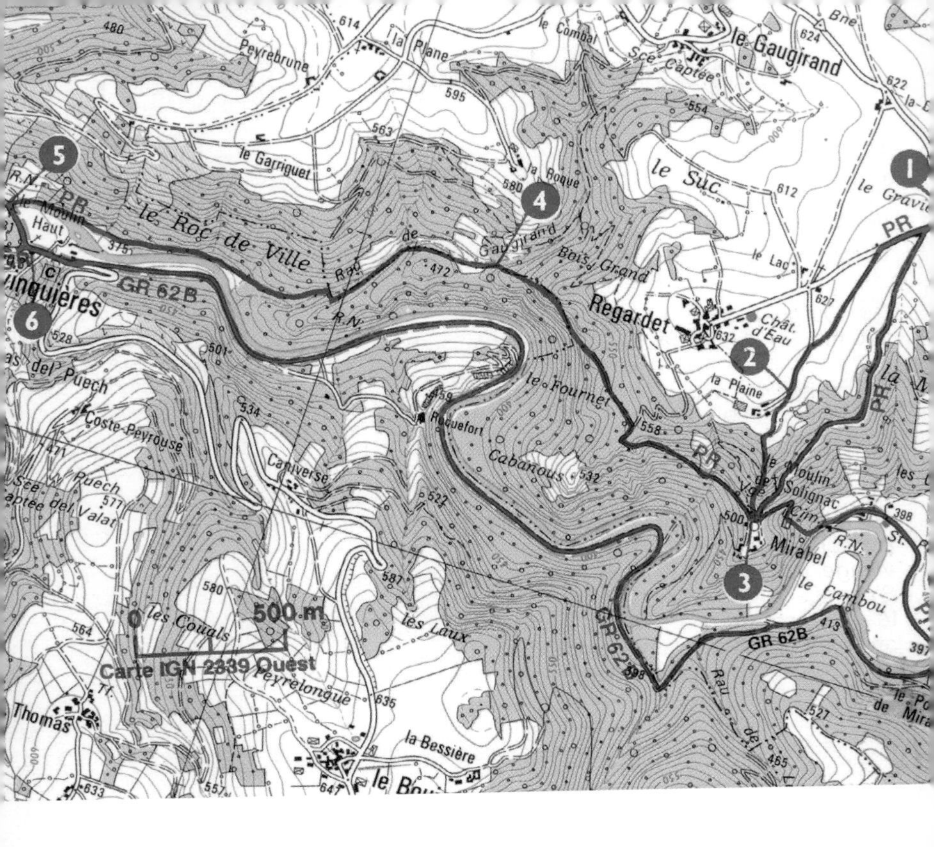

Le chemin de la résistance

Au cours de la guerre 1939-1945, face à l'occupation allemande qui étouffait le pays entier, un peu partout en France naquirent des mouvements de Résistance aux origines diverses : la classe ouvrière, les jeunes réfractaires au Service du Travail Obligatoire (STO), divers mouvements de jeunes, des cadres de l'armée dissoute, des réfugiés politiques espagnols antifascistes, etc. C'est à partir de novembre 1942, avec l'arrivée des Allemands, que la Résistance se structura en unités mieux armées. Un vrai village de « maquisards » s'installa entre Mirabel et Prévinquières au lieudit Miéjesoules sur la rive droite de l'Aveyron. Ainsi commencèrent les premières missions de résistance et les premiers combats... Ce maquis compta jusqu'à 1500 hommes et fut dissout en septembre 1944.

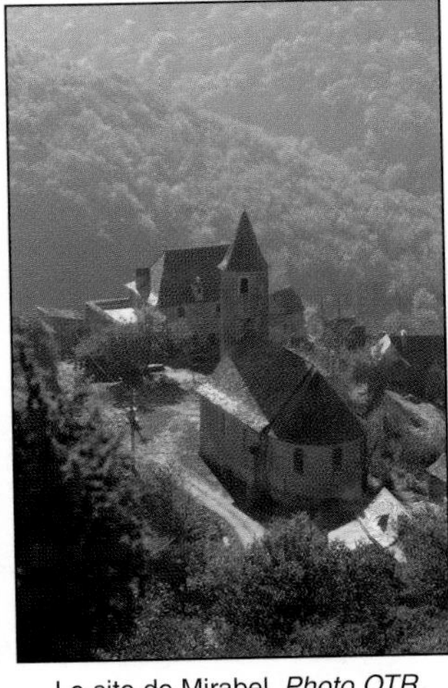
Le site de Mirabel. *Photo OTR*

Les gorges de l'Aveyron

Un rendez-vous avec des paysages nature, où légendes et histoires rappellent des souvenirs évocateurs, empreints de poésie sur fond d'horizons qui flambent comme dans un perpétuel coucher de soleil.

1 Du point d'information, se diriger vers Regardet sur 170 m, puis s'engager à gauche sur le chemin.

2 Laisser le hameau de La Plaine à droite et gagner un éperon *(vue panoramique sur la vallée et le site de Mirabel, table d'orientation, calvaire, rocher de la Vierge).* Descendre vers Mirabel.

3 Suivre à droite l'itinéraire qui mène à Prévinquières *(parcours à thèmes : découverte de ce que fut la vie du village, de la source, de l'espace-flore et du lavoir).* S'engager sur le sentier escarpé à travers les genêts et les châtaigniers *(Roc de l'Âne, cave Courtine)* et atteindre le rocher des Chiens *(point de vue).* Traverser le boisGrand (sapins) et gagner le ruisseau du Gaugirand.

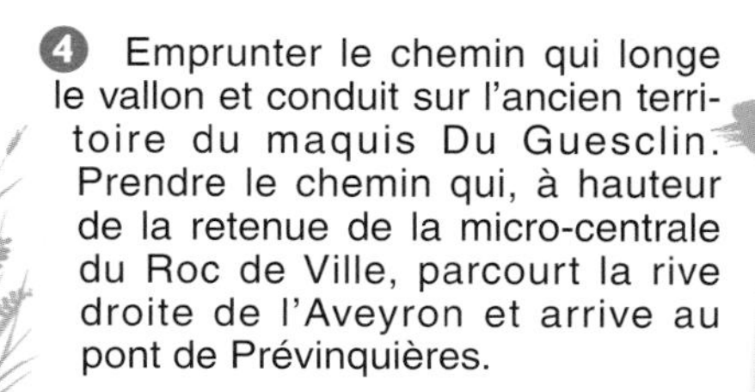

4 Emprunter le chemin qui longe le vallon et conduit sur l'ancien territoire du maquis Du Guesclin. Prendre le chemin qui, à hauteur de la retenue de la micro-centrale du Roc de Ville, parcourt la rive droite de l'Aveyron et arrive au pont de Prévinquières.

5 Franchir le pont à gauche, puis suivre la D 61 et gagner un carrefour.

Lièvre. *Dessin P.R.*

► Accès à Prévinquières en continuant par la D 61 sur 300 m.

6 Emprunter la route à gauche, franchir le pont et revenir vers la micro-centrale. Continuer par le chemin qui longe la rive gauche de l'Aveyron jusqu'au Pont-de-Mirabel. Passer le pont à gauche.

7 S'engager sur le chemin à gauche qui traverse les chataigneraies, puis continuer par le chemin du Cimetière qui rejoint Mirabel.

8 Prendre à droite le chemin ombragé et parfois caillouteux qui ramène au point de départ.

Fiche pratique 70

3h30
13 Km

621 m
375 m

Situation Rignac, à 30 km à l'Ouest de Rodez par la D 594n

Parking point d'information, au carrefour Le Gravié (à 3,5 km au Sud-Ouest du bourg par la D 75 et la route de Regardet)

Balisage

1 à 5 jaune
5 à 7 blanc-rouge
7 à 1 jaune

Ne pas oublier

À voir

En chemin

■ vues sur la vallée de l'Aveyron ■ village restauré de Mirabel : église, presbytère (transformé en gîte et atelier d'artistes), rocher du Siège du Seigneur ■ Prévinquières : maisons anciennes à colombage

Dans la région

■ Belcastel : « un des plus beaux villages de France », château, vieux pont 15e, église 14e ■ Mayran : église (peintures murales 17e-18e) ■ Bournazel : village typique avec maisons et château 15e-16e ■ Buenne : chapelle et point de vue

Le Lot

Photos N.B.

Le Lot est riche de paysages aux caractères contrastés. Au cœur du département, où s'étend le Parc naturel régional des Causses du Quercy, vous êtes au royaume de la pierre. Pays paisible, où les brebis pâturent entre les murets, pays secret où des gouffres s'ouvrent entre les petits chênes et les genévriers. Côté nord-ouest, la Bouriane offre la fraîcheur de vallons boisés. Côté nord-est s'élève le haut-pays du Ségala, où les ruisseaux cascadent sous les forêts de hêtres. Majestueuses, les deux grandes vallées qui traversent le département, celles du Lot et de la Dordogne, égrènent au fil de l'eau des châteaux et des villages perchés à flanc de falaise.

Rocamadour. *Photo CDT 46*

L'ancienne province du Quercy doit son nom au peuple gaulois des Cadourques, rendu célèbre par sa résistance aux légions romaines. Au Moyen Age, les grands marchands « Cahorsins » firent la fortune des villes quercynoises, comme l'attestent les quartiers anciens sauvegardés de Figeac, de Cahors ou de Gourdon. Très préservé, le Lot recèle un patrimoine architectural d'une densité rare. Pas un village qui n'arbore son église romane ou sa tour médiévale ! Les chemins de randonnée offrent une découverte privilégiée de l'architecture rurale du 19e siècle : maisons à « bolet », « caselles » de pierres sèches, pigeonniers, puits et lavoirs…

Quant au patrimoine gastronomique, sa réputation n'est plus à faire : le Lot est le pays du vin et de la truffe, des confits et du foie gras… et de bien d'autres spécialités gourmandes, comme la « mique » ou le « pastis ».

Au cœur du vignoble de Cahors

Bien avant la conquête romaine, la vigne avait colonisé le pays des Cadourques. Le vin de Cahors fut très tôt célèbre hors du Quercy. Dès le Moyen ge, les bateaux descendant la rivière «Olt» se chargeaient de barriques en partance pour des pays lointains. En Russie, c'était le vin de messe de l'Église orthodoxe ; le Tsar Pierre Ier en fit son élixir de santé !

Au 19e siècle, la moindre pente dans le département était plantée de vigne. Brutalement anéanti par le phylloxera vers 1876, le vignoble a été reconstitué sur les terrasses caillouteuses bordant la vallée du Lot, et doté de l'Appellation d'Origine Contrôlée en 1971. Vin rouge puissant, le cahors n'est jamais meilleur que sur les savoureuses spécialités de la cuisine quercinoise.

Photo N.B.

Le circuit des Payrols

Fiche pratique 71

Ce circuit combine de magnifiques points de vue sur la vallée du Lot et ses environs, la découverte du site naturel pittoresque des Payrols et un agréable retour le long du Lot.

281 m
96 m

Situation Albas, à 28 km à l'Ouest de Cahors par les N 20, D 911 et D 9

Parking place de la Poste

Balisage jaune

Ne pas oublier

2 h 1 h 30

❶ Face à la poste, prendre la rue qui monte à gauche. Dans le premier lacet, gravir les marches *(pour les chevaux, possibilité de contourner l'escalier par la gauche pour rejoindre le sentier)*, puis s'engager sur un sentier qui s'élève et rejoint la D 37.

► Accès à la table d'orientation, par le chemin empierré à gauche.

❷ Couper la route et continuer sur le chemin en face jusqu'à la croix Girard. Prendre à gauche le chemin de crête, la D 37 à droite sur 200 m, puis la route de Souleillat à gauche sur 80 m.

❸ Monter à droite dans le talus et suivre un sentier entre les chênes. Emprunter la route à droite et arriver au Souleillat. A la deuxième intersection, enfiler à droite la « voie sans issue ».

❹ Après la deuxième maison à droite, s'engager à droite dans un passage herbeux entre des habitations. Descendre un sentier qui vire en épingle à cheveux, franchit un ruisseau, puis débouche dans le virage d'un large chemin.

❺ Descendre ce dernier à gauche.

► Accès au site naturel des Payrols, en utilisant à droite un passage.

Poursuivre la descente *(à droite, dent de Charlemagne puis entrée d'une ancienne mine)*. Emprunter la route à droite.

❻ En vue des maisons de Rivière-Haute, avant le ruisseau, s'engager à droite sur un sentier herbeux. Couper une route et continuer en face. Traverser la D 8 et aller en face vers Cambou.

❼ A la placette, partir à gauche entre les maisons et gagner le Lot. Emprunter à gauche l'ancien chemin de halage *(vue sur le village perché d'Albas)* jusqu'au pont, puis une rue étroite et raide pour retrouver Albas.

À voir

En chemin

■ table d'orientation : point de vue sur la vallée du Lot ■ site naturel des Payrols ■ dent de Charlemagne ■ chemin de halage

Dans la région

■ vignoble de Cahors ■ château de Grézels ■ Puy-l'Evêque : site remarquable dominant le Lot ■ Belaye : église, point de vue sur la vallée du Lot

Une bastide d'origine royale

Les « bastides » sont nées par centaines au 13e siècle dans le Midi toulousain. Ces villes nouvelles étaient fondées par les puissants du moment, afin d'attirer la population en surnombre, de favoriser la croissance économique… et d'asseoir leur pouvoir. Dans le jeu politique préludant à la guerre de Cent Ans, les bastides étaient autant de pions avancés par les souverains de France et d'Angleterre. Plusieurs villages lotois ont pour origine une bastide médiévale.
Fondée en 1298 par le roi Philippe le Bel, Montcabrier a conservé son plan régulier initial, son église gothique et les restes d'une enceinte fortifiée. L'essor de la bastide et sa rivalité avec le « castrum » voisin se solda par la ruine du château seigneurial de Pestilhac.

Photo N.B.

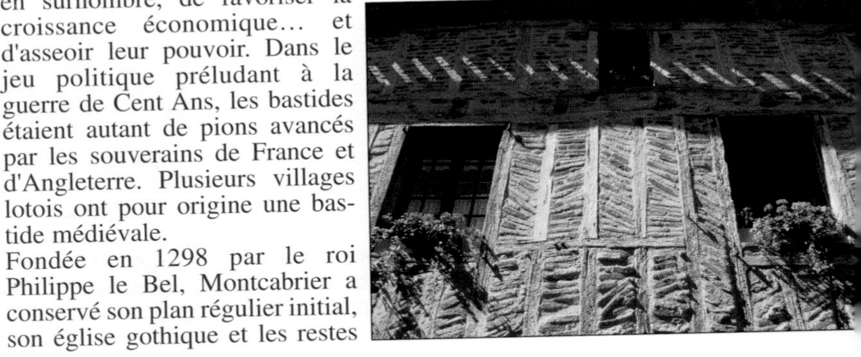

Le tour de Montcabrier

Fiche pratique **72**

Au départ de la bastide de Montcabrier, ce circuit vous enchantera par ses agréables sentiers ombragés. « Gariottes », arche naturelle, moulin à eau, puits et calvaire agrémentent cette balade.

1 Dos à l'église, passer au pied de la maison à échauguette et continuer. Face à une maison, aller à gauche pour franchir une porte de l'ancienne enceinte. Emprunter la D 58 sur 30 m à droite, puis descendre à gauche. Prendre la D 673 à gauche sur 300 m.

2 Suivre le chemin à droite et arriver à une patte d'oie.

► A 50 m à gauche, gariotte.

► Un sentier raide conduit à l'arche naturelle *(5 mn)*.

Poursuivre sur le sentier *(vue sur Montcabrier)* et atteindre un carrefour de routes.

► Accès aux ruines du château de Pestillac par la D 68 à gauche *(5 mn)*.

3 Continuer en face sur la route du bas. Après Mignot, suivre à droite un chemin goudronné qui devient sentier. Au croisement sous la ligne électrique, aller à droite puis à gauche. Passer le camping du Moulin de la Borde, puis un hangar et rejoindre un large chemin. Poursuivre la route sur 50 m, puis prendre à droite un chemin. Face à un pré, monter le sentier à gauche *(fontaine-lavoir)*.

4 Emprunter la D 673 à droite. Laisser à droite la route qui mène à un moulin, continuer 30 m, prendre le sentier à gauche, puis la route à gauche sur 500 m.

5 En vue d'une maison, suivre un chemin à gauche. Il traverse un bois. Utiliser la route à droite sur 1 km.

6 S'engager à droite sur un chemin, puis aller deux fois à droite. A la croisée des chemins, virer à gauche. Emprunter la route à gauche jusqu'à hauteur du Fraysse.

7 Prendre le chemin à droite sur 200 m, puis le sentier à gauche. Il passe au pied d'une gariotte. Gagner la ferme de Fraysse-Haut puis une intersection.

8 Tourner à droite dans les bois. Continuer entre deux vignes, couper la route et emprunter la route de Salsac. Virer à gauche. Poursuivre la route sur 400 m. Partir à droite, puis à gauche et retrouver Montcabrier.

3 h 30 • 12,5 Km

267 m
115 m

Situation Montcabrier, à 40 km au Nord-Ouest de Cahors par les N 20, D 911, D 660 et D 673

Parking église

Balisage

1 à 3 blanc-rouge
3 à 8 jaune
8 à 1 blanc-rouge

Ne pas oublier

À voir

En chemin

- Montcabrier : église (portail gothique), ancienne enceinte
- gariotte
- arche naturelle
- ruines du château de Pestillac 11e-12e
- fontaine-lavoir

Dans la région

- château de Bonaguil
- vallée du Lot

Les châtaigneraies de la Bouriane

Aux confins du Périgord, la Bouriane se couvre d'étendues boisées. Ici, les roches anciennes disparaissent sous des sols sableux plus récents, domaine des fougères et des bruyères. L'arbre-roi est le châtaignier. Futaies et taillis sont exploités pour le bois (dont on fait les piquets de vigne, entre autres). Dans les plantations, les grands arbres à l'écorce crevassée fournissent les fameux « marrons » qui finiront glacés par les soins des confiseurs, ou grillés sur les trottoirs parisiens…

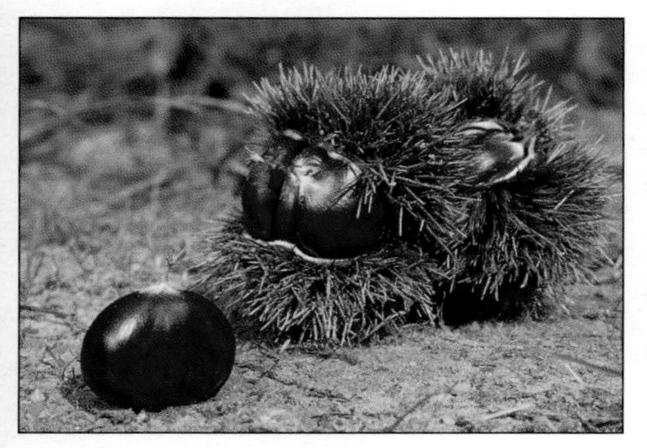

Cependant la roche calcaire n'est jamais très loin. Là où ses dalles affleurent, la châtaigneraie s'interrompt, faisant place aux prairies ponctuées de « caselles ». Cette pierre aux tons dorés donne un attrait particulier aux villages de la Bouriane.

Photo N.B.

Le circuit des trois villages

Fiche pratique **73**

Les amateurs de nature et de calme découvriront sur ce circuit des trois villages, de nombreuses cazelles ainsi qu'à Goujounac, les vestiges d'un prieuré roman.

1 De l'église, prendre la D 673 vers Fumel.

2 Poursuivre sur la route, puis emprunter la D 44 à gauche. Au stade, franchir le ruisseau de Pomarède.

3 S'engager à droite sur un chemin de terre qui monte et traverse la forêt.

► Attention : la cueillette des champignons est interdite.

4 Suivre la route à gauche et gagner Pomarède. Partir à droite derrière l'église, prendre le chemin à gauche, puis la route à gauche sur 150 m.

5 S'engager sur le chemin à droite et gagner la ferme de l'Esturgonne. Bifurquer deux fois à droite. A la sortie du bois, emprunter la route à gauche sur 400 m.

6 Dans un virage en côte après une grange, prendre le chemin à droite *(cazelle face à une maison)*. Suivre la route à gauche sur 30 m, puis le chemin à droite.

7 Tourner à gauche *(cazelle à droite et large vue sur les environs)*. Descendre la voie à gauche sur 250 m en laissant un premier chemin à droite. S'engager sur le deuxième chemin à droite, puis longer une noyeraie. Virer à gauche. Emprunter la route à gauche et gagner Goujounac *(tympan de l'ancien prieuré roman près de l'église)*. Traverser le village. Au bas, au début d'un virage à droite, partir à gauche vers Touron *(cazelles à droite)*.

8 Continuer tout droit sur le chemin. Prendre la route à droite sur quelques mètres, puis partir à gauche. Suivre un chemin transversal à gauche sur quelques mètres, puis s'engager à droite sur un chemin forestier. Il conduit à la ferme abandonnée d'Estives.

9 Juste après, virer à gauche. Longer une grange. Après le château de Pech-Fumat, emprunter la route à droite. Continuer sur le chemin castiné à droite et déboucher face au plan d'eau de Frayssinet. Aller à gauche pour retrouver le village.

3 h
11 Km

284 m
117 m

Situation Frayssinet-le-Gélat, à 32 km au Nord-Ouest de Cahors par les N 20, D 911 et D 660

Parking église

Balisage

1 à 2 jaune
2 à 4 blanc-rouge
4 à 1 jaune

2 h — 1 h 30

À voir

En chemin

■ cazelle ■ point de vue ■ Goujounac : prieuré roman ■ château de Pech-Fumat

Dans la région

■ La Bouriane et ses forêts de châtaigniers ■ vallée de la Thèze ■ Arques : musée Zadkine

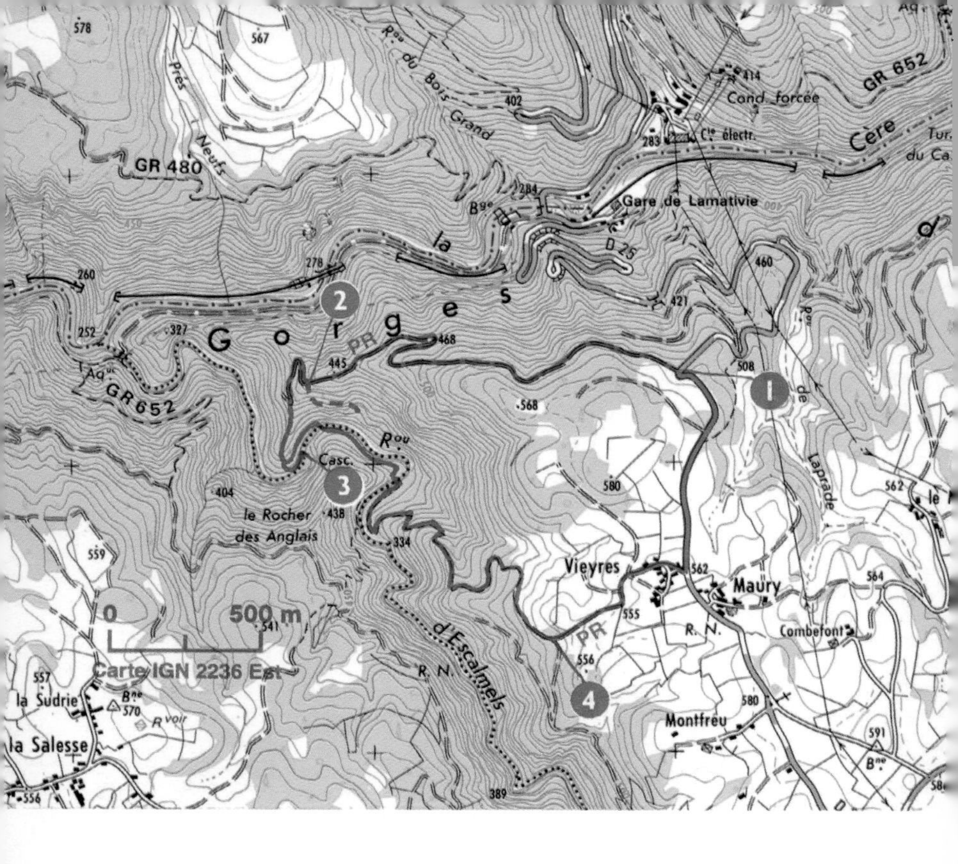

Des cours d'eau pleins d'énergie

Au nord-est du département du Lot, le relief plus prononcé rappelle la proximité des monts du Cantal. Les vallées profondes, encadrées de versants raides et boisés, ont été pendant longtemps des obstacles à la circulation des hommes et des marchandises. C'est le cas des gorges de la Cère, ancienne frontière entre les provinces du Quercy et du Limousin, limite actuelle entre les départements du Lot et de la Corrèze. L'énergie des cours d'eau, autrefois mise à profit par de modestes moulins, est aujourd'hui utilisée par les usines hydro-électriques de plusieurs barrages.
Aux alentours de Lamativie, de nombreuses habitations anciennes ont conservé leurs superbes toitures d'origine composées de lauzes de schiste taillées en écaille.

Photo N.B.

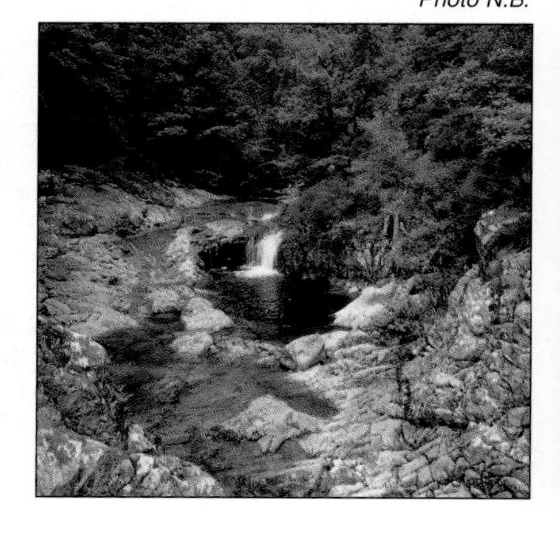

La cascade du Saut de Vieyres

Fiche pratique 74

Partez à travers bois, pour découvrir la grotte de l'Ermite, son point de vue et la cascade du Saut de Vieyres.

1 Emprunter le chemin à gauche (Ouest) sur 1,5 km. Il descend. Atteindre une intersection, avant un virage en angle droit à droite.

► Accès à la grotte de l'Ermite : s'engager à gauche sur le sentier ; il mène au pied d'une échelle *(accès à la grotte)* ; du pied de l'échelle, monter à droite sur le rocher *(point de vue sur la vallée et, en face, sur le promontoire rocheux appelé roc des Anglais)*.

Caloptéryx vierge. *Dessin P.R.*

2 Poursuivre la descente par le chemin. Il se termine à une petite plate-forme. Prendre le sentier qui descend légèrement à gauche, puis le sentier transversal au-dessus du ruisseau, à gauche. Descendre au bord de l'eau. Longer la rive en remontant le cours du ruisseau jusqu'au site de la cascade du Saut de Vieyres.

3 Revenir 20 m en arrière pour gravir, à droite, les marches taillées dans le rocher. Continuer à monter vers l'amont sur 50 m pour passer, de rochers en rochers, sur l'autre rive. Suivre le sentier qui remonte le cours de l'Escalmels jusqu'à un rétrécissement (petite falaise à droite). Franchir le ruisseau *(ruines d'un moulin à gauche)*. Retrouver un ancien chemin qui monte à gauche en lacets. Dans un virage à gauche, laisser un sentier à droite. Arriver, sur la butte, à un chemin transversal.

4 Bifurquer à gauche. Au croisement suivant, aller à gauche. Laisser deux chemins à gauche, puis gagner Vieyres. Traverser le hameau, puis emprunter la D 25 à gauche pour retrouver le parking.

3 h
6 Km

562 m
260 m

Situation Lamativie, à 65 km au Nord de Figeac par les N 140, D 940, D 653 et D 25

Parking dans un virage sur la D 25 (à 2 km au Nord du village)

Balisage jaune

Difficulté particulière

■ passage un peu délicat en aval de la cascade, avant **3**

À voir

En chemin

■ grotte de l'Ermite ■ roc des Anglais ■ cascade du Saut de Vieyres

Dans la région

■ gorges de la Cère

Au temps où l'eau était rare

Sur les Causses, où les pluies sont très vite absorbées, l'eau a été un souci permanent pendant des siècles. Avant l'extension des réseaux d'adduction, la vie quotidienne était rythmée par les tâches liées à l'eau. Il fallait la puiser et la transporter, entretenir les réserves, conduire les bêtes aux abreuvoirs, transporter le linge au lavoir… La ressource était utilisée avec parcimonie. Les points d'eau bénéficiaient d'aménagements soignés, souvent très ingénieux. C'est le cas de plusieurs fontaines autour de Limogne.
De nombreux villages du Causse de Limogne sont également connus pour abriter des lavoirs de forme très particulière : leurs dalles de lavage sont disposées « en ailes de papillon ».

Photo N.B.

La fontaine de Malecargue

Le hameau du Mas-de-Charrou, les fontaines de Buzou et de Malecargue font partie des nombreuses curiosités qui jalonnent ce circuit.

❶ De la Maison des Associations, descendre la rue principale vers Villefranche-de-Rouergue jusqu'au carrefour de la D 19. La suivre à gauche sur 100 m, puis monter à droite et emprunter la route à gauche qui longe l'école. Continuer tout droit sur un chemin. A la fourche, bifurquer à droite. Couper la route et poursuivre sur le chemin en face *(gariotte à gauche)*. Emprunter la D 143 à droite sur 500 m.

❷ S'engager à gauche sur un chemin bordé de murs en pierre. Prendre la D 19 à droite sur 500 m. A la route d'Agranel, emprunter le chemin à droite. Plus loin, laisser un chemin à droite et gagner Le Mas-de-Charrou. Tourner à droite et passer un autre pigeonnier.

► Accès à la fontaine de Buzou, à 50 m à gauche.

Poursuivre sur 500 m jusqu'au Mas-de-Dalat *(gariotte à gauche)*.

❸ Au carrefour marqué d'une croix en pierre, aller à gauche.

❹ continuer et gagner Mas-de-Caunet. Se diriger à droite sur 50 m.

❺ Bifurquer à droite. Emprunter la D 143 à gauche sur 100 m, puis le chemin à droite *(moulin à vent)*.

❻ Prendre le premier chemin à droite, puis laisser deux chemins à gauche et arriver à une fourche.

❼ Bifurquer à gauche. Couper la route, prendre le chemin en face *(fontaine de Malecargue)*, puis le chemin à droite et atteindre une intersection.

❽ Poursuivre sur le chemin à gauche *(abri de berger à droite)*.

❾ Laisser le chemin à gauche et rester sur le chemin principal. Continuer tout droit, puis sur la route. A la fourche, aller à droite *(gariotte)* et retrouver Limogne.

3 h • 10 Km

398 m
293 m

Situation Limogne-en-Quercy, à 36 km à l'est de Cahors par la D 911

Parking maison des Associations

Balisage

❶ à ❸ jaune
❸ à ❹ blanc-rouge
❹ à ❽ jaune
❽ à ❾ blanc-rouge
❾ à ❶ jaune

Ne pas oublier

2 h 1 h 30

À voir

En chemin

■ Mas-de-Charrou : pigeonnier-tour à lanterneau ■ fontaine de Buzou ■ Mas-de-Dalat : abreuvoir en pierre avec pompe à chapelet ■ fontaine de Malecargue

Dans la région

■ causse de Limogne : dolmens et vestiges de voies romaines

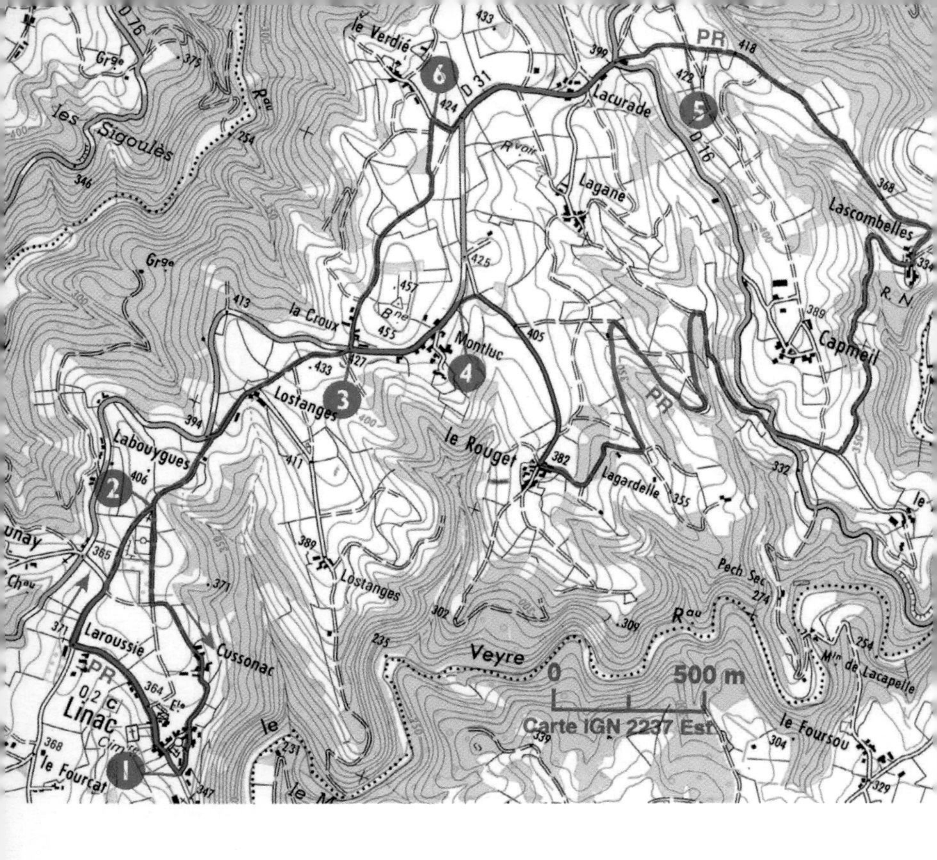

Ségala, le haut-pays du Lot

En contraste avec les Causses arides, le Ségala offre un paysage toujours vert. L'été, le haut-pays du Lot est « un enchantement d'ombre et de fraîcheur », selon le romancier Pierre Benoît qui aimait y séjourner.

Le nom de Ségala rappelle l'importance de la culture du seigle aux siècles précédents.

Au sud, aux abords du bassin de Figeac, les ruisseaux qui rejoignent le cours du Célé creusent de profondes entailles boisées, isolant les villages installés en hauteur, le long des routes de crête. Les maisons traditionnelles sont coiffées de toits plats en tuiles canal, d'allure très méridionale. Les plus anciennes présentent encore le balcon de bois typique de la région, où l'on faisait sécher les châtaignes afin de les conserver pour l'hiver.

Photo N.B.

Circuit de Linac

Fiche pratique 76

3h15
13 Km

437 m
334 m

Une randonnée dans le jardin du Ségala, avec son florilège de paysages et de constructions rurales typiques.

1 Prendre la route à gauche (Nord-Ouest). Au carrefour, suivre la route à droite *(vue sur le château de Puy-Launay)*. Continuer vers le stade (point d'eau).

2 Aller tout droit, traverser Lostanges et gagner Montluc.

3 Emprunter la D 31 à droite sur 400 m et franchir le col de Montluc *(point culminant du parcours, 437 m)*.

4 Descendre le sentier sur 100 m, puis prendre la route à droite jusqu'au Rouget. Partir à gauche sur le chemin qui descend à travers bois et prairies, puis atteindre le versant opposé. A la D 16, utiliser la route vers Lascombelles. Dans le hameau, la route devient un chemin qui monte en ligne de crête sur 1 km *(vue à droite sur les monts du Cantal et à gauche sur le Lot)*.

Chardonneret élégant.
Dessin P.R.

5 Descendre à gauche vers Lacurade. Traverser le hameau par un chemin empierré, emprunter la D 31 à gauche sur 400 m, puis partir à droite vers Le Verdier sur 50 m.

6 S'engager à sur un chemin qui conduit à La Croux, en laissant à gauche le Puech de Montluc.

3 Couper la D 31. Par l'itinéraire suivi à l'aller, regagner le stade.

2 Bifurquer à gauche et retrouver Linac.

Situation Linac, à 11 km au Nord-Est de Figeac par les N 122 et D 193

Parking mairie (panneau d'information)

Balisage jaune

Ne pas oublier

1 h 30

À voir

En chemin

■ château de Puy-Launay ■ col de Montluc ■ vue sur les monts du Cantal et le Lot

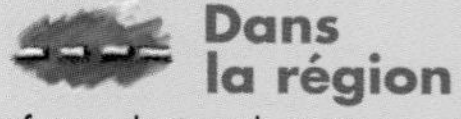

Dans la région

■ forêts du Ségala ■ Figeac : cité riche en monuments historiques, musée Champollion

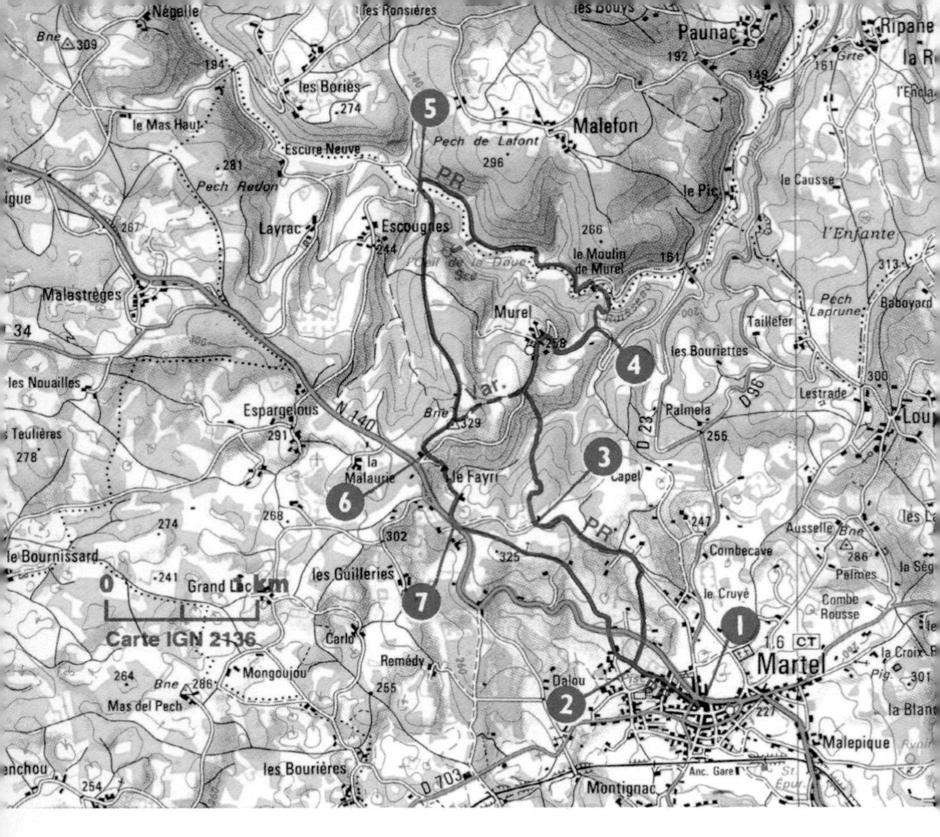

Le mystère des eaux souterraines

Caractéristiques du relief « karstique », les rivières souterraines qui circulent dans l'épaisseur des plateaux calcaires alimentent de nombreuses résurgences, telles que « l'Oeil de la Doue ». Ces eaux surgies de profondeurs mystérieuses, limpides et abondantes même par les étés les plus secs, ont toujours suscité l'admiration en même temps que la crainte. Certaines sources sont de très anciens lieux de cultes. Jusqu'à une époque pas si lointaine, par temps de sécheresse, on allait en procession au bord des gouffres, pour implorer le retour de la pluie.

Photo N.B.

Façonnés par le travail millénaire des eaux, les paysages souterrains des Causses du Lot ont inspiré plus d'une légende, à l'atmosphère diabolique ou féerique…

Le circuit du moulin de Murel

77

Ce circuit permet de découvrir le hameau de Murel avec son église, ses maisons typiques, son moulin, la vallée de la Doue et le causse de Martel.

1 Du rond-point au Nord-Ouest du bourg, descendre en direction de Creysse. Emprunter à droite la rue du Barri-de-Brive, franchir les remparts et continuer tout droit.

2 A la dernière maison, tourner à droite. Couper la N 140 et poursuivre en face sur une route qui devient un chemin. Prendre la route à gauche. A une fourche, partir à gauche et atteindre la ferme des Gautries.

3 Après la ferme, s'engager sur le chemin à droite. Contourner une palombière et descendre à travers bois. Dans une courbe à droite, continuer à descendre et arriver au fond du vallon. Croiser un chemin avant de remonter sur le versant opposé. Au niveau d'une maison, aller à gauche, puis emprunter la route à droite et gagner Murel. Juste avant l'église, suivre le chemin qui descend à droite. Prendre la route à droite sur 300 m.

4 Dans un virage à droite, s'engager sur un sentier à gauche. Il plonge vers la vallée de la Doue. Au moulin de Murel, franchir le ruisseau et tourner à gauche. Remonter le cours de la Doue en restant sur le chemin principal.

► Possibilité d'aller voir à gauche l'Œil de la Doue.

Continuer jusqu'à une intersection.

5 Prendre le chemin empierré à gauche jusqu'à l'amorce de la montée, puis enfiler à gauche un chemin qui s'élève entre deux clôtures. A la fourche, continuer à monter à droite et rester sur le chemin principal *(points de vue)*.

6 Couper la route, puis emprunter la suivante à gauche vers Fayri. Après le deuxième groupe de maisons, prendre la route à droite et atteindre la N 140.

7 La laisser à droite et suivre le chemin de Montjoie. Passer la croix Mathieu *(inscriptions à la base, amas de cailloux dû aux pèlerins de Saint-Jacques-de-Compostelle et de Rocamadour)*. Continuer tout droit, traverser la N 140 et aller en face.

2 Poursuivre tout droit pour retrouver le point de départ.

3 h • 10 Km

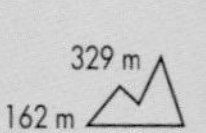

Situation Martel, à 15 km au Nord-Est de Souillac par la D 703

Parking centre-ville

Balisage jaune

Ne pas oublier

À voir

En chemin

■ Martel : surnommée « la ville aux sept tours », église Saint-Maur (gothique à chevet fortifié, début 14e), palais de la Raymondie (14e), vestiges de l'enceinte de la ville ■ Murel : point de vue sur la vallée, église, travail, four à pain ■ vallée de la Doue et moulin de Murel ■ croix Mathieu

Dans la région

■ Gluges : vallée de la Dordogne, moulin à huile de noix ■ Souillac : abbatiale à coupole 12e (sculptures), musée des Automates ■ Rocamadour : pèlerinage à la Vierge Noire, cité médiévale, sanctuaires

La vie à flanc de falaise

Les hautes falaises qui bordent la vallée de la Dordogne ont été habitées très tôt. Les hommes préhistoriques, notamment à l'époque magdalénienne, occupaient des abris sous roche à proximité de leurs territoires de chasse. À l'âge du Bronze, des villages gaulois ont pu s'installer sur les éperons rocheux. À l'époque féodale, les places fortes et les châteaux, campés au bord du vide, commandaient le passage sur la rivière. Dans les périodes de guerre, les anfractuosités rocheuses ont souvent servi de refuge aux habitants de la vallée.

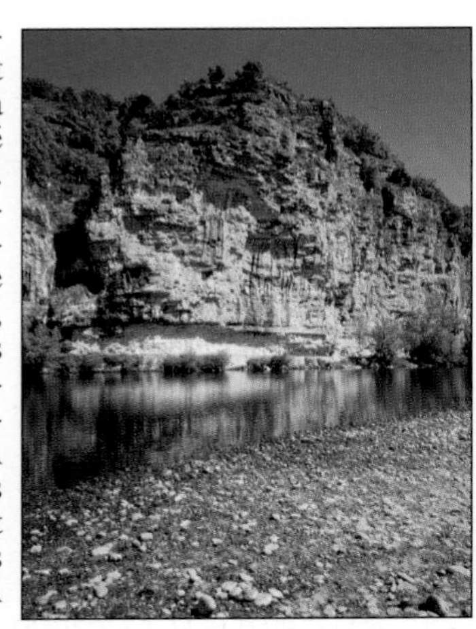

Photo N.B.

De nombreuses espèces d'oiseaux nichent à flanc de falaise, comme le choucas des tours ou le faucon pèlerin. On aperçoit parfois le tichodrome échelette, un oiseau grimpeur rare et discret, reconnaissable à ses ailes rouges.

Le circuit du Roc des Monges

Fiche pratique **78**

Trichodrome échelette.
Dessin P.R.

Un circuit sportif offrant de larges panoramas, ainsi que la découverte de la chapelle de Blanzaguet et des grottes qui bordent le sentier.

❶ Dos à l'église, se diriger vers le monument aux Morts *(puits couvert en pierre sèches)* et monter la rue en face. Tourner à gauche après les marches d'escalier, pour arriver sur la D 15.

❷ Suivre à gauche (Ouest) une route qui devient un chemin de terre. Après un virage à gauche, s'engager sur un chemin herbeux à gauche et atteindre une parcelle cultivée en lisière de bois. La contourner par la droite pour trouver un sentier. Il mène au hameau de Monges. Passer la source du ruisseau de Monges *(ancien moulin)* et continuer sur la route à droite qui devient un chemin de terre. Dépasser la dernière maison et parcourir 50 m.

❸ S'engager sur un sentier à droite qui grimpe dans les buis *(à mi-côte, panorama)*, puis emprunter à gauche le chemin castiné.

► Accès au relais du Roc-Coulon en continuant le chemin *(point de vue sur la vallée de la Dordogne)*.

❹ Prendre le chemin de crête qui part à droite du relais. Continuer en restant sur le chemin principal qui descend vers Blanzaguet *(vue sur le château de Belcastel)* et poursuivre sur le chemin castiné. Dans le bas du hameau, à la croix, tourner à gauche *(à droite, travail à bestiaux)* puis gagner une fourche *(chapelle 12e roman primitif)*.

❺ Monter à gauche, se faufiler entre deux maisons et utiliser le sentier qui longe le pied des falaises. Il atteint le bord de la Dordogne *(vestiges d'un abri préhistorique)*. Passer entre la station d'épuration et la Dordogne. Continuer sur un chemin, puis une route et arriver à un carrefour de quatre routes.

❻ Aller tout droit *(puits à droite)* jusqu'à la D 15, puis la suivre à droite pour retrouver le point de départ.

2h30
7 Km

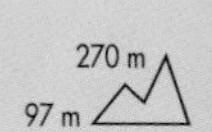

Situation Saint-Sozy, à 12 km à l'Est de Souillac par les D 703 et D 15

Parking église

Balisage jaune

Difficultés particulières

- forte montée entre ❸ et ❹
- passage délicat en haut de falaise entre ❺ et la table d'orientation

Ne pas oublier

À voir

En chemin

- Saint-Sozy : puits
- Monges : source
- panorama ■ Blanzaguet : chapelle 12e

Dans la région

- vallée de la Dordogne
- Souillac : abbatiale à coupole 12e (sculptures), musée des Automates

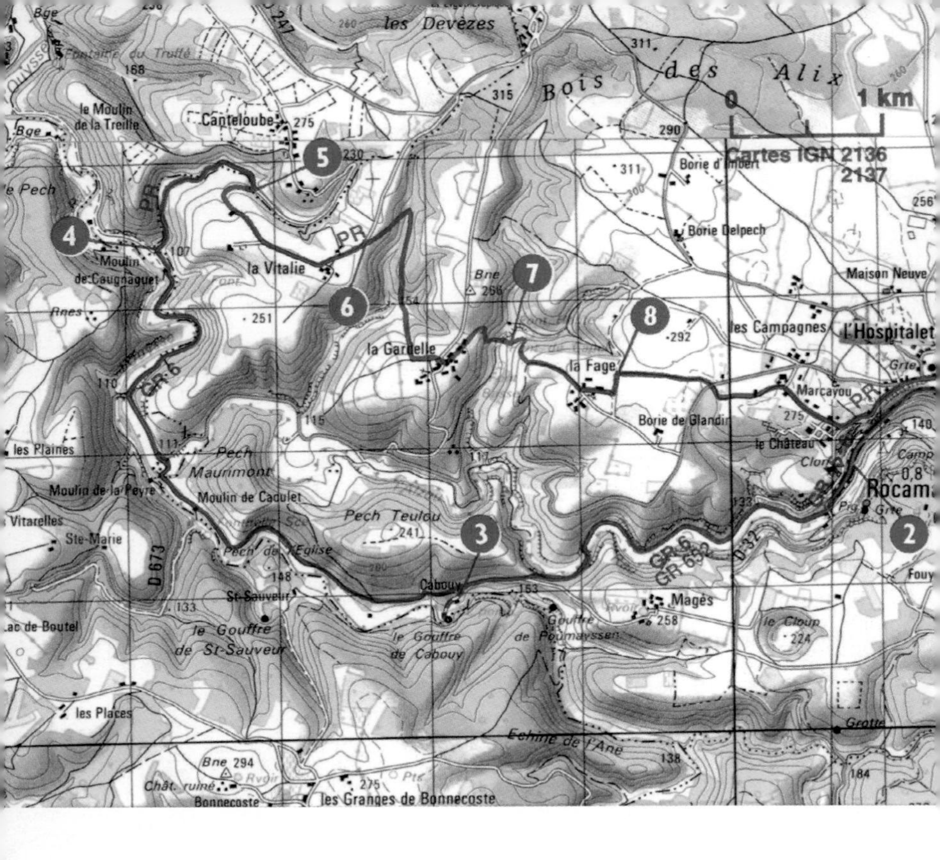

Savoureux, le petit rocamadour !

Tendre et goûteux, ce petit fromage de chèvre, bien connu dans les fermes lotoises, a conquis une nouvelle notoriété depuis son classement en Appellation d'Origine Contrôlée. Son nom l'associe au célèbre site de Rocamadour, l'un des plus visités de France. Les gourmands conseillent de déguster le rocamadour au juste point de maturité, sur une tranche toute fraîche de pain de campagne cuit au feu de bois, comme le croustilot.

Le Lot fournit aussi d'excellents produits sous label, comme l'agneau fermier du Quercy, le veau sous la mère, le melon des coteaux du Quercy… sans oublier les oies et les canards gras élevés par des producteurs soucieux de qualité.

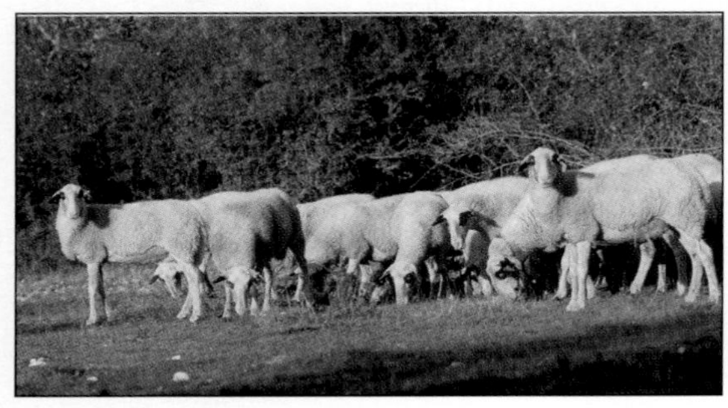

Photo N.B.

Le moulin de Cougnaguet

Le circuit de Cougnaguet, qui demande une journée de marche, permet de découvrir le moulin de Caoulet, le moulin fortifié de Cougnaguet et un agréable parcours au bord de la rivière.

❶ Dos à l'office de tourisme, prendre la Voie Sainte, traverser Rocamadour et atteindre la vallée.

❷ Suivre la route qui longe la vallée de l'Alzou et se dirige vers la colline séparant les vallées de l'Alzou et de l'Ouysse, sur 3 km. Franchir le col de Magès *(vues sur les vallées de l'Ouysse et de l'Alzou)* et arriver à une fourche.

► Accès à la résurgence de Cabouy en continuant la route.

❸ S'engager à droite sur le sentier en corniche qui domine l'Ouysse et mène au moulin de Caoulet. Poursuivre par la route *(à droite, pigeonnier)* jusqu'au moulin de Cougnaguet, puis aller tout droit sur 100 m.

❹ Emprunter la route qui monte à droite, sur 1 km.

❺ Après un enclos, monter le chemin à droite jusqu'à une maison *(puits)*. Prendre la route à gauche, gagner la ferme de la Vitalie et continuer la route sur 200 m.

❻ A hauteur d'une souche d'arbre, suivre le sentier à droite qui descend. En bas, il tourne à droite et longe le fond du vallon sur 600 m. A la fourche, aller à gauche sur 100 m puis à droite et monter. En haut, prendre le chemin à gauche et arriver à Lagardelle. Suivre la route à droite, puis partir à gauche et utiliser un petit chemin herbeux qui dévale à la source-lavoir Font-de-Capel. Descendre au fond de la vallée, laisser un chemin à droite et monter en face jusqu'à une croisée de chemins.

► A 100 m à droite, fontaine de Font-Basse.

❼ Bifurquer à gauche et atteindre une intersection.

► A 100 m à gauche, source de Font-Haute.

Monter à droite, puis emprunter le chemin à gauche et gagner La Fage. Bifurquer à gauche et passer devant le gîte d'étape. Au carrefour, aller à gauche sur 150 m.

❽ Prendre le chemin à droite. Couper la D 673 et utiliser en face le chemin entre deux murets. Emprunter la route à droite puis à gauche et retrouver le parking.

275 m
103 m

Situation Rocamadour, à 72 km au Nord-Est de Cahors par les N 20 et D 673

Parking office du tourisme (à L'Hospitalet)

Balisage

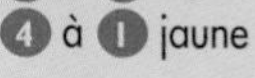

❶ à ❹ blanc-rouge
❹ à ❶ jaune

Ne pas oublier

2 h 30

À voir

En chemin

- Rocamadour : pélerinage à la Vierge Noire, cité médiévale, sanctuaires
- vallées de l'Ouysse et de l'Alzou
- moulins
- fontaines

Dans la région

- Rocamadour : rocher des Aigles, forêt des singes, canyon de l'Alzoou et ses moulins
- gouffre de Padirac
- causse de Gramat

La tradition de la pierre sèche

Bâtis à mains nues, sans aucun liant, les murets et les abris en pierres sèches témoignent d'un extraordinaire savoir-faire transmis au fil des générations. Les cabanes couvertes de lauzes étaient de simples abris pour les paysans ou les bergers ; quelques-unes, plus grandes et dotées d'une cheminée, ont pu être habitées. Le calcaire étant sensible au gel, ces constructions sont relativement fragiles ; les plus anciennes ne remontent guère au-delà du 19e siècle. Les cabanes de pierres sèches portent le nom de « caselles », ou « cazelles », au nord de la vallée du Lot. Le mot « gariote » s'emploie plutôt pour un petit espace, conçu pour abriter une seule personne, ménagé dans un muret ou dans un « cayrou » (amas de pierres en bordure d'un champ).

Photo N.B.

Circuit des Cazelles

Fiche pratique **80**

Une journée au départ des ruines de l'abbaye de Marcilhac jusqu'à Saint-Sulpice, dont l'habitat est construit à flanc de falaise. Dolmens et cazelles se découvrent au long des chemins.

1 Rejoindre la D 41, l'emprunter à gauche, puis monter à droite vers les grottes de Bellevue.

2 Après l'école, s'engager à gauche sur le chemin qui monte vers les falaises. En haut, prendre la route à droite *(dans le premier virage, cazelle carrée)*. Poursuivre sur la D 14 à gauche dans le hameau.

3 Emprunter le chemin à gauche, puis continuer sur la route jusqu'à l'enclos situé à droite *(dolmen des Combes-Hautes)*.

4 Monter le chemin à droite, puis bifurquer à gauche. Emprunter la D 17 à droite sur 300 m. A la croix, partir à gauche.

5 Bifurquer à droite sur un sentier qui traverse le causse puis descend. Prendre le chemin à gauche. Il monte à Saint-Sulpice *(maisons troglodytiques, vestiges du château)*.

6 Traverser le village et descendre à la D 41. La prendre à gauche, franchir le pont sur le Célé et suivre la D 73 en direction de Jean-Blanc. Passer devant une grotte *(vue sur la vallée du Célé)*, puis atteindre le hameau. Continuer tout droit sur le chemin. Au carrefour, aller à gauche sur 100 m et gagner une intersection.

7 Tourner à droite *(dolmen)* et traverser la forêt de pins. Emprunter la route à droite, puis à gauche vers Mas-de-Bord.

8 Prendre le chemin à droite sur 2 km et atteindre une fourche.

► A 200 m à droite, relais de télévision *(vue sur Marcilhac)*.

9 Poursuivre. A la sortie d'une grande courbe à gauche et avant d'aborder une nouvelle courbe à droite, s'engager à gauche sur le sentier à travers bois. Laisser un sentier à droite et descendre à gauche vers la forêt. Poursuivre sur un sentier qui rejoint plus bas la route. La prendre à droite, longer la vallée, franchir à gauche le Célé et retrouver l'abbaye.

5 h 30
17 Km

342 m
153 m

Situation Marcilhac-sur-Célé, à 30 km à l'Ouest de Figeac par les D 653 et D 14

Parking place, près de l'abbaye

Balisage

1 à 2 jaune
2 à 6 blanc-rouge
6 à 7 orange (piste équestre)
7 à 1 jaune

Ne pas oublier

2 h 30 2 h

À voir

En chemin

■ Marcilhac-sur-Célé : abbaye (visite) ■ point de vue sur le village ■ caselles ■ grotte

Dans la région

■ Marcilhac-sur-Célé : grottes Bellevue ■ Sauliac-sur-Célé : musée de plein air du Quercy-Cuzals ■ Cabrerets : grottes de Pech Merle ■ Espagnac-Sainte-Eulalie : prieuré

CONNAISSANCE DE LA RÉGION

• Le Guide Vert Michelin : *Midi-Pyrénées.*
• Le Guide Bleu, Ed. Hachette.
• Le guide du routard, *Midi-Pyrénées.*
• Le guide du petit futé, *Midi-Pyrénées.*
• *Le Midi-Pyrénées Sud*, Ed. Hachette.
• *Villes et villages de France*, guide Deslogis Lacoste.
• *Midi-Pyrénées : un siècle d'histoire.*
• *Hautes-Pyrénées-Bigorre plus vraie que nature*, éd. Bonneton.
• Longué J., *Hautes-Pyrénées le guide*, JSD Editions.
• Véron G., *100 randonnées dans les Hautes-Pyrénées*, Rando Editions.
• Grenier L., sous la direction de, *Le voyage aux Pyrénées ou la route thermale*, Ed. Randonnées Pyrénéennes.
• *Histoire des Cathares*, Michel Roquebert, Ed. Perrin.
• *Découvrir le Quercy*, Ed. MSM.
• *Habitat traditionnel paysan des Haut et Bas-Quercy*, Ed. de la Bouriane.
• *Par les chemins de traverse : 5 tomes*, Ed. du Conseil Général du Tarn-et-Garonne.
• *Tarn, pays de contrastes*, Ed. Privat.
• *Châteaux, manoirs et logis*. Ed. Patrimoine et Médias.
• *Tarn aux couleurs de l'Occitanie*. Ed. Bonneton.
• *Le Tarn*, Ed. Gallimard.
• *Daniel Crozes vous guide en Aveyron*, Ed. du Rouergue.
• *Cités Templières du Larzac*, Jacques Miquel, Ed. du Beffroi.
• *La vie quotidienne en Rouergue avant 1914*, Roger Beteille, Ed. Hachette.
• *Roquefort, Pays des Grands Causses*, Robert Aussibal, Ed. Loubatières.
• *Le Lot*, Christian Cazard, Ed. Gérard Tisserand.
• *Le Lot que j'aime*, Christian Signol, Ed. Librairie des 3 Epis.
• *Collection Tourisme et Patrimoine*, Ed. Du Laquet.
• *Collection des guides Promenades et randonnées*, éditée par le Comité Départemental du Tourisme du Lot.

CARTES ET TOPO-GUIDES DE RANDONNÉE

• Cartes IGN au 1 : 25 000 :
Hautes-Pyrénées : 1748 OT, 1748 ET, 1647 OT, 1648 OT, 1647 ET, 1747 ET, 1848 OT, 1845 O, 1644 E et O, 1744 E et O
Ariège : 2146 O, 2046 E, 2047 OT, 2048 OT, 2148 OT, 2247 O, 2248 ET, 2249 OT, 2146 O, 2047 ET, 2147 ET
Haute-Garonne : 2044 E, 2144 O, 2042 O, 1848 OT, 1944 E, 1945 E, 2044 O, 2045 O, 1847 OT, 2045 O, 2142 O, 1947 OT, 2144 O
Gers : 1743 E et O, 1943 E, 1741 E, 1943 O, 1841 O et E, 1842 E, 1942 O, 1943 O, 1844 E, 1944 O
Tarn-et-Garonne : 1940 E et O, 1941 E et O, 2040 O, 2041 O, 1939 E, 2141 O, 2140 E et O
Tarn : 2241 E et O, 2343 E, 2244 E, 2344 O, 2242 O et E, 2340 O, 2243 E, 2341 E, 2442 E, 2443 E et O, 2444 O
Aveyron : 2538 E et O, 2338 E, 2540 E et O, 2541 E et O, 2340 E et O, 2240 E et O, 2338 O, 2339 O
Lot : 2038 E et O, 1938 E, 2236 E, 2139 E, 2239 O, 2237 E, 2136 ET, 2036 ET, 2137 E et O, 2138 E, 2238 O
• Cartes IGN au 1 : 100 000 n° 57, 58, 63, 64, 70 et 71
• Cartes Michelin au 1 : 200 000 n° 234, 235, 239, 240

Pour connaître la liste des autres topo-guides de la Fédération Française de la Randonnée Pédestre sur la région, se reporter au catalogue disponible au Centre d'Information (voir p. 17).

REALISATION

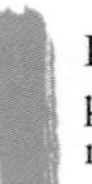

Les circuits décrits dans ce topo-guide ont été choisis en fonction de leur intérêt particulier, parmi les nombreux sentiers de Promenades et Randonnées de la région Midi-Pyrénées.

Le tracé, les descriptifs et les articles thématiques ont été réalisés par les équipes de bénévoles des huits Comités Départementaux de la Randonnée Pédestre et, pour certains, par divers organismes (CDT, SIVOM, Districts, Associations Intercommunales, Associations, Offices de Tourismes, Syndicats d'Initiatives, etc.) :
- Les infos pratiques ont été rédigées avec la participation d'Anne-Marie Minvielle.
- Colette Chantraine et Marie-France Hélaers ont également participé à la rédaction des textes.

La coordination a été assurée par Isabelle Valbuena, du Comité Régional de la Randonnée Pédestre Midi-Pyrénées.

Les photographies sont du Comité Régional du Tourisme de Midi-Pyrénées / D. Viet (CRT/D.V.), Cécile Pont (C.P.), P. Journou / CDT Ariège (P.J./CDT09), Mairie du Mas-d'Azil (M.M.A.), Jean-Claude Rivère (J.-C.R.), Office du Tourisme de St-Lizier (OTSL), Jean-Claude Marfaing (J.-C.M.), Daniel Rebours (D.Re.), Marie-Jo Marfaing (M.-J.M.), Jean-Claude Faure (J.-C.F.), Office du Tourisme de Donezan (OTD), D. Viet / CDT Ariège (D.V./CDT09), J.-L. Billard / CDT ariège (J.-L.B./CDT09), D. Lelarge (D.L.), Jean-Marie Classe (J.-M.C.), Jean-Pierre Jouanneau (J.-P.J.), Pierre Lasnet (P.L.), Igor Bertrand / CDT Haute-Garonne (I.B./CDT31), D. Lelaye (D.L.), Dumas Images (D.I.), A. Franceschin (A.F.), Jean Tichané (J.T.), Célestin Nègre (C.N.), A. Allemand / Atelier du Regard (A.A./A.D.R.), Nicolas Vincent (N.V.), Bernard Tauran / Office du Tourisme de Lauzerte (B.T./OTL), Comité Départemental du Tarn-et-Garonne (CDT82), Office de Tourisme de Valence d'Agen (OTVA), Bernard Paganel (B.P.), Comité Départemental du Tourisme du Tarn (CDT81), Bertrand Leparq (B.L./CDRP81) et Christophe Plasson (C.P./CDRP81) du Comité Départemental de la Randonnée Pédestre du Tarn, Patrick Urbano / Conseil Général du Tarn (P.U./CG81), l'Office de Tourisme du Pays Salvagnacois (OTPS), D. Rousseau (D.Ro.), Jean-Claude Dausse (J.-C.D.), Régine Combal (R.C.), Francis Roques (F.R.), CEACM de Conques (CEACM/C.), Les amis de Jean-Henri Fabre (A.JHF), Roquefort Société (R.S.), Jean-Marie Malgouyres (J.-M.M.), Yves Estivales (Y.E.), Office du Tourisme de Rignac (OTR), Maurice Alcouffe (M.A.), Nelly Blaya (N.B.) et le Comité Départemental du Tourisme du Lot (CDT46).

Les dessins sont de Nathalie Locoste (N.L.) et Pascal Robin (P.R.).

Montage du projet, direction des collections et des éditions : Dominique Gengembre. Production éditoriale : Isabelle Lethiec. Secrétariat d'édition : Philippe Lambert, Marie Décamps. Cartographie : Olivier Cariot, Frédéric Luc. Mise en page et suivi de la fabrication : Jérôme Bazin, Clémence Lemaire, Elodie Gesnel. Lecture et corrections : Brigitte Bourrelier, André Gacougnolle, Elisabeth Gerson, Marie-France Hélaers, Anne-Marie Minvielle, Hélène Pagot, Gérard Peter.

Création maquette : Florelle Bouteilley, Isabelle Bardini – Marie Villarem, Fédération Française de la Randonnée Pédestre.

Les pictogrammes et l'illustration du balisage ont été réalisés par Christophe Deconinck, exceptés les pictogrammes de jumelles, gourde et lampe de poche qui sont de Nathalie Locoste.

Cette opération a été réalisée grâce au concours financier du Secrétariat d'Etat au Tourisme (Délégation Régionale au Tourisme Midi-Pyrénées), du Conseil Régional de Midi-Pyrénées et des Conseils Généraux de Midi-Pyrénées.

INDEX DES NOMS DE LIEUX

Compogravure : MCP, Orléans
Imprimé en France : Corlet, Condé-sur-Noireau - 85371